19세기 독일 통합과 제국의 탄생

김장수 金長壽

한양대학교 사학과를 졸업하고, 베를린 자유대학교 역사학부에서 석사 및 철학박사를 취득했다. 현재 가톨릭관동대학교 역사교육과 명예교수이며 한국서양문화사학회 회장으로 활동하고 있다. 저서로『Die politische Tätigkeit F. Palackýs』『Die Beziehungen Koreas zu den europäischen Großmächten, mit besonderer Berücksichtigung der Beziehungen zum Deutschen Reichs』『프란티셰크 팔라츠키의 정치활동』『비스마르크』『유럽의 절대왕정시대』『주제별로 살펴본 서양근대사』『체코 역사와 민족의 정체성』『슬라브 정치가들이 제시한 오스트리아 제국의 존속 방안』『후스로부터 시작된 종교적 격동기(1412~1648)』등이 있으며, 그동안 19세기 오스트리아 제국의 민족 문제를 주제로 논문을 써왔다.

19세기 독일 통합과 제국의 탄생

초판 1쇄 발행 · 2018년 4월 5일
초판 2쇄 인쇄 · 2019년 11월 25일

지은이 · 김장수
펴낸이 · 한봉숙
펴낸곳 · 푸른사상사

편집 · 지순이 | 교정 · 김수란
등록 · 1999년 7월 8일 제2-2876호
주소 · 경기도 파주시 회동길 337-16(서패동 470-6)
대표전화 · 031) 955-9111~2 | 팩시밀리 · 031) 955-9114
이메일 · prun21c@hanmail.net
홈페이지 · http://www.prun21c.com

ISBN 979-11-308-1325-7   93920
값 22,000원

이 도서의 국립중앙도서관 출판예정도서목록(CIP)은 서지정보유통지원시스템 홈페이지 (http://seoji.nl.go.kr)와 국가자료공동목록시스템(http://www.nl.go.kr/kolisnet)에서 이용하실 수 있습니다.(CIP제어번호:CIP2018008511)

19세기 독일 통합과
제국의 탄생

김장수

Die Vereinigung Deutschlands und die Geburt des Kaiserreichs im 19. Jahrhundert

독일 통합의 특수성을 생각하며

    오스트리아 제국의 실세였던 메테르니히(Metternich)는 1815년 9월 18일 빈(Wien)에서 국제회의, 즉 빈 회의(Wiener Kongreß)를 개최했다. 이 회의에서는 나폴레옹 체제가 붕괴된 이후 도입될 유럽의 질서체제뿐만 아니라 독일권의 재구성에 필요한 여러 안들도 논의되었다. 그런데 독일권의 재구성을 논의하는 과정에서 각 영방(領邦)의 독립과 주권을 침해할 수 있는 통합안은 완전히 배제되었다. 따라서 빈 회의에서는 각 영방의 독립 및 주권을 보호하기 위해 독일권의 통합 대신 연방체제의 도입만이 거론되고 결정되었을 뿐이다. 이렇게 결성된 독일연방은 오스트리아(Österreich)와 프로이센(Preußen)를 비롯한 4개의 왕국과 4개의 자유도시 등을 포함한 모두 39개 국가로 구성된 국가 연합체의 성격을 가지게 되었다. 그리고 이 연방에는 영국 국왕이 하노버(Hannover) 국왕으로, 덴마크 국왕이 홀슈타인(Holstein)공으로, 네덜란드 국왕이 룩셈부르크(Luxemburg) 대공 자격으로 각각 참여했고 오스트리아 및 프로이센의 비독일계 지역은 가입 대상에서 배제되었다.

독일연방의 유일한 활동 조직으로는 프랑크푸르트(Frankfurt)에 설치된 연방의회(Bundestag)를 들 수 있다. 그런데 이 기구는 오스트리아를 의장국가로 한 상설기구로서 각국의 전권대리로 구성된 사절의회의 성격을 지니고 있었다. 그리고 이 연방에 가입한 국가들은 독자적으로 외국과의 조약 체결도 가능했기 때문에 이러한 질서체제하에서 중앙 행정기구나 재정조직 구축은 거의 불가능했다. 따라서 독일연방은 연방국가라기보다는 국가연합에 불과했다. 그러나 연방의 제 규정을 제대로 활용했다면 통합 경제는 물론, 통합에 관한 법률 제정이나 연방군의 창설까지도 가능했을 것이다. 그럼에도 불구하고 연방의회는 연방체제가 붕괴될 때까지 아무런 조치도 취하지 않았다.

민족주의 영향을 받기 시작한 독일인, 특히 시민 계층은 독일연방이 안고 있는 이러한 제 문제점을 직시했을 뿐만 아니라 메테르니히 체제를 붕괴시켜야만 독일권의 통합이 가능하다는 판단도 하게 되었다. 또한 이들은 독일권을 통합시켜야만 유럽에서의 민족적 지위 역시 향상될 수 있다는 관점을 가졌기 때문에 메테르니히 체제 타파에 그들이 일조해야 한다는 인식도 가지게 되었다. 여기서 이들은 독일 통합을 실현시키려면 그들 세력을 보다 체계적으로 규합해야 한다는 데도 의견적 일치를 보게 되었다. 이러한 분위기하에서 스스로를 지식인 계층으로 간주하던 대학생들이 실제적 행동에 나서게 되었고 거기서 이들은 부르셴샤프트(Burschenschaft, '남자 대학생 학우회' 또는 '대학생조합'으로 해석할 수 있다)라는 학생단체도 발족시켰다.

1815년 6월 12일 예나(Jena)대학에서 최초의 부르셴샤프트가 결성되었다. 이어 발표된 이 학생단체의 강령에서는 ① 대학은 학문 증대 및 육체적 도야를 위한 독일 민족의 공공기관(Anstalt)이다. ② 부르셴샤프트는 민족통일 구현에 적극적으로 참여한다 등이 언급되었는데 이러한 것들은 부르셴샤프트가 향후 나아갈 방향을 제시한 것으로 보아도 될 것이다. 이후 독일권의 많은 대학에서 부르셴샤프트가 결성되었는데 그 지향 목표는 예나대학의 부르셴샤프트가 명시한 강령과 거의 유사했다. 이렇게 예나를 비롯한 여러 대학에서 결성된 부르셴샤프트는 새로운 형태의 학생단체였다. 왜냐하면 기존의 학생단체, 즉 지방향우회(Landsmannschaft)에 가입한 학생들은 지금까지 소동, 음주, 싸움(Raufereien), 그리고 결투로 그들 시간의 대부분을 낭비한 중세 대학의 생활 또는 그들만의 독특한 문화적 범주에서 벗어나지 못했기 때문이다.

예나대학에서 부르셴샤프트가 결성된 지 2년 후인 1817년 10월 18일 부르셴샤프트 총회가 작센-바이마르-아이젠나흐(Sachsen-Weimar-Eisennach) 공국의 바르트부르크(Wartburg)에서 개최되었다. 그런데 그 외형적 목적은 루터(M. Luther)의 종교개혁 300주년과 라이프치히(Leipzig) 전승 4주년을 기념하기 위한 것이었다. 그러나 실제적 목적은 부르셴샤프트 간의 단결과 현재의 독일적 상황에 그들이 어떻게 대처해야 할 것인가를 정리하자는 데 있었다. 비록 여기에 참석한 학생들의 대다수가 정치적 안목을 가지지 못했지만, 이 축제에서는 부르셴샤프트 간의 단결 및 실천과제 그리고 독일에서의 정치적 개혁들이 토론되는 등의 적지 않은 성과도 거두었다. 아울러 여기서는 기존의 질서체제, 즉 절대왕정 체제를 인정하지 않겠다는 과격적인 입장도 등장했다. 얼마 안 되어 정치적 목표를 달리하는 2개의 집단이 부르셴샤프트 내에서 형성되었다. 즉 기존의 질서체제를 인정하면서 정치적 발전 및 통일을 지향했던 집단이 그 하나라면, 기존의 질서체제를 대신하여 공화정 체제를 도입해야 한다는 집단이 또 다른 하나였다. 특히 수적으로 열세했던 후 집단은 기센(Gießen)과 예나대학을 중심으로 활동했는데 부르셴샤프트에 대한 그들의 영향은 시간이 지날수록 증대되었다. 그리고 이러한 변화는 기존의 질서체제가 부르셴샤프트를 부정적으로 간주하는 계기가 되었을 뿐만 아니라 그들의 활동을 억제해야 한다는 인식도 가지게 했다. 이러한 상황하에서 잔트(K. Sand)와 뢰닝(A. Loening)의 정치적 암살이 발생했고 그것은 메테르니히와 그를 추종하던 계층에게 부르셴샤프트 활동을 중단시킬 수 있는 좋은 기회도 제공했다.

메테르니히의 신속한 대응으로 1819년 8월 6일 카를스바트(Karlsbad) 회의가 개최되었고 거기서는 메테르니히 체제를 위협하던 제 요소 제거에 필요한 방안들이 구체적으로 논의되었다. 그리고 이 회의에서는 첫째, 언론 및 출판의 자유를 제한한다. 둘째, 부르셴샤프트 활동을 불법화시킨다. 셋째, 지금까지 보장된 대학의 제 자율권을 제한한다. 넷째, 독일 내에서 제기되는 혁명적 요인들에 대해 공동으로 대응한다 등이 확정되었다. 과격적 성향의 부르셴샤프트 회원들이 자행한 정치적 암살은 결과적으로 대다수 부르셴샤프트 회원들의 정치적 활동을 중단하게 했다. 그러나 이들은 정치적 목적마저 포기하지 않았는데 그러한 것은 1820년대 말부터 간헐적으로 재개된 부르셴샤프트의 활동에서 확인할 수 있다. 비록 카를스바트 협약으로 부르셴샤프트 활동이 중단되었지만 이 협약은 지식인 계층의 조직적인 반발을 유발시켰을 뿐만 아니라 그들 간의 단결도 가져다주는 계기가 되었다.

프랑스 국왕 샤를 10세(Charles X)의 보수·반동정책으로 발생한 7월혁명(1830)은 벨기에 및 폴란드에서 독립운동을 유발시키는 요인으로 작용했다. 이러한 제 상황, 특히 폴란드인들의 독립운동은 그동안 활동을 중단한 독일의 지식인 계층에게 적지 않은 자극을 가져다주었다. 즉 이들은 민족 통합의 필요성을 다시금 인식하게 되었고 그것을 위해 자신들이 무엇을 해야 하는가도 인지했던 것이다. 이에 따라 이들은 기존 질서 체제의 문제점들을 지적했고 그것들의 타파가 필요하다는 것도 역설했다. 아울러 이들은 기존 질서체제를 대체할 새로운 정치체제의 도입을 모색했고 거기서 신문이란 매개체를 활용하여 자신들의 관점을 피력하기도 했다. 물론 이러한 시도가 독일 전 지역에서 동시에 이루어진 것은 아니었다. 그러나 남부 독일에서 시작된 이러한 시도는 점차 독일 전역에 지대한 영향을 가져다주었는데 그 일례는 '독일 언론과 조국 연맹'이라는 단체의 활동에서 확인할 수 있다. 독일의 현실적 상황을 독일인들에게 전달하여 독일에 대한 그들의 관심을 증대시키겠다는 취지하에 결성된 이 단체는 점차적으로 전국적인 조직망을 갖추게 되었고 그것은 메테르니히를 비롯한 당시 독일 위정자들이 두려움을 가지게 하는 요인으로 작용했다. 그런데 '독일 언론과 조국 연맹'은 당시 반메테르니히주의자로 간주되었던 비르트(J.G.A. Wirth)와 지벤파이퍼(P.J. Siebenpfeifer)에 의해 운영되었다.

특히 지벤파이퍼는 독일통일의 당위성과 정치체제의 개혁을 논의하기 위한 (정치적) 축제 개최도 제안했다. 그런데 이 당시 축제는 정부 허가 없이 참여자들이 자유롭게 그들의 정치적 견해를 제시하거나 조율할 수 있는 유일한 방법이었기 때문에 종종 활용되곤 했다. 이러한 제의를 접한 독일의 지식인들은 전폭적인 지지를 보였을 뿐만 아니라 축제가 원만히 개최될 수 있게끔 협조도 아끼지 않았다.

1832년 5월 27일 개최된 함바흐(Hambach) 축제에는 약 2만 명에 달하는 사람들이 참여했고 거기서는 독일권의 개혁과 통합, 폴란드의 독립 문제 등이 중요한 안건들로 부상되었다. 이 축제에 참여한 인사들의 대부분이 메테르니히 체제 붕괴를 독일 통합의 선행조건으로 제시함에 따라 연방의회는 새로운 반동정치를 펼쳤는데 그것은 바르트부르크 축제 이후 펼쳐진 상황과 비슷하다 하겠다. 즉 연방의회는 각국 의회가 가졌던 정치적 제 권한의 일부를 유보시켰을 뿐만 아니라 정치단체 결성과 민중집회 개최를 정부의 승인 사안으로 채택했던 것이다. 아울러 연방의회는 독일 내에서 진행되던 혁명적 움직임을 감시하는 체제도 더욱 강화시켰다. 그러나 연방의회의 이러한 조치에도 불구하고 독일권을 통합해야 한다는 견해는 저변으로 확산되었고 그러한 것은 3월 혁명(1848) 이후부터 보다 구체화되기 시작했다.

1848년 5월 18일 프랑크푸르트의 성 파울 교회(S.Paulkirche)에서 국민의회(Nationalversammlung)가 활동을 시작했는데 여기서의 주된 과제는 독일연방을 하나의 통합국가로 변형시키는 것이었다. 그러나 역사적으로 형성된 개별 영방국가들을 그대로 둔 채 강력한 중앙권력을 창출한다는 것은 쉬운 일이 아니었고 통합 방안에 대한 의원들의 의견 역시 일치되지 않았다. 그럼에도 불구하고 국민의회에서 제시된 통합 방안들, 특히 소독일주의가 향후 독일 통합의 모델이 되었다는 점은 역사적 과업으로 인정해야 할 것이다.

소독일주의 원칙에 따른 독일 통합은 비스마르크(O. v. Bismarck)가 1862년 프로이센 정부의 실세로 등장하면서부터 보다 가시화되기 시작했다. 이 당시 비스마르크는 '철혈(Blut und Eisen)정책'으로 소독일주의적 독일 통합을 지향했고 그 과정에서 저해요소로 간주된 오스트리아를 독일연방에서 축출하려고 했다. 이에 따라 1866년 7월 3일 오스트리아와의 형제전쟁이 발생했고 거기서 오스트리아는 패배했다. 이후부터 비스마르크는 독일 통합 과정에서 오스트리아를 배제시키는 정책을 본격적으로 펼치기 시작했다.

형제전쟁에서 패한 이후 오스트리아 제국 내 독일인들, 특히 자치주의자들은 오스트리아 제국이 독일권에서 축출된다는 것을 기정사실로 인정하려고 했다. 아울러 이들은 이러한 상황 변경으로 제국 내 제 민족의 관계 설정에도 큰 변화가 있으리라는 것도 인지했다. 따라서 이들은 소독일주의 원칙에 따른 독일권의 통합을 인정하려고 했고 그것을 방해하는 어떠한 행동도 펼치지 않으려고 했다. 동시에 이들은 당시 상황에 관심을 보였고 거기서 야기된 문제점들을 해결하기 위한 능동성 역시 발휘하려고 했다. 이에 따라 독일 자치주의자들은 오스트리아 제국의 초민족주의적 특징을 통해 제국 내에서 그들 민족의 우위권 견지에 필요한 방안을 강구하려고 했다. 여기서 이들은 제국을 오스트리아와 헝가리의 이중적 지배하에 놓이게 해야 한다는 견해를 제시했고 바로 이것만이 오스트리아 제국에서 독일인들의 위상을 보장받을 수 있는 방법이라는 것도 인지했다.

메테르니히 체제가 구축된 이후 독일인들은 이 체제를 붕괴시켜야만 독일권의 통합이 가능하다는 인식을 가지게 되었다. 그러나 이들은 1848년 이러한 질서체제가 붕괴된 이후 새로운 걸림돌, 즉 프로이센과 오스트리아의 우위권 쟁탈과 거기서 비롯된 제 대립에 직면하게 되었고 그들 자신이 이러한 구도 제거에 아무런 역할도 할 수 없다는 데 절망하게 되었다. 그럼에도 불구하고 이들은 기존 질서체제와의 협력, 즉 현실정치(Realpolitik)를 통해 그들의 정치적 목표 달성을 시도했지만 기존의 질서체제는 이들을 진정한 동반자로 간주하지 않았다. 따라서 독일인들, 특히 시민 계층은 독일 통합 및 개혁 과정에서 '위로부터의 일방적 시도(Reform von oben)'라는 특수한 길(Sonderweg)을 방관자의 입장에서 지켜보아야만 했다. 실제로 독일의 통합은 프로이센과 오스트리아 사이의 형제전쟁 이후 가시화되기 시작했다.

본서에서는 우선 메테르니히 체제가 정립된 이후 시작된 독일의 통합운동을 살펴보도록 한다. 특히 이 시기에 진행된 부르셴샤프트 운동과 7월혁명 이후 개최된 함바흐 축제를 집중적으로 다루고자 한다. 이어 1848년 메테르니히 체제가 붕괴된 이후 구체화된 혁명세력과 반혁명세력 간의 대립과 거기서 표출된 제 문제를 거론하도록 한다. 또한 비스마르크의 독일 통합정책과 그 과정에서 발생한 형제전쟁도 언급하도록 한다. 마지막으로 소독일주의 원칙에 따른 독일 통합을 인정한 오스트리아 제국 내 자치주의자들이 지향한 정치적 목적과 그것이 독일 통합에 끼친 영향에 대해서도 고찰하도록 하겠다.

짧은 기간의 탈고에서 비롯된 문장이나 내용상의 오류는 개정판에서 시정하도록 하겠다. 그리고 어려운 여건에도 불구하고 이 책의 출간을 기꺼이 허락하신 푸른사상사 한봉숙 사장님과 출판사 관계자 여러분들께 이 자리를 빌려 감사의 말씀을 드린다.

2018년 3월

김 장 수

책머리에 독일 통합의 특수성을 생각하며   5

제1장 부르셴샤프트의 활동과 카를스바트 협약

1. 나폴레옹의 유럽 제패와 독일권의 대응   19

2. 독일연방의 구성   26

3. 부르셴샤프트의 결성   31

4. 바르트부르크 축제   38

5. 부르셴샤프트 총회   54

6. 흑색파의 등장   57

7. 잔트의 정치적 암살   59

8. 카를스바트 협약   68

9. 카를스바트 협약 이후의 학생 활동   75

제2장 통합의 필요성 제기와 기존 질서체제의 대응

1. 7월혁명   89
2. 7월혁명의 영향   92
3. 부르셴샤프트의 활동 재개   95
4. 독일권에서의 상황 변화   99
5. 비르트와 지벤파이퍼의 활동   103
6. 독일 언론과 조국 연맹   108
7. 함바흐 축제   119
8. 기존 질서체제의 대응   127

제3장 메테르니히 체제 붕괴와 통합 방안

1. 2월혁명(1848)의 영향   135
2. 빈 혁명   138
3. 베를린 혁명   144
4. 프랑크푸르트 국민의회   158
5. 슐레스비히-홀슈타인 문제   163
6. 소독일주의와 대독일주의   166
7. 반혁명세력의 득세   169
8. 프로이센의 유니온 정책과 올뮈츠 굴욕   187

19세기 독일 통합과 제국의 탄생

제4장 비스마르크의 통합정책

1. 빌헬름 1세의 군제 개혁   199
2. 비스마르크의 등장   201
3. 형제전쟁   206
4. 북독일연방의 결성   209

제5장 오스트리아 자치주의자들의 탈독일화 시도

1. 오스트리아 자치주의자들의 활동과 지향 목표   213
2. 이중체제의 도입   221

제6장 독일제국의 탄생

1. 프랑스와의 전쟁   227
2. 독일제국의 탄생   231

나가면서 독일 통합의 의의와 문제점   233

참고문헌   240
찾아보기   244

부르셴샤프트의 활동과
카를스바트 협약

부르셴샤프트의 활동과 카를스바트 협약

1. 나폴레옹의 유럽 제패와 독일권의 대응

1804년 12월 2일 황제로 등극한 나폴레옹(Napoleon)은 정권을 완전히 장악한 후 오스트리아를 압박하여 캄포 포르미오(Campo Formio) 조약 준수를 약속받았다.[1] 그러나 1805년 4월 11일 오스트리아, 영국, 러시아, 그리고 스웨덴은 제3차 대불동맹을 결성하여 프랑스의 팽창을 저지하려고 했지만 나폴레옹은 이들의 계획을 무산시켰다. 즉, 나폴레옹은 1805년 10월 울름(Ulm)에서 오스트리아군을 물리쳤고, 12월에는 아우스터리츠(Austerlitz : Slavkov u Brna)에서 러시아와 오스트리아 연합군을 격파했다.[2] 그 결과 오스트리아는 12월 26일에 체결된 프레스

---

1 캄포 포르미오 조약은 나폴레옹이 1797년 10월 17일, 즉 제1차 이탈리아 원정에서 승리한 후 오스트리아와 체결한 평화조약인데 여기서 오스트리아는 프랑스 정복지의 대부분을 인정했다.

2 이 전투에서 프랑스군의 희생은 8,000명 정도였지만 오스트리아-러시아 연합

부르크(Pressburg) 조약에서 영토의 상당 부분, 즉 티롤(Tirol), 베네치아(Venezia), 그리고 달마티아(Dalmatia)를 상실했다. 1806년 7월 19일 독일 남서 지방의 일부가 신성로마제국으로부터 탈퇴하여 라인 동맹(Rheinbund)을 구축했다.[3] 같은 해 오스트리아 황제 프란츠 2세(Franz II, 1792~1835)가 신성로마제국의 제위를 포기했고 그것에 따라 신성로마제국도 완전히 해체되었다.[4]

한편 바젤(Basel) 조약(1795.4.5) 이후 프랑스와 평화를 유지하던 프로이센은 독일권에 대한 프랑스의 압박이 심화됨에 따라, 1806년 프랑스와 개전하게 되었다.[5] 그러나 프로이센은 10월 14일 예나(Jena)와 아우어슈타트(Auerstadt)에서 패배를 당했고 그것은 1807년 7월 9일 굴욕적인 틸지트(Tilsit) 조약을 맺게 하는 요인이 되었다. 이 조약으로 프로이센은 엘베(Elbe)강 서쪽의 영토와 폴란드 분할에서 획득한 지역을 상실하게 되었고, 상비군의 숫자도 42,000명 이하로 제한되는 수모를 겪

군의 희생은 이보다 훨씬 많은 27,000명이나 되었다.

3   오스트리아와 프로이센을 견제하기 위해 결성된 라인 동맹은 바이에른, 뷔르템베르크, 바덴, 헤센-다름슈타트(Hessen-Darmstadt), 베르그(Berg)를 비롯하여 모두 16개의 영방국으로 구성되었다. 그리고 이 동맹은 1813년까지 유지되었다.

4   이 인물은 1804년 8월 11일 오스트리아가 황제국임을 선포한 후 프란츠 1세(Franz I, 1804~1835)로 오스트리아의 첫 세습황제로 등극했다. 같은 해 12월 2일, 그때까지 제1집정관이었던 보나파르트 나폴레옹 역시 교황 입회하에서 스스로 황제관을 쓰고 자신을 나폴레옹 1세라 칭했다.

5   1805년 7월 프로이센은 러시아, 작센, 그리고 스웨덴과 더불어 제4차 대불동맹을 결성했다. 다음 달 프로이센은 라인 지방에 주둔 중인 프랑스군의 철수를 요구했는데 이것은 프랑스에 대한 사실상의 선전포고였다.

었다.[6]

이제 나폴레옹은 유럽 대륙의 지배자로 등장했고 유럽은 그에 의해 세 부분으로 나누어졌다. 그 하나는 그동안 국경지대의 영토를 병합하면서 팽창한 프랑스 제국, 둘째는 나폴레옹 일가가 통치하는 위성국가들,[7] 그리고 셋째는 패전국의 신분으로 프랑스와 동맹체제를 구축한 오스트리아, 프로이센, 그리고 러시아였다.

이러한 나폴레옹의 절대적 우위는 에스파냐에서 도전을 받게 되었는데 이것은 1808년 6월 나폴레옹이 당시 에스파냐에서 인기가 없던 국왕 카를로스 4세(Carlos IV, 1778~1806)를 퇴위시키고, 자신의 형인 조제프 보나파르트(Joseph Bonaparte)를 에스파냐 국왕으로 등극시킨 것에 대한 에스파냐인들의 반발에서 비롯되었다. 이렇게 시작된 에스파냐의 반나폴레옹 투쟁은 날이 갈수록 확대되었고 웰링턴(A.W. Wellington)의 영국군은 이러한 상황을 적극적으로 활용하고자 했다. 즉 그는 에스파냐의 반나폴레옹 세력을 지원하여 나폴레옹의 입지적 조건을

---

6 이 조약으로 프로이센은 거의 사라질 위기에 놓이게 되었다. 그러나 러시아 황제의 강력한 설득으로 프리드리히 빌헬름 3세의 지위는 겨우 보존되었다. 프로이센은 이제 브란덴부르크, 동프로이센, 그리고 슐레지엔 지방으로 구성된 동유럽의 주변국가로 전락하고, 인구 역시 1,000만 명에서 450만 명으로 줄어들게 되었다. 또한 15만여 명의 프랑스군이 프로이센에 주둔함에 따라 프로이센은 이들의 주둔 비용과 더불어 1억 5,450만 프랑의 배상금도 지불해야만 했다. 나폴레옹은 프로이센으로부터 빼앗은 지방에다 하노버 공국의 일부 지역을 포함시켜 베스트팔렌(Westfalen) 왕국을 세웠다.

7 나폴레옹이 국왕이고 외젠 드 보아르네(Eugène de Beauharnais)가 부왕인 이탈리아 북부의 이탈리아 왕국, 루이(Louis)를 위한 네덜란드 왕국, 카롤린 보나파르트의 남편 뮈라(Murat)를 위한 나폴리 왕국이 이에 해당된다 하겠다.

위축시키고자 했다. 이에 나폴레옹은 30만 명의 병력을 투입했으나, 에스파냐의 저항을 진압하지 못했다. 더구나 1812년 러시아 원정을 위해 투입 병력의 일부가 철수됨에 따라 에스파냐 저항군의 규모는 프랑스군을 능가하게 되었다. 1806년 11월 21일부터 효력을 발휘하기 시작한 대륙 봉쇄령으로 인해 러시아는 영국에 대한 농산물 수출을 할 수 없게 되었고 그것으로 인해 막대한 경제적 손실도 감수해야 했다. 이에 따라 러시아의 알렉산데르 1세(Alexander I, 1801~1825)는 1810년 12월 31일 대륙 봉쇄령에 더 이상 참여하지 않겠다는 입장을 공식적으로 밝혔고 그것은 나폴레옹의 군사적 행동을 야기시키는 요인이 되었다.

나폴레옹의 러시아 원정은 1812년 6월 24일에 시작되었다. 원정을 개시한 지 3달 만인 9월 14일 나폴레옹은 모스크바도 점령했다. 그러나 모스크바는 모든 것이 불타버린 쓸모없는 도시로 변모된 상태였다. 당황한 나폴레옹은 약 5주 동안 모스크바에 머무르면서 러시아 황제 알렉산데르 1세와 협상을 시도했으나, 러시아의 차르는 나폴레옹의 휴전 제의를 거부했다. 러시아에서 겨울을 맞게 되자, 프랑스군은 러시아에서의 혹한을 견디지 못해 결국 철수했으나, 철수 과정에서 쿠투조프(M.I. Kutuzov) 휘하의 군대와 코사크 기병대로부터 습격을 당했다.[8] 그 결과 61만 명의 원정군 중 40만 명이 죽고 10만 명 이상이 포로로 잡혔다.[9] 이후부터 나폴레옹의 몰락은 가시화되기 시작했다. 나폴레옹

---

8 이 당시 나폴레옹은 모스크바로부터 스몰렌스크로 후퇴할 것을 명령했다. 그런데 이 도시의 온도는 11월 5일에 섭씨 영하 10도, 11월 29일에는 섭씨 영하 30도까지 떨어질 정도로 추웠다.

9 61만 명의 원정군에서 프랑스군이 차지하는 비율은 2분의 1에 불과했다. 나머

의 러시아 원정 실패는 그동안 숨죽이고 지내던 독일 영방국가들에게 반나폴레옹의 기치를 높이 들게 했다. 그 일례로 나폴레옹의 러시아 원정에 2만여 명의 병력을 파견했던 프로이센이 1813년 2월 27일 프랑스와의 동맹 관계를 파기하고 칼리슈(Kalisz)에서 러시아와 동맹체제를 구축한 것을 들 수 있다.[10]

실제로 나폴레옹의 러시아 원정 실패는 그동안 그에게 종속되었던 독일권의 국가들에게 반격의 계기를 제공했다. 각지에서 민족주의자들이 전면에 나서게 되었고 이들은 민족적 저항을 호소했다. 특히 예나 전투에서 패배한 이후 민족의식이 고양되던 프로이센에서는 대학생들을 중심으로 한 애국단체들이 의용군을 결성하여 반나폴레옹 전선에 참여했다. 그리고 틸지트 조약으로 20만 명의 프로이센군이 4만 명 수준으로 감축된 것 역시 나폴레옹에게 불리하게 작용했는데 그것은 퇴역한 프로이센 장교들의 반발이 의외로 강했기 때문이다. 프로이센 신민들 사이에 나폴레옹과의 일대 결전 의지가 고조됨에 따라 프리드리히 빌헬름 3세(Friedrich Wilhelm III, 1797~1840)는 러시아와 동맹체제를 구축한 후 프랑스와의 전쟁을 위해 3월 17일 국민총동원령도 내렸는데 이때부터 해방전쟁이 시작된 것으로 보아야 할 것이다.[11]

또한 같은 해 영국, 러시아, 프로이센, 그리고 스웨덴은 반프랑스 연

지 3분의 2 중에서 라인 동맹 및 프로이센과 오스트리아에서 온 독일군이 3분의 1을 차지했고 나머지 3분의 1은 폴란드와 리투아니아군과 기타 민족에서 차출된 군사로 충당되었다.

10 1813년 3월 16일 프로이센은 프랑스에 대해 전쟁을 선포했다.

11 국민개병제의 실시로 프로이센은 28만 명의 병사들을 단시간 내에 소집했다.

합전선 구축에 동의했고 이후부터 이들 국가는 나폴레옹의 팽창으로 확산된 민족주의와 자유주의를 배제시키는 데 필요한 방법도 강구하기 시작했다.

이 당시 메테르니히(Metternich)는 외형상 오스트리아가 프랑스의 동맹국이라는 사실 때문에 더 이상 전쟁에 참여하기보다는 중재적 역할을 담당해야 한다는 사실을 잘 알고 있었다. 이에 따라 그는 1813년 7월 26일 드레스덴에서 나폴레옹과 독대를 하게 되었다. 이 자리에서 나폴레옹은 오스트리아가 계속하여 군사적 지원을 할 경우 프로이센을 오스트리아에 넘겨줄 수도 있다는 파격적인 제안을 했지만 메테르니히는 그것을 받아들이지 않았다. 나아가 메테르니히는 나폴레옹에게 전쟁 종결에 필요한 평화조건들을 수락할 것을 강력히 건의했지만 나폴레옹은 그것들의 수용을 거부했기 때문에 메테르니히는 러시아와 프랑스 중 어느 쪽이 오스트리아에 더 위협적인 존재인가를 판단해야만 했다. 점차적으로 메테르니히는 러시아와의 협력을 통해 프랑스를 봉쇄시켜야 한다는 확신을 가지게 되었고 그렇게 할 경우 영국도 중부 유럽에서 오스트리아의 위상 증대에 협조할 것이라는 판단을 했다. 이에 따라 오스트리아는 제5차 대불동맹(1809)에 이어 1813년에 재차 결성된 제6차 대불동맹에 참여했고 같은 해 8월 12일 프랑스에 대해 선전포고를 했다. 10월 16일부터 18일까지 지속된 라이프치히(Leipzig) 전투에서 32만 명의 대불동맹군과 16만 명의 프랑스군 사이에 전투가 벌어졌고 이 전투에서 프랑스는 7만 명의 인명 손실을 입으면서 대패했다.[12]

---

12 이후 프랑스는 세금을 대폭 인상하고, 관리들의 임금을 25%나 삭감하여 외부적인 압박에 대응하고자 했다.

1814년 1월 프랑스는 연이은 공격을 받았다. 동맹국들이 시작한 전투의 목적은 프랑스를 굴복시키는 것이 아니라 나폴레옹을 완전히 축출하는 것이었다. 그러나 나폴레옹은 3월까지 잔여 병력을 지휘하며 저항했다. 이에 따라 오스트리아, 프로이센, 러시아, 영국은 1814년 3월 1일 쇼몽(Chaumont)에서 회동했고 거기서 나폴레옹이 항복할 때까지 전쟁을 계속하기로 합의했다.[13] 동맹군이 3월 30일 파리 근처에 도달하자, 파리 시당국은 나폴레옹의 의지를 무시하고 곧바로 동맹군과 평화 교섭에 들어갔다. 임시정부의 수반인 탈레랑(C.M. de Talleyrand-Perigord)은 4월 2일 나폴레옹의 폐위를 선언했고 루이 16세의 동생인 루이 18세(Louis XVIII, 1814~1824)와 협상을 벌이기 시작했다.[14]

나폴레옹의 정복전쟁은 그에게 정복되거나 굴욕을 맛보게 된 민족들 사이에서 민족주의를 부각시켰고, 그것은 나폴레옹 몰락의 주된 요인 중의 하나로 작용했다. 그런데 이러한 민족주의는 근대에 접어들면서부터 관심의 대상이 되곤 했다. 그러나 민족의 개념을 정확히 설명한다는 것은 그리 쉬운 일이 아니다. 실제로 민족의 정의는 시대와 나라마다, 심지어 개개의 사전마다 다르게 나타난다. 그럼에도 불구하고 민족은 같은 종족, 지방, 그리고 직업을 중심으로 그 성원들의 충성심만으로도 개괄적 설명이 가능하다. 즉 동일한 경험적 배경을 가진 사람들은 그들 스스로를 하나의 집단으로 생각하고, 그들 이외의 사람들을 국

---

13 1814년 3월 19일 쇼몽 조약이 체결되었는데 여기서는 라인강의 자유운항 보장, 스위스의 독립, 네덜란드의 영토 확대. 독일연방과 오스트리아 지배하의 이탈리아 분할이 확정되었다.

14 이 당시 탈레랑은 부르봉 왕조를 복귀시켜야 한다는 관점을 가지고 있었다.

외자로 취급하는 경향을 가진다는 것이다. 민족 역시 자기를 집단으로 의식하는 하나의 단위로 볼 수 있다. 그러나 그것은 다른 집단과는 달리 그 자신만의 독특한 성격을 가지고 있다. 일반적으로 그것의 규모는 비교적 크며, 수백 명 이상의 성원을 중심으로 각종의 계급·직종 그리고 다양한 지방적 하부문화까지 포함하는 경우가 많다. 아울러 그 성원들은 여러 다른 종파에 속하며, 경우에 따라서는 서로 다른 언어를 사용하는 경우도 있다. 그러나 이러한 이질적인 요소에도 불구하고 자신들을 하나의 집단으로 생각하고, 그 밖의 모든 사람들을 외국인이라고 부르는 하나의 민족은 그러한 유대감을 유발시키는 과거 또는 현재에 무엇인가 서로 공감할 수 있는 것을 가지게 된다. 민족을 구성하는 요인들을 안다는 것 역시 쉬운 일이 아니다. 이유야 어떻든 하나의 민족은 스스로를 타 민족과 뚜렷이 구별하는 의식을 가진 집단으로서 외국인의 지배를 혐오하며 자기 자신의 주권국가를 요구한다. 바로 그러한 요구가 근대 정치 발전, 특히 독일 통합에 매우 중요한 역할을 하게 되었던 것이다.

2. 독일연방의 구성

나폴레옹이 10여 년 동안 유럽을 지배했던 시기 유럽의 지도는 크게 변경되었고 프랑스 대혁명의 이념은 각국에 침투하여 구질서체제를 붕괴시키고 정치적, 사회적, 그리고 경제적으로 새로운 질서를 수립하는 원동력도 되었다. 그러나 새로운 질서체제가 완전히 정착하기도 전에 비롯된 나폴레옹의 급격한 몰락은 신·구 질서의 충돌을 야기시켰을 뿐만 아니라 각국에 커다란 혼란도 가져다주었다. 혁명과 전쟁을 통해 수많은 희생자를 내고 오랫동안 기근과 질병에 시달려온 유럽인들은 나폴레옹이 몰락하자 자유보다 평화를 갈망했으며 보수 반동적인 시대적 추세 속에 군주정이 복귀되고 가톨릭 세력 역시 부활했다. 나폴레옹 지배에 대항하여 '제 국민의 해방전쟁'을 수행한 오스트리아, 프로이센, 영국, 그리고 러시아를 비롯한 유럽 열강의 국왕 및 지도자들은 유럽의 질서체제를 개편하기 위해 1814년 11월 빈에 모였다.[15] 여기서는 자유주의와 민족주의의 확산을 저지하고 구질서체제의 회복 및 그것에 따른 절대왕정 체제의 복고를 주요한 의제로 선정했다.[16] 그리고 독일

---

15 빈 회의에 참가한 국가들은 13개의 특별위원회를 구성하여 당시 제기된 문제들을 해결하고자 했다. 그리고 이러한 과정에서 메테르니히, 캐슬레이(R.C. Castlereagh), 탈레랑(Talleyrand-Perigord), 그리고 하르덴베르크(K.A. v. Hardenberg)가 핵심적인 역할을 담당했다. 그리고 이 회의는 다음 해 1월까지 개최되었다.

16 절대왕정 체제는 동방적 전제주의와는 달리 봉건적 정치체제로부터 근대 시민적 민주정치로 이행하는 과정에서 나타난 정치체제라 하겠다. 따라서 절대왕정 또는 절대주의 국가는 봉건영주들이 주도한 지방분권적 정치체제를 탈피하고 강력한 왕권을 중심으로 사법, 행정, 그리고 군사적인 측면에서 중앙집권이 이루어진 근대 초기의 국가를 지칭한다. 절대왕정이란 국왕이 자신의 관료조직과 군사조직을 바탕으로 전 영토에 걸쳐 국가권력을 실질적이고 효과적으로 행사하는 정치체제를 말한다. 그러나 여기서의 왕권의 절대성은 중세의 봉건적 권력에 대비한 의미에서 절대적인 것이었고 비록 전제정치라 하더라도 고대 이집트의 파라오나 행정, 황제의 경우에 비할 정도는 아니었다. 그리고 절대왕정 체제를 유지하는 데 가장 중요한 요소로는 관료제와 상비군을 들 수 있다. 국가의 통치 및 행정에서 국왕의 의사를 충실히 수행하는 관료집단은 왕권 강화의 필수적 요소라 하겠다. 그런데 관리들의 대다수는 귀족이 아

연방(Der Deutsche Bund) 구성도 논의 대상으로 부각되었는데 이것은 가장 이견이 많았던 난제였다.[17] 빈 회의가 개최된 이후부터 독일 문제는 독일인에게 위임시킨다는 원칙하에서 오스트리아·프로이센·바이에른(Bayern)·뷔르템베르크(Würtemberg)·하노버 대표로 구성된 독일위원회를 발족시켰다. 그러나 이 위원회는 처음부터 난관에 봉착하여 5개월여 동안 단 한 차례의 회의조차 개최하지 못했다. 빈 회의에

닌 평민, 다시 말해서 중산층 또는 시민 계층이었고 이들은 봉토 대신에 봉급을 받았다. 그러므로 보다 많은 관리들을 채용하기 위해서는 국가의 재정 지출 증가가 요구되었고 그것은 국왕으로 하여금 보다 많은 재원을 확보하게 하는 요인으로도 작용했다. 그리고 상비군의 대다수는 용병으로 충당되었으며 직업상의 위험으로 이들은 주로 낙후된 지역의 주민들과 하층민 출신자들로 충당되었다. 용병은 실업 해소와 유랑민을 억제할 수 있는 효과를 가져왔으며 상비군 유지는 상공업 발전에도 자극제가 되었는데, 특히 전쟁이 발생하는 경우에 무기 제조업자와 군납업자들은 많은 이익을 보기도 했다. 이러한 절대왕정 체제의 이론적 토대는 프랑스의 정치사상사 겸 역사가였던 보댕(J. Bodin)이 1576년에 출간한 『국가론(Les six livres de la République, 국가에 관한 6권)』에서 제시되었다. 또한 모(Meaux) 주교였던 보쉬에(J. Bossuet) 역시 『성서에 근거한 정치』(1708)에서 절대왕권을 나름대로 정의했다. 독일권에 절대왕정 체제가 도입된 것은 영국이나 프랑스보다 훨씬 늦었는데 그것은 지방분권적인 체제가 이 권역에서 장기간 유지되었기 때문이다. 그럼에도 불구하고 30년전쟁 (1618~1648) 이후 독일 내의 일부 영방국가들, 즉 프로이센과 오스트리아가 신분제국가(Ständestaat)에서 벗어나 절대왕정 체제로 진입했다.

17 1814년 9월 18일부터 활동을 개시한 빈 회의의 국제법적 근거는 1814년 5월 30일 해방전쟁에 참전한 주요 국가들, 즉 오스트리아, 러시아, 영국, 그리고 프로이센의 정상들이 체결한 제1차 파리 평화조약의 제32조였다. 제32조에서는 평화조약에서의 기타 세목들을 조정하기 위해 1814년 9월 각국의 전권사절들이 빈 회의에 참석한다는 것이 명시되었다.

참여한 각국의 대표들은 대륙 안정을 위해 독일 문제의 원만한 해결이 반드시 필요하다는 인식을 했지만, 그것은 규모, 영역, 방식에서 수많은 논쟁이 동반될 수밖에 없었다. 열강들 중에서 가장 약체였던 프로이센은 빈 회의를 통해 국가 위상을 증대시켜야 한다는 관점을 가지고 있었지만 다른 열강들은 프로이센의 그러한 의도에 대해 부정적이었다.

이 당시 중부 유럽의 위상 및 기능에서 핵심적 역할을 담당했던 정치가는 캐슬레이(R.C. Castlereagh)와 메테르니히였다. 캐슬레이는 프랑스의 세력 확대와 러시아의 팽창 방지를 지향했다. 또한 그는 유럽에서 다시 어떠한 전쟁도 발생해서는 안 된다는 관점을 가지고 있었다. 따라서 그는 열강 간의 협조가 절대적이며 거기서 오스트리아가 중요한 역할을 담당해야 한다는 것도 인지하고 있었다. 즉 캐슬레이는 혁명적 프랑스의 재등장과 러시아의 팽창을 막기 위해 오스트리아와 중부 유럽이 현재적 상황을 방어할 수 있는 완충지대 역할을 담당해야 한다는 구상을 했던 것이다. 캐슬레이의 암묵적 지지를 받던 메테르니히는 영방 조직 안을 독일위원회에 제출했고 이것은 1815년 6월 8일에 가결되었다. 이로써 나폴레옹 전쟁 이전에 존재했던 신성로마제국의 해체가 재확인되었고 34개의 군주와 4개의 자유시로 구성된 독일연방이 탄생하게 되었다. 독일연방에 참여하는 모든 국가들은 주권을 가진 자주국가라는 것이 명문화되었으며, 프로이센과 오스트리아 황제 외에 홀슈타인의 덴마크 왕, 네덜란드 왕, 룩셈부르크 공작과 같은 독립국가들의 군주들도 동등한 자격으로 연방에 참여할 수 있다는 것이 거론되었다. 비록 이들 국가들이 상호 군사적 독립성을 보장받았음에도 불구하고 어떠한 형태의 내부적 무력 사용은 금지되었다. 그리고 만일 외부의 침략이 있을 경우 상호 지원을 해야 한다는 것도 언급되었다. 따라서 독일연방은 국가원수도, 행정기구나 집행기구도, 공통적인 법체계도, 그리고 공통적인 공민권도 없었다. 다만 독일의 중요한 안건들을 논의하고, 처리하는 연방의회를 프랑크푸르트에 설치하기로 합의했다.[18] 이후부터 오스트리아는 자유주의 사상과 민족주의 정신을 거절하고 독일연방 내에서 중소 국가에 대한 영향력 증대에 대해서만 주력했는데 프로이센은 오스트리아의 그러한 우위를 인정하지 않으려고 했다.

이러한 내부적 갈등에도 불구하고 독일연방은 1821년 4월 9일 군사법을 제정했고, 세부 조항까지 다룬 법은 1822년 7월에 완성했다. 연방 군대는 영방국가들의 부담금으로 운영되며 10개 군단을 두도록 했다. 연합 내에서 세력이 가장 강력한 오스트리아와 프로이센은 각각 3개 군단의 병력을 소유하고 바이에른은 1개 군단, 나머지 중소 국가들은 모두 합해 3개 군단을 유지하도록 했다. 독일연합의 최고 지휘관은 전쟁이 발발한 경우 연방회의에서 선출하도록 했다. 영방국가의 헌법은 1814년에 제정된 프랑스 대헌장 사상을 토대로 만들어졌으며, 의회는 대귀족들이 대의기관의 대표로 참석하도록 했다. 중부 독일의 군소 국가들은 혁명 이전 체제로 회귀하면서 세습귀족들의 권한을 대폭 증대시켰다. 또한 작센과 하노버 공국도 이전처럼 세습귀족들이 대표기관에 참여할 수 있게끔 막강한 권한을 부여했다. 바이에른은 헌법에서 국가 권한을 강화시키기 위해 자유진보적인 관료주의 체제를 선택했다. 1808년 오스트리아의 프란츠 1세(Franz I, 1804~1835)는 중앙집권 체제를 구축하기 위해 법률을 개정했다. 이에 따라 관료주의 체제는 강

---

18 독일연방의회는 전체회의와 특별위원회로 구성되었는데 특별위원회가 전체 회의를 대신하여 연방 업무를 관장하는 경우가 많았다.

화되었지만 대의기관의 기능은 상대적으로 축소되었다. 한편 연방조직을 운영하는 과정에서 오스트리아는 의장국을 담당했으며 오스트리아, 프로이센을 제외한 연방의 각국들은 의사결정과정에서 동등한 투표권을 가지게 되었다. 따라서 독일연방에 참여한 국가들 중에서 오스트리아와 프로이센의 발언권이 강화된 것은 당연한 귀결이라고 하겠다.

3. 부르셴샤프트의 결성

1815년 6월 12일 예나(Jena)의 시장광장(Marktplatz)에 많은 학생들이 참여한 집회가 개최되었다. 그러나 이 도시의 시민들은 이러한 집회에 대해 전혀 관심을 보이지 않았는데 그 이유는 이들이 그러한 단합대회(Zusammenrottungen)나 학생들의 횡포(Unfug)에 익숙해졌기 때문이다. 그럼에도 불구하고 이 집회는 관심을 가질 만했는데 그것은 예나대학 학생들의 1/2 이상, 즉 243명의 학생들이 집회에 참여했다는 점이다. 그리고 학생들의 다양한 모자와 깃발을 통해 여러 지방학생단체들이 이 집회를 공동으로 주관했다는 것 역시 특이한 점이라 하겠다.

이렇게 집회에 참여한 학생들은 좁은 골목길을 따라서 도심으로 진출했다. 도심에 도착한 이들은 캄스도르페르(Camsdorfer) 다리를 건너 자신들이 자주 가던 '전나무(Zur Tanne)' 음식점으로 이동했다. 여기서 학생들은 아른트(E.M. Arndt)가 작곡한 〈좋은 시간을 준비하기 위해 우리는 뭉쳤다(Sind wir vereint zur guten Stunde)〉[19]라는 노래를 불렀

---

19 가사는 다음과 같다. "우리는 누구에게 첫 번째 감사를 드려야 할까? 길고 긴 치

다. 이어 반달리아(Vandalia)의 공동대표(senior)였던 호른(H. Horn)과 리만(H. Riemann)이 새로운 학생단체의 결성 목적을 언급하면서 기존의 지방분권적인 학생단체들을 타파하고 높은 이상, 즉 독일 통합에 기여할 시기가 도래했음을 강조했다. 주점에 있었던 학생들 역시 이러한 견해에 대해 적극적인 호응과 지지를 보였다. 이에 따라 참여자들은 자신들의 반달리아, 삭소니아(Saxonia), 튜린기아(Thuringia), 그리고 프랑코니아(Franconia)의 기를 내렸다. 아울러 기를 준비하지 못한 지방 학생단체의 회원들도 손을 밑으로 내리는 상징적 행동으로 부르셴샤프트 결성에 동의를 표시했다. 이어 그동안 준비했던 부르셴샤프트의 강령(Entwurf)도 발표되었는데 이것은 뤼트초프(A. v. Lützow) 의용군단에서 활약한 카펜베르거(Kaffenberger)와 하인리히스(Heinrichs)의 주도로 작성되었다.[20] 그리고 이들은 강령을 작성하면서 반달리아와 튜린기아의 강령과 얀(F.L. Jahn), 프리젠(K.F. Friesen), 그리고 루덴(H. Luden)의 관점을 많이 참고했다.

욕적 밤에 빛을 제공하신 하느님께 감사드려야 할 것이다. 하느님은 우리들에게 원수의 오만함을 알게 하셨고 우리 몸에 새로운 힘도 주셨다."

20 1782년 5월 18일 베를린에서 태어난 뤼트초프는 1806년 10월 예나-아우어슈테트 전투에 참여했다. 여기서 이 인물은 실(F. v. Schill) 장군이 이끄는 기병대의 지휘관으로 활약했지만 프로이센군은 이 전투에서 프랑스군에게 대패했다. 1808년에 전역한 뤼트초프는 다음 해인 1809년 실이 주도한 민중봉기에 참여했지만 여기서 그는 부상을 당한 후 측근들과 더불어 도망쳐 죽음을 모면했다. 1811년 프로이센군에 복귀한 뤼트초프는 1813년부터 전개된 해방전쟁에 참여했는데 이 당시 그는 비프로이센계 의용군을 중심으로 결성된 '적색부대'를 이끌고 프랑스 전선 후방에서 활발한 게릴라전을 펼쳤다.

강령 작성에 큰 영향을 끼친 얀은 실제로 독일 민족주의 확산에 크게 기여했다. 이 인물은 1810년『독일 민족성(Deutsches Volkstum)』을 출간했는데 거기서 그는 인종적 순수성과 독일인들의 관심 및 어법을 보존해야 한다는 것을 강조했다. 이 당시 베를린 플라만(Plamann) 고등학교 교사였던 얀은 1811년 베를린 대학 총장이었던 피히테(J.G. Fichte)에게 기존의 지방학생단체(Landmannschaft)를 대신할 새로운 학생단체의 설립을 제안했는데 여기서 그는 부르셴샤프트(Burschenschaft)라는 용어를 최초로 사용했다. 얀은 자신의 제안에서 학생들의 육체 단련(körperliche Ertüchtigung), 민족사상의 함양(Förderung des nationalen Gedankens), 그리고 개성 강화(Stärkung des Charakters) 등이 절실히 필요하다는 견해를 제시했을 뿐만 아니라 그러한 것들이 독일 통합의 전제 조건도 될 수 있다는 주장을 펼쳤다. 아울러 그는 기존 학생조직으로 그러한 것들을 실천시킬 수 없다는 입장도 밝혔다. 실제적으로 특정 지역의 학생들로 구성된 지방학생단체는 범세계주의적인 이념만을 지향했기 때문에 독일 통합이라는 이상 구현에는 아무런 도움도 주지 못했다.

그럼에도 불구하고 피히테는 얀의 제의를 수용하지 않았는데 그러한 결정은 그 자신의 견해라기보다는 당시의 현실적 상황, 즉 프로이센의 보수적 분위기에서 비롯된 것이라고 하겠다. 왜냐하면 피히테 자신도 독일 통합의 필요성을 강조하면서 대학의 교육과정, 대학 생활의 전면적 개편 및 그 실천 방안에 대해 구체적으로 언급한 바가 있었기 때문이다. 피히테는 1807년 12월 13일부터 다음 해 4월 20일까지 매주 일요일마다 베를린 학술원에서 행한 베를린 강의(Vorlesungen in Berlin), 즉「독일 국민에게 고함(Reden an die Deutsche Nation)」에서 독일의 민족주의를 부각시켰다. 강연에서 피히테는 독일을 패망에 이르게 한 원인이 모든 부패의 근원인 이기심에서 비롯되었다는 입장을 밝혔다. 그리고 이 인물은 민족의 으뜸 기준으로 언어를 제시했다. 즉 그는 서로간의 계속되는 의사소통을 통해 그들의 언어를 발전시키는 사람들에게 민족이라는 이름을 부여해야 한다고 했다. 나아가 피히테는 독일어야말로 가장 원초적이고 순수한 언어이기 때문에 독일인들이 오염되고 인공적인 언어를 사용하는 영국인들이나 프랑스인들보다 우월하다는 입장을 표명하기도 했다. 피히테의 이러한 민족적 정의는 곧 민족주의적 호소로 이어졌다. 즉 그는 공통 언어를 사용하는 사람들로 구성된 민족은 그들의 언어를 보존해야 하고 그것을 위해 그들의 국가도 가져야 한다고 했다. 피히테의 이러한 관점은 곧 인류를 독특한 문화적 개성을 가진 격리된 민족들로 분류하고 이 민족들이 저마다 주권국가를 형성해야 하며 각 민족의 성원들은 자신들이 소속된 민족의 주체성을 양양하고 자신들의 개성을 민족이라는 더 큰 전체에 예속시킴으로써 궁극적인 자유에 이를 수 있다는 전형적인 민족주의적 주장으로 발전했다. 이러한 민족주의적 입장에서 피히테는 새로운 민족교육의 강령을 통해 독일인들의 민족적 각성을 촉구하고 프랑스에 반대하는 민족주의 운동의 방아쇠도 당기고자 했다. 자신의 제의에 대해 피히테가 공식적으로 거절했음에도 불구하고 얀은 자신의 구상을 포기하지 않았는데 그것은 당시 독일 대학 내에서 부각되던 민족운동의 필요성과 자신의 계획을 접목시킬 수 있다는 확신에서 비롯된 것 같다.

카펜베르거가 발표한 부르센샤프트의 강령은 ① 대학은 학문 증대 및 육체적 도야에 필요한 독일 민족의 공공기관(Anstalt)이다, ② 학문적 자유는 인격교육의 전제조건이다, ③ 부르센샤프트의 회원(Burschen)들의 영광은 최고(Höchsten) 및 고결함(Edelsten)을 얻으려는 지속적인 노력에서 비롯된다, ④ 부르셴샤프트는 민족통일 구현을 위해 결성된 단체이다, 등의 중요한 내용을 담고 있었다. 이러한 강령을 통해 이 학생단체가 현실정치에 깊은 관심을 가졌다는 것도 확인할 수 있는데 그러한 것은 기존의 지방학생단체에서는 찾아볼 수 없는 사안이었다. 민주적 절차에 따라 9명의 주제자(Vorsteher)와 21명의 상임위원(Ausschußmitglieder)이 선출되었는데 여기에는 해방전쟁에서 귀환한 지 얼마 안 된 인물들도 상당수 포함되었다. 마지막으로 아른트의 〈애국 노래(patriotisches Lied)〉를 부르면서 부르셴샤프트의 창립총회는 끝났다. 아울러 여기서는 뤼트초프 의용군단이 사용했던 흑·적·황(Schwarz-Rot-Gold)색의 기(旗)를 그들의 조합기로 채택했는데 그것은 아마도 이 의용군단 출신 인물들이 부르셴샤프트에서 주도적 역할을 담당했다는 것과 무관하지 않을 것이다. 이후부터 부르셴샤프트에 가입한 학생들은 매일 오후 정례적으로 예나 시가를 행진하면서 시민들에게 부르셴샤프트의 설립 목적 및 그 당위성을 알리는 데 주력했다.

창립총회를 개최한 지 얼마 안 되어 예나대학의 부르셴샤프트는 그들 단체를 효율적으로 운영하기 위해 정관도 발표했는데 거기서는 다음의 것들이 명시되었다.

첫째, 예나대학의 재학생들은 부르셴샤프트의 정회원이 될 수 있다.

둘째, 의장은 선거를 통해 선출하되, 그 임기는 1년으로 한다. 그리고 동일인물의 재선은 원칙적으로 불허한다.

셋째, 의장은 정기회의를 진행할 수 있는 권한을 가지며 필요에 따라 임시회의도 소집할 수 있다.

넷째, 메테르니히 체제의 문제점 및 개선책을 구체적으로 논의하는

예나대학의 부르센샤프트 회의

특별위원회를 구성한다.

다섯째, 부르센샤프트에 가입한 학생들은 이 학생단체에서 자유롭게 탈퇴할 수 있는데 그것을 위해서는 정기 또는 임시회의에서 탈퇴하려는 학생이 탈퇴 의사를 직접적으로 밝혀야 한다.

그렇다면 왜 예나대학의 학생들이 다른 대학의 학생들보다 얀의 구상에 더 적극적이었을까. 그것은 이 대학의 적지 않은 학생들이 얀이 주도한 자유군단(Freikorp)의 일원으로 해방전쟁에 참여했고 거기서 그의 영향을 많이 받았기 때문이다.[21]

해방전선에서 대학 강의실(Hörsaal)로 복귀한 학생들은 절대주의적이고 분파적인 독일 상황에 대해 강한 불만을 표시했다. 왜냐하면 이들은 해방전쟁이 진행되던 시점에 가졌던 국가, 정치제도, 그리고 민족에 대한 자신들의 기존 입장을 포기하고 자유주의적이고, 민족주의

---

21 예나대학에서 부르센샤프트가 결성되기 이전인 1814년 11월 할레(Halle)대학에서 얀의 구상이 가시화되었는데 그것은 부르센샤프트와 성격을 같이하는 '토이토니아(Teutonia)'라는 학생단체가 결성된 데서 확인할 수 있다. 거의 같은 시기 하이델베르크(Heidelberg)대학에서도 그러한 조직이 결성되었는데 거기서 가게른(H. v. Gagern, 1848년 프랑크푸르트 민족회의[Frankfurter Nationalversammlung]에서 의장으로 활동)이 주도적인 역할을 담당했다. 그렇지만 이러한 조직들은 미약한 상태에서 벗어나지 못했기 때문에 학생들에게 그리 큰 영향을 끼치지는 못했다.

적 관점에서 새롭게 접근하려고 했기 때문이다.[22] 따라서 이들은 민족의식의 함양이 절대로 필요하다는 것과 자유주의 토대하에서 독일권이 통합되어야 한다는 인식도 가지게 되었던 것이다. 그리고 이러한 것들은 당시 예나대학에서 발견된 전단지에서도 확인되었는데 거기서는 세계의 제 민족이 독립국가를 구성할 권한을 가졌을 뿐만 아니라 국권(Staatsgewalt) 행사에도 참여할 수 있다는 것이 명시되었다. 또한 전단지에서는 독일 민족 역시 그러한 원칙적 범주에서 벗어나지 않게끔 노력해야 한다는 것이 거론되었는데 그것은 대학생뿐만 아니라 사회구성원 모두가 민족 통합과 자유주의 이념이 반영된 법률 제정에 혼신의 노력을 펼칠 경우 가능하다는 판단에서 비롯된 것 같다.[23]

이 당시 예나대학의 학생들은 기존 학생단체로 위에서 언급한 것들을 이행할 수 없다는 판단을 했기 때문에 새로운 학생단체의 결성 필요성을 절실히 느끼고 있었다. 바로 이러한 때 얀이 이들에게 구체적인 방안을 제시했던 것이다. 이에 따라 1814년 여름 예나대학에서는 '방위단체(Wehrschaft)'가 결성되었다. 이후부터 이 단체는 란트그라펜 산맥(Landgrafenberge)에서 정기회합을 가졌고 거기서 사격을 비롯한 일련의 군사훈련, 전쟁학 토론, 그리고 조국애를 부각시키는 노래를 부르면서 그들 조직의 소속감 강화에 주력했다. 그런데 이 단체는 뤼트초프 의용군단 출신의 학생들이 주도했는데 그것은 카펜베르거가 이 조직의

22　실제로 이들 학생들은 이 시기에 '독일이란 무엇인가'라는 근본적인 질문에 대해 생각하게 되었다. 그것은 독일 민족의 전통적인 정치적 틀인 신성로마제국이 사라지고 독일이 이민족의 지배하에 들어간 데서 비롯된 것 같다.

23　실제로 18세기까지 독일은 국가가 아닌 지리적 표현에 불과했다.

회장이었다는 것에서 확인할 수 있다. 그리고 이 단체의 참여자들이 부각시킨 애국적 목적은 학생들 사이의 반목 및 불화를 종식시키는 데도 큰 기여를 했다. 실제적으로 뤼트초프 의용군단 출신의 학생들이 부르셴샤프트 결성에서 주도적 역할을 담당했는데 그것은 11명의 창립회원 중 8명이 이 의용군단 출신이었다는 것을 통해 입증되었다.

중부 및 남부 독일의 많은 대학들이[24] 예나대학의 예를 따랐으나, 북부 독일에서의 조직화는 매우 느리게 진행되었으며,[25] 바이에른(Bayern)과 오스트리아는 이 학생운동의 영향을 거의 받지 않았다.[26] 이러한 지역적 편차를 통해 부르셴샤프트 운동이 구교 지역이 아닌 신교 지역에서 주로 진행되었음을 확인할 수 있다.[27]

4. 바르트부르크 축제

예나를 비롯한 여러 대학에서 결성된 부르셴샤프트는 새로운 형태

---

24 브레슬라우(Breslau), 킬(Kiel), 에어랑겐(Erlangen), 할레, 기센, 하이델베르크, 그리고 튀빙겐 대학에서도 부르셴샤프트가 구성되었다.

25 베를린(Berlin), 괴팅겐, 라이프치히 대학들도 예나대학의 영향을 받았다.

26 그럼에도 불구하고 구교 지역 내의 뷔르츠부르크(Würzburg)와 프라이부르크 (Freiburg) 대학의 학생들은 예나에서 결성된 부르셴샤프트에 대해 깊은 관심을 표명했고 그러한 학생단체를 그들 대학에서도 결성하려고 했다.

27 부르셴샤프트에 가입한 학생들이 전체 대학생에서 차지하는 비율은 20% (1,500/8000명)에 불과했는데 이것은 당시 독일 학생들의 정치적 감각 내지는 관심이 일반적으로 미미했음을 알려주는 일례라 하겠다.

의 학생단체였다. 왜냐하면 각 지방학생단체에 가입한 학생들은 지금까지 소동, 음주, 집단싸움(Raufereien), 그리고 결투로 그들 시간의 대부분을 낭비한 중세 대학의 생활 또는 그들만의 독특한 문화적 범주에서 벗어나지 못했기 때문이다. 특히 부르셴샤프트 활동의 중심 도시로 부각된 예나, 하이델베르크, 그리고 기센(Gießen)은 학생들의 도덕적 타락이 다른 지역보다 훨씬 심한 지역이었다.[28]

그러나 해방전쟁을 계기로 독일 학생들은 전통적 관습에서 벗어나 그들 민족을 위해 무엇을 해야 하는지를 심사숙고하게 되었고 거기서 이들은 부르셴샤프트 활동을 통해 애국심 및 민족에 대한 그들의 의무를 고양시킬 수 있다는 판단도 하게 되었다. 실제적으로 예나대학의 부르셴샤프트가 '명예(Ehre), 자유(Freiheit), 그리고 조국(Vaterland)'을 그들의 좌우명(Motto)으로 설정했는데 이것은 변화된 학생 의식을 파악할 수 있는 일례라 하겠다.

이 당시 부르셴샤프트는 모든 학생들에게 문호를 개방했는데 그러한 원칙(Richtschnur)은 얀의 기독교적이고 독일적 사상에서 비롯된 것 같다.[29] 또한 이들은 독일 고대 의상을 그들 제복으로 선정했고 그들이 채택한 삼색기를 신성로마제국의 색깔과 동일시했는데, 그것은 부르셴샤프트 내에서 외형적 통합도 필요하다는 주장이 제기되었기 때문이다.[30] 그런데 부르셴샤프트의 이러한 시도는 당시 독일 사회에 커다란

---

28 예나대학에서는 매일 8~10건의 학생결투가 펼쳐졌다.

29 그렇지만 유대인 학생들의 가입은 불허했는데 그것은 당시의 사회적 분위기와 유대교에 대한 그들의 거부적 감정이 전혀 변하지 않았기 때문이다.

30 예나대학의 부르셴샤프트가 삼색기를 선택한 것은 프랑스의 삼색기(Trikolore)

영향을 끼치고 있던 낭만적 민족주의와
도 관련이 있었다.

이 당시 얀, 아른트(E.M. Arndt), 루덴
(H. Luden, 역사학자), 프리스(F. Fries),
프리젠, 오켄(L. Oken, 자연과학자 및 철
학자. 원래 이름은 Ockenfuß이다), 그리
고 슈바이처(W. Schweitzer, 법학자로서
작센-바이마르-아이젠나흐 헌법 제정에
참여했다) 등은 부르셴샤프트의 이념 정

얀

립에 큰 영향을 끼쳤는데 이들 중에서 얀과 아른트를 제외한 나머지 인
물들은 예나대학에 재직 중이었다.[31]

위에서 언급한 인물들 중에서 부르셴샤프트의 사상 및 지향 목표 설
정에 깊이 관여한 인물은 얀이었다. 그는 앞에서도 언급한 바와 같이
독일적 순수성을 강조했는데 그러한 것은 학생들로 하여금 맹신적 내
지는 편협적 민족주의를 가지게 하는 요인으로 작용했다. 특히 얀은 프
랑스에 대한 자신의 부정적 입장을 노골적으로 밝히는 데 주저하지 않
았는데 그러한 것은 나폴레옹이 독일을 유린했다는 관점에서 비롯된

에서 비롯되었다는 주장이 케르만(J. Kermann)으로부터 제기되었고 그것에 대
한 독일 사학계의 반응 역시 긍정적이었다.

31 이 중에서 프리스는 당시 과격적 성향의 종파로 알려진 헤른후터(Herrnhuter)
파의 회원이었다. 친첸도르프(N.L. Graf v. Zinzendorf)가 창건한 헤른후터파
는 교회 기초가 신조에 있는 것이 아니라 경건에 있다고 했다. 따라서 이 파는
비경건한 합리주의나 고정화된 정통주의에 맞서 심정적 종교를 강조했다.

것 같다.[32] 이와는 달리 아른트, 루덴 그리고 오켄은 학생들에게 낭만주의적인 사고를 주입시키는 데 주력했는데 그러한 자세는 이들이 낭만주의적인 동경 및 향수로 이상적 공동체를 현실사회에서 실현시킬 수 있다는 확신을 가졌기 때문이다. 따라서 이들은 학생들에게 인생의 진행 과정 및 운명, 신에 대한 외경심, 그리고 인간에 대한 믿음을 가르쳤다.[33] 이렇게 부르셴샤프트 활동에 관심을 갖고 또 이 학생단체에 영향력을 행사한 인물들의 대다수는 기존 질서체제를 부정하지 않았는데 그 이유는 이들이 프랑스 혁명 기간 중에 도입된 공화정 체제에 대해 부정적 시각을 가졌기 때문이다.

예나에서 부르셴샤프트가 결성된 지 2년 후인 1817년 10월 18일 부르셴샤프트 총회가 작센-바이마르-아이젠나흐(Sachsen-Weimar-Eisennach) 공국의 바르트부르크에서 개최되었다. 그런데 그 외형적인 목적은 루터(M. Luther)의 종교개혁 300주년[34]과 라이프치히 전승 4주

---

32 프리스는 얀의 이러한 관점에 동조했으나 대다수의 지식인들은 얀의 입장을 지지하지 않았다.

33 이 당시 낭만주의자들은 인간의 감정이 이성보다 중요하며, 집단보다는 개인이, 분석보다는 종합이 인간의 본성에 가깝다는 주장을 펼쳤다. 따라서 이들은 18세기의 계몽사상가들, 특히 이성을 신뢰하던 철학자들을 혹독히 비판하는 데 주저하지 않았다. 낭만주의자들은 계몽사상가들이 인간의 따스한 육체와 피를 영혼 없이 움직이는 기계로 타락시켰고, 인간의 창조적 능력을 마비시켜 오직 숫자놀이를 좋아하는 동물로 환원시켜 죄악을 범하게 했다고 비난했다. 일상생활을 반복할 때 인간의 다양성은 소멸되고 이성에 의해 간주된 행동양식만이 남게 되는데 낭만주의자들은 바로 그러한 관점이 인간을 수단으로 여기게 하는 나쁜 생각이라고 간주했다.

34 1508년부터 본격적으로 신학을 공부하기 시작한 루터는 1512년 신학박사 학

년[35])을 기념하기 위한 것이다. 그러나 실제적 목적은 부르셴샤프트 사이의 단결 및 현재의 독일적 상황에 자신들이 어떻게 대처해야 할 것인

위(Doktor der Theologie)를 취득한 후 같은 해 비텐베르크(Wittenberg)대학의 신학교수(Bibelauslegung, 성경 해석)로 임명되었다. 이후 수도 생활과 대학에서의 신학 연구 과정을 거치면서 루터는 오직 신의 은총에 의해서만 구원받을 수 있다는 사실을 확신하게 되었는데 이것은 보헤미아의 후스(J. Hus)가 제시한 기본적인 관점과도 일치된다고 하겠다. 즉 그는 죄악에 빠진 인간이 스스로 선을 행할 수 없다는 것을 인지했던 것이다. 그에 따를 경우 인간은 자신의 이익만을 추구하며 스스로를 교만하게 하는 선행을 하면서 스스로의 구원을 위해 노력 중이라고 믿게 되는데 그것은 그만큼 더 구원에서 멀어지는 잘못된 방법으로 자신을 위로하는 것에 불과하다는 것이다. 그러나 하느님의 속죄자이신 예수 그리스도의 중재를 통해 당신의 정의로 인간을 감싸며 죄인을 용서하신다는 것이다. 따라서 의인으로 인정받는 동시에 죄인인 인간은 믿음 안에서 하느님께 자신을 위임시켜야 한다는 것이 바로 루터의 관점이었던 것이다. 1517년 10월 31일 루터는 면벌부 판매의 부당성을 지적하는 95개조의 반박문을 라틴어(95 lateinische Thesen gegen den Missbrauch des Ablasses)로 작성하여 비텐베르크 궁성교회(Schlosskirche) 출입문에 게시했다. 루터의 항의문은 곧바로 독일어로 번역 · 출판되어 독일 전역에 유포되었다. 여기서 그는 형식상으로는 성서지상주의(sola scriptura), 내용상으로는 신앙지상주의를 지향했다. 즉 그는 믿음(sola fide)과 신의 은총(sola gratis)을 통해 인간은 영생의 축복을 얻을 수 있다는 관점을 피력했던 것이다. 아울러 그는 신앙을 중요시하고 그 유일한 근거로 성서를 제시했다.

35 라이프치히 전투는 1813년 10월 16일부터 18일까지 펼쳐졌는데 여기에는 나폴레옹의 프랑스군과 프로이센 · 오스트리아 · 러시아 연합군이 참여했다. 전투 첫날인 10월 16일의 전투에서 나폴레옹이 승리했지만 탄약 부족과 그의 동맹국이었던 작센과 뷔르템베르크의 이탈로 프랑스군은 이후의 전투에서 패배를 당하게 되었다. 이렇게 연합군이 승리함에 따라 나폴레옹에 대한 해방전쟁도 끝나게 되었다.

가를 정리하는 데 있었다.

1815년 예나대학에서 부르셴샤프트가 결성된 이후 이러한 형태의
학생조직이 독일의 여러 대학에서 결성되었지만 그들 간의 단결과 당
면과제를 토론하고 결정할 수 있는 제도적 장치는 결여된 상태였다. 그
렇지만 모든 대학의 부르셴샤프트가 그들 간의 단결 및 결속에 관심을
가지지 않았던 것은 아니었다. 예를 들면 예나대학의 리만은 부르셴샤
프트 간의 단결을 가능한 한 빨리 구체화시켜야 한다는 주장을 펼쳤으
며,[36] 그러한 견해에 동조하는 세력 역시 부르셴샤프트 내에서 급속히
증대되고 있었던 것이다.

이렇게 부르셴샤프트 간의 단결이 필요하다는 견해가 증대됨에 따
라 리만과 그의 추종자들은 그것을 실천시킬 수 있는 방안에 대해 구
체적으로 논의하기 시작했다. 특히 이들은 회의 개최 장소 선택에 많은
시간을 할애했는데 그 이유는 독일이 메테르니히 체제하에 놓여 있었
기 때문이었다. 리만은 장소를 모색하는 과정에서 작센-바이마르-아
이젠나흐 공국만이 학생들의 집회를 승낙하리라는 판단도 했는데 그것
은 이 국가만이 독일연방에서 규정한 헌법 도입을 실제적으로 이행했
기 때문이다.[37] 이에 따라 리만은 이 공국의 지배자인 카를 아우구스트

---

36 슈뢰더(A. Schröder)는 이에 대해 이의를 제기했다. 그는 부르셴샤프트의 결속
과 그것을 위한 모임 필요성을 제기한 인물이 리만이 아니라 얀이라는 주장을
펼쳤다. 그것의 근거로써 슈뢰더는 얀이 예나대학의 부르셴샤프트에게 사절과
서신을 보내어 부르셴샤프트간의 결속을 누누이 강조했던 것을 제시했다.

37 작센-바이마르-아이젠나흐 공국의 헌법은 자유주의적인 요소를 거의 포함하
지 않는데 그것은 많은 재산을 가져야만 지방의회의 의원으로 선출될 수 있
다는 것에서 그 일례를 찾을 수 있다. 그럼에도 불구하고 헌법 제정을 통해 작

바르트부르크 축제

(K. August) 대공에게 위에서 언급한 외형상의 목적을 설명하면서 바르
트부르크에서 학생집회가 개최될 수 있게끔 협조도 요청했다. 이 당시
카를 아우구스트 대공 역시 관용적인 대학 정책을 펼쳤기 때문에 학생
들의 그러한 요구 수렴에 주저하지 않았다. 나아가 그는 대학생들이 계
획한 축제가 원만히 진행될 수 있게끔 재정적 지원도 배려했는데 그러
한 것은 예나대학의 학문적 위상 및 발전이 축제를 통해 더욱 증대되리
라는 확신에서 비롯된 것 같다.[38]

바르트부르크 축제에 참여한 학생들은 모두 468명이었는데 이는 전

센-바이마르-아이젠나흐 공국은 지식인 계층으로부터 암묵적인 지지를 받고
있었다.

38 카를 아우구스트 대공은 정부의 핵심 관료였던 보이그트(H. Voigt), 프리취(A.
Fritsch), 그리고 게르스도르프(G.Gersdorff)에게 학생들의 축제가 원활히 진행
될 수 있게끔 지원할 것도 지시했다. 이에 따라 발트부르크 연무장 및 부속건
물들이 학생들의 숙박 장소로 제공되었고 축제를 위한 땔감도 무료로 지급되
었다.

체 참석자 500명의 90%가 넘는 비율이었다.[39] 이 축제에 참여한 나머지 인물들도 대학에서 교육을 받은 지식인 계층이었다. 따라서 바르트부르크 축제는 1832년 5월에 개최된 함바흐(Hambach) 축제와는 달리 일부 특정 계층, 즉 지식인 계층의 축제라 특징지을 수 있을 것이다.[40]

바르트부르크 축제가 예나대학 학생들의 주도로 준비되었음을 고려할 때 이 대학 학생들의 참여율이 매우 높으리라는 것을 예상할 수 있는데 그러한 것은 1963년 스타이거(G. Steiger)가 작성한 자료에서 실제로 확인되었다. 이 자료에 따를 경우 200명의 예나대학 학생들이 이 축제에 참여했고 뒤이어 50명의 괴팅겐대학 학생들이 바르트부르크에 모였다. 베를린대학과 기센대학의 학생들도 이 집회에 참석했지만 그 수는 각기 20명에 불과했는데 이것은 다음에서 비롯된 것 같다. 첫째,

---

39 이 당시 독일연방 내 대학들에 재학 중이었던 학생들은 모두 8,718명이었는데 그 수를 대학별로 언급하면 다음과 같다. 빈대학(957명), 프라하대학(880명), 베를린대학(600명), 브레슬라우(Breslau)대학(366명), 할레(Halle)대학(500명), 그라이프스발트(Greifswald)대학 (55명), 란스후트(Landshut)대학(640명), 뷔르츠부르크(Würzburg)대학(365명), 에어랑겐(Erlangen)대학(180명), 라이프치히(Leipzig)대학(911명), 괴팅겐대학(1,132명), 튀빙겐대학(290명), 하이델베르크대학(363명), 프라이부르크대학(275명), 마르부르크(Marburg)대학(197명), 기센(Gießen)대학(241명), 예나대학(500명), 로스토크(Rostock)대학(159명). *Augsburger Allgemeine Zeitung* Nr. 12.(Beilage, 1818.1.22). 바르트부르크 축제에 참여하기 위해 아이젠나흐에 도착한 학생들은 공공질서를 저해하지 않겠다는 선서를 했다. 이에 반해 가톨릭 지역의 대학생들은 이 축제에 참석하지 않겠다는 성명서를 발표했다.

40 함바흐 축제에는 지식인 계층뿐만 아니라 사회 각 계층의 인사들이 참여하여 독일 통합에 대해 활발한 토론을 펼쳤다. 그리고 이 축제는 독일 근대사를 취급하는 책들이나 논문들에서 빠짐없이 거론되고 있다.

부르셴샤프트에 부정적이었던 베를린 정부가 이들 학생단체에 대한 감독을 철저히 했다는 것. 둘째, 대도시 사회가 부르셴샤프트 활동에 거의 관심을 가지지 않았다는 것. 셋째, 온건적 성향의 부르셴샤프트 회원들이 축제를 준비했기 때문에 과격적 성향의 학생들이 주도하던 기센대학의 부르셴샤프트는 처음부터 이 축제에 관심을 가지지 않았다는 것이다.[41]

이 당시 바르트부르크 축제에 참여한 인물들의 대다수는 이 축제의 실제적 목적으로 부각된 독일의 통합 및 미래의 정치체제에 대해 확실한 방안을 가지지 못했다. 더구나 이들 중의 일부, 특히 할레(Halle)와 괴팅겐 대학의 학생들은 독일의 통합 및 미래의 정치체제를 토론하기보다는 결투를 위해 바르트부르크에 집결하기도 했다.

바르트부르크 축제에 정치적 성격을 부여한 인물들은 그동안 부르셴샤프트와 밀접한 관계를 유지한 교수들이었다.[42] 이들 중 오켄 교수와 프리스 교수는 이 축제에 참석하여 학생들을 상대로 찬조 연설도 했다.[43]

---

41 이들 대학 이외에도 라이프치히(15명), 로스토크(Rostock), 킬(30명), 에어랑겐, 뷔르츠부르크(2명), 하이델베르크(20명), 바르트부르크(20명), 그리고 튀빙겐 대학의 부르셴샤프트 회원들이 이 축제에 참여했다.

42 루덴, 프리스, 오켄, 슈테펜스(H. Steffens), 아른트, 슐라이어마허(F. Schleichermacher), 헤게비쉬(O. Hegewisch), 벨커(H. Welcker), 키저, 그리고 슈바이처(L.A. Schweitzer) 교수가 부르셴샤프트와 밀접한 관계를 맺고 있었다.

43 프리스는 1814년에 출간한 자신의 철학소설인 『율리우스와 에바고라스(Julius und Evagoras)』에서 부르셴샤프트의 활동 목적 및 방향을 암묵적으로 제시했다. 프리스의 소설은 이상주의적인 젊은이들(=부르셴샤프트에 가입한 학생들)

1817년 10월 18일 바르트부르크(=Wodenberg)에서 부르셴샤프트의 공식 행사가 시작되었다. 간단한 개회 선언에 이어 등장한 오켄 교수는 현재의 정치적 분열 상황을 극복하기 위해서는 공통의 언어와 출생을 토대로 한 문화적 통합(kulturelle Vereinigung)이 선행되어야 한다는 주장을 펼쳤다. 오켄을 비롯한 이 당시 학자들은 계몽주의에서 지향되던 이성에 대해 부정적인 시각을 가지고 있었다. 따라서 이들은 자기중심적인 낭만주의를 선호했고 그것은 집단적 자아를 부각시키는 계기가 되었다. 실제적으로 민족의 과거를 이상화시키고 민족을 신의 창조물로 간주하려는 유기체적인 민족 이론이 당시의 지식인 세계를 지배했고 이것은 민족을 국가적 경계로부터 자유로운 언어적 공동체 또는 특정 집단의 생활양식으로 인식하게 하는 요인도 되었다.[44] 오켄 교수에 이어 등장한 프리스 교수도 낭만주의적 관점에서 연설을 했다. 여기서 그는 특히 부르셴샤프트가 독일 통합의 선봉 역할을 담당해야 한다는 것과 또 그것을 위해 부르셴샤프트 간의 결속이 반드시 필요하다는 주장도 펼쳤다.[45]

이 혐오스러운 참주(=메테르니히를 지칭)를 제거한 후 도덕적이고 정의적인 국가 건설에 적극적으로 참여했다는 내용을 담고 있다.

44 이렇게 낭만주의의 영향을 강하게 받은 민족주의는 케두리(E. Kedourie)의 관점에 따를 경우 단순히 자기 나라를 사랑하는 애국심이나 외부인을 배척하는 외국인혐오증과 구별되는 특정한 양식의 정치를 야기시키는 포괄적인 이론이었다.

45 이들 교수들과 같이 축제에 참여한 키저와 슈바이처 교수는 학생들을 상대로 연설하지 않았다. 연설을 한 프리스 교수는 자신의 연설문에서 작센-바이마르-아이젠나흐 공국의 위상을 다음과 같이 언급했다. "독일의 젊은이들이여!

두 교수의 찬조 연설이 끝난 후 이 축제의 준비 과정에서 주도적 역할을 한 리만이 축사(Festrede)를 했다.[46] 여기서 그는 라이프치히 전승 이후 부각된 민족적 희망들이 실현되지 못했음을 언급하면서 거기서 파생된 후유증에 대해서도 거론했다. 그에 따를 경우 조롱과 모멸이 성스럽고 고귀한 민족적 감정을 사라지게 했고 그것으로 인해 많은 사람들이 무기력한 상황에 놓이게 되었다는 것이다. 여기서 리만은 적지 않은 독일인들이 이러한 암울한 상황에서 벗어나기 위해 멀리 떨어진 신대륙에서 그들의 새로운 조국을 찾고자 독일을 떠난 사실을 지적했다. 리만은 축사에서 이러한 상황에 대해 동의할 수 없다는 입장을 밝혔다. 또한 그는 군주들의 의지로 시민법이 제정되는 것이 아니기 때문에 이법이 군주들의 의지를 통제해야 한다는 것을 지적하면서 부르셴샤프트가 향후 지향해야 하는 바를 언급했는데 그것은 진실 및 정의의 정신이 독일인들의 삶을 올바르게 인도하고 독일 통합에도 기여해야 한다는 것이었다. 또한 리만은 독일의 내·외적인 적에 대응하기 위해 가능한 한 빨리 진실의 장벽을 구축해야 한다는 입장을 밝히면서 부르셴샤

여러분들께서는 지금 독일에서 가장 자유로운 지역에 머무르고 있습니다. 이 집회를 끝내고 여러분들이 고향으로 돌아가시면 '우리는 독일에서 사상의 자유를 보장한 지방에 머물렀고 여기서 민족 및 제후의 의지가 해방되었다는 사실도 파악했습니다. 아울러 우리는 거리에서 무장한 군인들이 배회하지 않는 평화로운 분위기도 접할 수 있었습니다.'라고 사람에게 알려주어야 할 것입니다. 이렇게 해야만 독일의 모든 제후들은 작센-바이마르-아이젠나흐 공국을 본받아 개혁을 추진하게 될 것입니다."

46 리만은 뢰뒤거(L. Rödiger), 잔트(K.L. Sand)와 더불어 프리스 교수의 이념을 추종한 학생이었다.

프트가 거기서 결정적 역할을 담당해야 한다고 했다. 이어 리만은 자신의 축사에서 바르트부르크 축제가 개최될 수 있게끔 배려한 카를 아우구스트 대공에게 감사의 표시를 했고 이 인물이 1816년 5월 5일 헌법을 제정하고 시행한 것에 대해서도 높이 평가했다.

리만의 축사를 통해 확인할 수 있는 것은 그를 비롯한 부르셴샤프트 회원들이 메테르니히 체제를 인정하지 않겠다는 것과 자신들이 이 체제 타파에 선봉적 역할을 담당하겠다는 것이었다.

이어 진행된 공개 토론에서 참석자들의 일부, 특히 베를린과 기센 대학의 부르셴샤프트 회원들은 자유주의의 제 이론을 보장할 수 있는 공화정 체제를 독일에 도입해야 한다는 주장을 펼쳤다. 그러나 대대수의 학생들은 혁명보다는 위정자들의 자발적 개혁에 보다 큰 관심을 보였다. 아울러 이들은 위정자들이 정치적 사회적 변혁의 필요성을 인식할 수 있게끔 해야 한다는 것에 동의했는데, 이것은 이들의 출신 성분을 고려할 때 자연스러운 행위로 볼 수 있을 것이다. 그러나 참석자들은 그들 간의 결속을 통해 정치적·사회적 변혁을 가속화시킬 수 있다는 확신을 가지게 되었고 그것에 대한 구체적인 작업을 리만에게 위임시켰다.

이러한 정치적 토론이 끝난 후 학생들은 도시교회(Stadtkirche)에서 예배를 본 후 아이젠나흐 광장에서 진행된 체조 시범도 관람했다. 축제 행사의 마지막으로 학생들은 바르텐베르크(Wartenberg)로 횃불 행진을 한 후 그곳에서 공식 행사의 종료로 불꽃놀이도 했는데 그것은 라이프치히에서의 승전을 기념하기 위한 것이었다. 그런데 베를린에서 온 얀의 추종자들, 즉 사이들러(C. Scheidler), 베젤호푸트(R. Wesselhoft), 듀레(K.E. Dürre), 그리고 마스만(H.F. Maßmann)이 루터가 1521년 교황의 교서를 소각한 것과 같이 반자유주의적 인물들의 작품, 구체제의 상징물, 그리고 반독일적 것들을 소각했다.[47] 이 당시 소각된 것들로는 비료를 치는 쇠스랑(Mistgabel), 헤센의 가발(Hessischer Zopf), 창기병 군복(Ulanenschnürleib), 오스트리아 분대장 모자(Österreichischer Korporalstock), 신성동맹(Die Heilige Alliance)의 결성 문서, 할러

---

47 마스만은 소각 행위를 하기 전에 참석자들에게 다음의 연설을 했다. "학생들이여! 형제들이여! 1520년 12월 10일, 비텐베르크대학 교수였던 루터가 대학생들과 시민들에 둘러싸여 모닥불을 피우고 로마 교황 레오 10세(Leo X)의 교서 및 파문장(Bannendrohungsbulle)을 '너! 우리 주님을 괴롭히고 하느님을 무시한 교서야! 영겁의 불이 너를 벌하고 태울 것이다!'라고 외치면서 태웠습니다. 이렇게 루터는 신앙의 자유를 저해하는 세력 및 반기독교도와 싸웠습니다. 따라서 우리들도 영겁의 불길 속에 말 또는 행동으로 조국을 부끄럽게 한 것, 자유를 속박하고 진리와 덕성을 생활과 책자에서 거부한 모든 기념물들을 소각해야 할 것입니다. 그러나 이것은 헛된 모방이나 여흥을 위해 취해지는 행동이 아닐 뿐만 아니라 하느님의 사람 루터가 행한 것처럼 우리들의 행동이 옳다고 내세우려는 주제넘은 행동 역시 아닙니다. 우리의 행위는 독일에서 반드시 나타나야 할 것, 즉 우리가 원하는 바가 무엇인지를 알리기 위해서입니다. 다시 말하면 우리 예견과 상반되는 것을 독일이 향후 얻게 된다는 점을 알리려는 것입니다. 우리는 이 거룩한 순간을 통해 모든 독일 사람들에게 우리들이 어떠한 정신을 가지고 있는지 그리고 어떠한 생각을 하고 있는지를 알려야 할 것입니다. 우리는 숭고한 생각을 우리 생활에서 유지·발전시키기 위해 악을 끝까지 미워하고 조국의 모든 파렴치한 및 악인과 싸워야 할 것입니다. 조국은 우리의 이러한 생각을 알게 될 것입니다. 따라서 우리가 지금 취하는 행동은 위의 모든 생각에 대한 대응적 표현일 뿐만 아니라 앞으로 많은 사람들의 사상 및 행위, 그리고 저자에 대한 재판 지침도 될 것입니다. 여기서 소각되는 것으로 반독일적 지도자 및 대변자는 속죄될 것입니다. 조국에 대한 치욕적 저서들을 이렇게 정화죄로 불사르는 것이 정당하다는 것을 독일인들은 곧 알게 될 것입니다. **지옥의 불길이 그들의 악계와 비열한 행위를 나타낸 모든 저서들을 다 불살라 없어지게 해라!**"

바르트부르크에서의 소각 행위

(K.L. v. Haller)의『국가학 복고(Restauration der Staatswissenschaft)』,
코체부(August v. Kotzebue)의『독일왕국사(Geschichte des deutschen
Reiches)』[48], 캄푸츠(H. v. Kamptz)의『프로이센의 경찰법전(Kodex der
Gendarmerie)』[49], 슈말츠(T. Schmalz)의 저서들,[50] 그리고 나폴레옹 법
전(code Napoleon)을 들 수 있다. 그리고 이러한 소각 행위[51]는 부르셴
샤프트 내에서 정치적 견해를 달리하는 집단이 있음을 알려주는 계기
도 되었다. 그런데 이 집단은 부르셴샤프트의 일반적 견해와는 달리 영
국과 프랑스에 도입된 국민대의제를 선호하지 않았을 뿐만 아니라 절
대 왕정 체제에 대해서도 부정적인 시각을 가지고 있었다.

---

48 1816년에 출간된『국가학 복고』에서 스위스 역사가였던 할러는 토지와 주민을
    지배하는 영주의 권리가 신이 원하는 강자의 지배 원리라는 명제를 제시했는
    데 그것은 그로 하여금 귀족적·군주적 이념을 대변하는 인물로 등장하게 했
    다.

49 캄푸츠는 이 당시 프로이센 추밀원의 고문관 겸 프로이센 경찰청장이었다.

50 슈말츠는 프로이센 추밀원 고문관이었다.

51 축제 참여자들은 이러한 소각 행위를 '화형재판(Feuergericht)'이라 했다.

바르트부르크에서의 이러한 소각 행위는 지배 계층의 관심 및 우려를 갖게 하는 직접적인 계기가 되었다. 여기서 이들은 학생들의 이러한 행위를 공공질서 및 국가체제에 대한 도전 행위로 간주했다. 메테르니히 역시 바르트부르크 축제가 지식인 계층에게 적지 않은 영향을 주었음을 간파했다. 특히 그는 지금까지 부르셴샤프트 활동을 부정적으로 보았던 학생들마저 이 운동에 관심을 가지기 시작한 것에 대해 우려를 표명했는데 그것은 부르셴샤프트 활동이 독일 및 유럽 소요에서 핵심적 요소로 작용할 수 있다는 자신의 판단에서 비롯된 것 같다. 실제로 메테르니히의 이러한 분석과 우려는 당시 그의 비밀 정보원들이 수집한 자료와도 일치되는 정확성을 보여주었다.[52] 빈 정부와 더불어 메테르니히 체제의 근간이었던 베를린 정부도 사태의 심각성을 인식하고 빈 정부와 공동으로 대처하기로 했다.

이에 따라 오스트리아와 프로이센은 공동조사위원회를 구성하여 예나와 바이마르에 파견했다. 하르덴베르크(K.A. v. Hardenberg)와 직시(C.K. Zichy) 백작이 공동대표로 참여한 이 조사위원회는 예나와 바이마르의 상황을 파악한 후 카를 아우구스트 대공과도 회담을 가졌다.[53] 여기서 직시는 카를 아우구스트 대공이 바르트부르크 축제 개최를 허용한 것에 대해 신랄한 질책을 가했으나 그는 그것에 대해 전혀 개의하지 않고 자신의 행위를 옹호하는 자세를 보였다.

카를 아우구스트의 이러한 입장을 접한 후 메테르니히는 불만을 표

---

52 이 당시 독일 신문들은 바르트부르크 축제를 자세히 보도했다.

53 메테르니히가 오스트리아 대표로 임명한 직시는 헝가리계의 귀족으로서 보수적 성향이 매우 강한 정치가였다.

출하는 데 주저하지 않았다. 따라서 그는 작센-바이마르-아이젠나흐를 '과격주의자들의 부화 장소'로 비하했을 뿐만 아니라 카를 아우구스트 대공이 부르셴샤프트와 밀접한 관계를 가지고 있다는 주장도 펼쳤다. 아울러 그는 오스트리아 제국 내에서 부르셴샤프트 활동을 전면적으로 금지시켰고 자국 학생들이 예나대학으로 유학 가는 것도 허용하지 않았다. 베를린 정부 역시 메테르니히의 조치를 뒤따랐다.

이러한 일련의 강압적 조치에도 불구하고 부르셴샤프트 회원들은 그들 활동의 당위성과 부르셴샤프트의 지향 목표를 홍보하는 데 게을리하지 않았다. 그러한 일례는 당시 하이델베르크대학의 부르셴샤프트 회원이었던 가게른(H. Gagern)이 자신의 부친에게 보내는 서신(1818.6)에서 찾아볼 수 있다. 편지에서 가게른은 부르셴샤프트 회원들 대다수가 독일 내 여러 국가들이(필자 주-여기서는 독일연방을 의미하는 것 같다) 정치적·민족적 측면에서 공통적이고 단일화에 관심을 가졌음을 지적했다. 즉 이들은 각 국가의 개별적 이익보다는 독일적 이익이 선행되고, 보장될 수 있는 정책이 펼쳐져야 한다는 관점을 가졌다는 것이다. 그리고 가게른은 부르셴샤프트 회원들이 독일이 한 국가로서 그리고 독일 민족이 한 민족으로서 인정되기를 바라며 그것의 실천을 위해 지속적인 노력을 펼칠 거라는 견해도 제시했다.

카를 아우구스트 대공 역시 메테르니히가 주도하는 외부적 압력에 대해 전혀 개의하지 않았다. 따라서 그는 예나대학의 학문적 자유를 계속 보장했을 뿐만 아니라 부르셴샤프트 총회가 1818년 10월 19일 예나에서 개최되는 것도 허용했다.

5. 부르셴샤프트 총회

1818년 10월 19일에 열린 부르셴샤프트 총회에는 괴팅겐대학과 그라이프스발트(Greifswald)대학을 제외한 14개 대학의 부르셴샤프트 대표들이 참여하여 독일 최초의 전체 학생기구인 '부르셴샤프트 총연합회(Allgemeine deutsche Burschenschaft)'를 결성했다. 여기서는 부르셴샤프트 간의 관계가 구체적으로 언급되었는데 그것을 살펴보면 각 대학의 부르셴샤프트가 독자적으로 활동할 수 있고, 극히 제한된 부분만을 '부르셴샤프트 총연합회'에 위임시킨다는 것이었다.[54]

또한 이 회합에서는 부르셴샤프트의 상징이었던 '흑-적-황금색(Schwarz-Rot-Gold)'을 독일 전체 학생들의 상징색으로 채택했다. 상징색의 채택 과정에서 이러한 색깔들이 옛 제국의 문장 색이었다는 주장도 제기되었지만 실제로는 뤼트초프의 의용군단이 이러한 색깔의 제복을 처음으로 착용했었다. 그 이후 예나대학의 부르셴샤프트 회원들이 이것을 그들 제복의 색깔로 선택했던 것이다. 이 당시 예나대학의 부르셴샤프트 회원들은 흑색 상의(Schwarzer Rock)에 적색 3줄 레이스(Roter Vorstoß)와 황색 단추(Goldene Knöpfen)들을 달았다.

아울러 이 자리에서는 리만이 바르트부르크 축제 이후부터 준비해 온 부르셴샤프트의 기본 원칙도 확정되었는데 그러한 원칙은 이미 바르트부르크 축제에서 개괄적으로 거론된 바 있었다. 부르셴샤프트의

---

54 이러한 것은 연방주의적 성격(föderalistischer Charakter)에서 비롯되었다고 볼 수 있다.

기본 원칙에서 강조된 것들을 살펴보면 다음과 같다.[55]

첫째, 독일 분열을 정당화하는 숙명론(Fatalismus)은 극복해야 한다. 그리고 가능한 한 빨리 정치적 · 경제적 단일화를 모색해야 할 것이다.[56] 그렇지만 얀이 제시한 통일안은 거부한다.

둘째, 연방주의적-입헌군주정 체제를 국가의 통치방식으로 채택해야 한다. 특히 국민 대표들로 구성되는 의결 기구, 즉 의회의 권한 증대를 위해 장관책임제를 반드시 도입해야 한다.[57]

셋째, 사회구성원의 법적 동등화를 실현시켜야 한다.

넷째, 배심원제를 도입해야 한다.

다섯째, 사유재산을 법적으로 보호하는 조치를 마련해야 한다. 개인적 소유물은 천부의 권리이며 그러한 것을 보호하는 것이 국가 존재의 기본적 이유이기 때문이다.

여섯째, 농노제를 비롯한 봉건적 잔재를 폐지해야 한다.

---

55 바르트부르크 축제가 끝난 직후 루덴 교수는 리만에게 부르셴샤프트의 기본 원칙을 가능한 한 빨리 제정할 것을 요구했다. 이에 따라 리만은 그동안 구상했던 것들을 36개의 항목으로 정리 · 발표했다.

56 리만은 기본 원칙에서 이를 다음과 같이 언급했다. "북부 독일과 남부 독일로 나누고, 종교도, 즉 구교 독일과 신교 독일로 구분하려고 하는 것은 분명히 오류이며, 잘못된 것이며, 불행한 일이다."

57 부르셴샤프트의 기본 원칙에서 이 부분은 다음과 같이 거론되었다. "어떤 법안이 국민대표자들에 의해 토론 · 심사된 후 그것이 국가위정자에 의해 재가될 때 우리는 그 법안에 대해 절대적으로 복종할 것이다. 그러나 어떤 사건에 대한 잠정적 입법 실시가 국민대표자들로 구성된 의결기구로부터 승인받지 못할 경우 그것에 대한 불복종과 거기서 파생되는 일체 형벌에 대해서 우리는 책임질 필요가 없을 것이다."

일곱째, 언론 및 출판의 자유를 보장해야 한다.

여덟째, 종교적 자유를 허용해야 한다.

아홉째, 외부 침입에 효율적으로 대응할 수 있는 방어력을 구축해야
한다.

열째, 학생들의 기본적 임무인 학문 증진에 관심을 가져야 한다. 아
울러 학생들은 진리를 말하고 그것을 강조하는 데도 주저하지 말아야
할 것이다.[58]

리만의 기본 원칙에서는 그동안 이 학생단체에 적지 않은 영향력을
행사한 얀의 통합 방식, 즉 프로이센이 독일 통합의 주체가 되어야 한
다는 것을 정식으로 거부했는데, 그 이유는 리만을 비롯한 부르셴샤프
트 집행부가 프로이센의 정치체제 및 사회적 분위기를 잘 파악했기 때
문이다. 아울러 이들은 베를린 정부가 그들의 정치적 구도를 수용하지
않으리라는 판단도 했다.[59]

---

58 이러한 것들은 당시 인정할 수 없는 혁명적인 것들이었지만 1793년의 프랑스
헌법에서 강조된 과격적-민주주의적 노선과 비교한다면 매우 온건하다고 하
겠다.

59 리만이 부르셴샤프트의 기본 원칙을 발표한 직후 루덴은 부르셴샤프트의 의무
에 대해 언급했는데 그것은 부르셴샤프트가 기존의 질서체제를 위협하는 단체
가 아니라는 것을 대외적으로 부각시키려는 의도에서 비롯된 것 같다. "부르셴
샤프트에 가입한 학생들은 모든 사람들에게 그들이 조국 통일에 대해 관심을
가졌지 조국을 위태롭게 하는 과격적 방법, 즉 혁명과 같은 방법을 통해 자신
들의 목적 달성을 모색하는 단체가 아니라는 것을 밝히는 데 주력해야 할 것이
다."

6. 흑색파의 등장

　바르트부르크 축제 중 모습을 드러낸 과격 성향의 조직은 이 축제가 끝난 후 그들 세력을 규합하고 증대시키려고 했다. 특히 이러한 시도는 기센과 예나 대학에서 집중적으로 이루어졌다. 이러한 과격 성향의 조직이 기센과 예나의 부르셴샤프트에서 주도권을 장악함에 따라 이들은 스스로를 각기 흑색파(Schwarze) 또는 절대파(Unbedingte), 구독일파(Altdeutschen)라 칭했는데 그러한 것은 다른 대학의 부르셴샤프트와 차별, 특히 정치적 목표를 차별화시키려는 의도에서 비롯된 것 같다.[60] 그리고 이들 조직들은 법률학자이며 기센대학의 강사였던 폴렌 형제(K. Follen, A. Follen, P. Follen)로부터 영향을 받았다.[61] 점차적으로 이들은 루소(J.J. Rousseau)의 경건주의와 로베스피에르(M.F.M.I. de Robespierre)의 광신주의를 추종했는데 그러한 것은 이 조직이 학생들로 하여금 지식인 계층이 주도하는 시민혁명에 참여해야 한다는 것과 혁명적 프랑스가 미래 독일의 토대(Grundstein)가 되어야 한다는 인

60　하우프트(J.L. Haupt)는 1820년 『지방학생단체와 부르셴샤프트(Lands-mannschaften und Burschenschaft)』이라는 책을 출간했다. 여기서 그는 학문과 교육의 중요성을 강조했다. 특히 하우프트는 정치적 소양교육을 통해 국민적 자각을 확산해야 한다는 견해를 제시했다. 아울러 그는 정치적 현실을 고려할 때 부르셴샤프트가 정치활동에 직접 참여한다는 것은 시기상조라는 입장도 밝혔다. 하우프트의 저서가 출간된 이후 대다수의 부르셴샤프트 회원들은 그의 견해에 대해 긍정적 반응을 보였다.

61　스넬(W. Snell, L. Snell) 형제와 벨커(K. Welcker, G.Welcker) 형제도 핵심인물로 활동했다.

식을 가지게 한 데서 확인할 수 있다.[62] 아울러 이들은 시민혁명이 성공을 거두기 위해서는 외부 세력, 즉 프랑스, 이탈리아, 그리고 폴란드의 도움 역시 필요하다는 주장을 펼쳤다.[63]

이들 집단이 제시한 내용들을 살펴보면 민주제 및 중앙집권적 공화정 체제의 도입(Einführung der unitarischen Republik),[64] 선거를 통한 종신 통치권자 선출, 보통선거제(Plebiszite) 실시, 민족교회(Nationalkirche) 설립, 토지 국유화, 일반 징집 제도의 도입 및 국민군 창설, 농업 및 수공업의 활성화를 위해 도시의 모든 저급 학교를 지방으로 이전할 것 등이었다. 이러한 제 주장을 통해 이들 조직이 기존 질서 체제를 타파하겠다는 것과 사유재산을 인정하지 않는 사회주의적 요소도 수용했다는 점이 확인되었다.[65]

---

62 여기서 흑색파의 주장이 유토피아적 성향을 가졌음을 확인할 수 있는데 그것은 이들이 자신들의 목표가 공공이익을 위한 것이라는 확신을 가졌을 뿐만 아니라 그러한 목표에 동조하지 않는 집단들을 인정하려 하지도 않았다는 데서 확인할 수 있다. 이러한 사고방식은 정치적 입장 차이를 흑백의 차이로 규정짓고, 그 사회에 존재하는 다양한 견해를 무시해버리는 독선적 입장도 유발시킬 수 있다는 것이다.

63 이 당시 카를 폴렌은 신민의 주권을 강조했는데 그것은 다음의 문장에서 확인할 수 있다. "모든 신민은 국가의 머리라 할 수 있다. 완전한 국가는 공과 같아서 누구나 머리가 되고 또한 될 수 있기 때문에 거기에는 상 · 하가 있을 수 없다."

64 카를 폴렌은 1816년 초 이러한 견해를 제시한 바 있었다. 그러나 그것에 관심을 보인 학생들은 거의 없었다.

65 폴렌의 추종자들은 사람들이 때어날 때 부여받은 창조적 능력을 충분히 발휘할 경우 그들이 이룩할 수 있는 것에는 한계가 없다는 견해에 동조했다.

특히 폴렌은 자신의 추종자들에게 정치적 암살에 적극적으로 동참할 것을 요구했는데 그러한 것은 자연법의 저항권과 기독교의 순교정신에서 기인된 것 같다.

예나와 기센 대학에서 주도권을 장악한 폴렌의 추종자들은 그들만으로 위의 과제들을 실천시킬 수 없다는 것을 점차적으로 파악하게 되었다. 따라서 이들은 농민들과 노동자들의 지지를 얻고자 했고 거기서 이들 계층의 요구 사안들도 수렴하려고 했다. 아울러 이들은 이들 계층을 그들 조직에 참여시키려고도 했다.[66]

7. 잔트의 정치적 암살

기존 질서체제를 인정하지 않겠다는 성향이 부르셴샤프트 내에서 강조됨에 따라 메테르니히를 비롯한 일련의 위정자들은 두려움과 불안감을 느끼게 되었다. 이에 따라 메테르니히는 1818년 9월 아헨(Aachen) 회의를 개최하여 부르셴샤프트 문제를 정식 안건으로 상정하려고 했으나 베를린 정부의 반대로 무산되었다.[67]

아헨 회의가 개최될 당시 유럽에서는 부르셴샤프트 문제 이외에도 메테르니히 체제를 위협할 수 있는 일련의 사건들이 진행되고 있었다.

---

66 부르셴샤프트가 결성되었을 때 이 조직은 사회의 다른 계층에 대해 배타적 입장을 보였는데 그러한 자세는 피히테와 아른트의 비난을 유발시켰다.

67 이 당시 베를린 정부의 실세였던 훔볼트(Humboldt)와 하르덴베르크는 대학 자율권을 규제하는 어떠한 조치도 인정하지 않으려고 했다.

우선 1819년 8월 16일 피털루(Peterloo) 학살 사건을 들 수 있다.[68] 6만 명의 노동자가 맨체스터(Manchester)의 성 피터(St. Peter) 성당 앞에서 의회제도의 개혁을 요구하면서 평화적인 시위를 전개했다. 그러나 런던 정부는 이러한 시위를 무력으로 해산시키려 했고 그 과정에서 11명이 목숨을 잃었고 400여 명이 부상을 당했다. 그러나 런던 정부는 이러한 상황에 개의하지 않고 언론 및 집회의 자유를 엄격히 제한하는 6법(Six Acts)을 일방적으로 발표했다.[69] 거의 같은 시기 프랑스와 이탈리아에서도 기존 질서체제를 위협하는 사건들이 발생했는데 프랑스 왕당파들이 구질서체제의 재건을 모색하려 한 것과 이탈리아인들이 오스트리아 지배로부터 벗어나려고 한 것이 바로 그것들에 해당된다 하겠다.

이러한 국내외적 상황이 메테르니히에게 불리하게 작용되고 있을 때 최초의 정치적 암살 사건이 독일에서 발생했다. 즉 예나대학의 부르센샤프트 회원이었던 잔트(L.K. Sand)가 1819년 3월 23일 극작가였던 코체부[70]를 만하임(Mannheim) 그의 집에서 암살한 사건이 발생한 것이다.[71]

---

68 워털루 전투에서 승리한 영국군이 이제 자국민들에게 총을 겨냥한 사실을 비아냥하여 붙인 이름이다.

69 이 당시 런던 정부는 급진파 지도자들을 투옥시킬 경우 사태가 수습되리라는 판단을 했지만 그것은 잘못된 판단이었다.

70 코체부는 1761년 바이마르에서 태어났다. 1781년 예나대학을 졸업한 그는 러시아로 가서 기대하지도 않았던 경력을 쌓게 되었다. 즉 그는 1785년 러시아 황제로부터 귀족 작위를 받았을 뿐만 아니라 러시아 귀족의 딸과 결혼함으로써 막대한 부도 상속받게 되었다.

71 잔트는 코체부의 가슴에 칼을 꽂으면서 "나는 당신을 자랑스럽게 여기지 않는

이렇게 정치적 암살을 시도한 잔트는 1814년 11월 27일 튀빙겐(Tübingen)대학에 입학했다. 그런데 이 인물은 대학 입학 불과 10일 전, 즉 1814년 11월 19일 같은 대학에서 결성된 부르셴샤프트 토이토니아(Teutonia)에 신입생 신분(Renonce)으로 가입했다. 또한 잔트는 1815년 2월 26일 엘바(Elba)섬으로 귀양 간 나폴레옹이 파리에 입성한 후 레차트(Rezat) 지역에서 결성된 자유군단에 참여하여 프랑스군과 대응하려고도 했다. 그러나 잔트는 프랑스군과 실제적 전투를 펼치지 못했는데 그것은 나폴레옹의 프랑스군이 1815년 6월 18일 워털루(Waterloo) 전투에서 블뤼허(Blücher)와 웰링턴(Wellington)의 연합군에 의해 섬멸되었기 때문이다.[72] 다시 대학으로 돌아온 잔트는 지방향우회가 학생활동을 독점하던 에어랑겐(Erlangen)대학에서 학업을 지속했다. 얼마 안 되어 잔트는 이 대학의 지방향우회들을 주도하던 프랑코니아(Franconia)에 가입했다. 이후 잔트는 프랑코니아의 성격과 목적에 부르셴샤프트적 요소를 첨부시키려 했으나 실패했다. 이에 따라 그는 이 학생단체를 탈퇴했고 프랑코니아는 잔트를 배척 인물로 선포하는 특단의 조처를 취했다. 그럼에도 불구하고 잔트는 에어랑겐대학에서 부르셴샤프트의 이념 및 지향 목표를 전파시키려 했고 그 과정에서 동조자들도 결집시킬 수 있었다. 마침내 1816년 8월 27일 잔트는 에어

다. 당신은 단지 조국의 적일뿐이다(Ich rühme mich Ihrer gar nicht. Hier, du Verräther des Vaterlands)."라고 외쳤다.1308년 파리치다(J. Parricida)가 자신의 삼촌 알브레히트 1세(Albrecht I)를 살해한 후 500년 만에 다시 정치적 암살이 독일에서 자행되었다.

72 이에 따라 나폴레옹의 백일천하는 종료되었고 나폴레옹은 같은 해 7월 7일 대서양에 위치한 세인트헬레나(St. Helena)로 옮겨졌다.

랑겐대학에서 부르셴샤프트를 결성했는데 회원들의 특이한 복장 때문에 지방향우회로부터 토이토니아(Teutonia)라는 조롱을 받기도 했다. 그렇지만 잔트가 결성한 부르셴샤프트는 그의 의지 및 방향 제시에 따라 행동했다. 이후 잔트는 그의 추종자들과 더불어 바르트부르크 축제에 참여했다. 여기서 그는 부르셴샤프트 총회 결성의 필요성과 메테르니히 체제의 문제점들을 언급한 프린트물을 참가자들에게 분배했을 뿐만 아니라 대회기를 들고 행진하는 등의 적극성도 보였다.

바르트부르크 축제가 끝난 후 잔트는 예나대학으로 학업 장소를 옮겼고 거기서 폴렌의 영향을 받기 시작했다. 그리고 이것은 그로 하여금 기존 질서체제를 붕괴시키는 작업에 적극적으로 참여하게 하는 요인도 되었다. 이 당시 잔트는 기독교와 조국을 하나의 융해된 상태로 보았고, 민족이라는 것 역시 신성하고 거룩하기 때문에 사악한 것을 제거시키는 명령도 내릴 수 있다는 확신을 가지고 있었다. 따라서 그는 1년 전부터, 즉 1818년 5월 5일 자신의 일기장에 민족통일을 저해하는 코체부를 살해하겠다는 의지를 밝히면서 그를 '매국노(Landesverrater)' 또는 '민중선동가(Volksverführer)'로 지칭했다. 이후부터 그는 대학에서 해부학 강의를 들었고 거기서 심장을 쉽게 꿰뚫을 수 있는 방법도 터득하게 되었다. 잔트는 자신의 목적을 실행하기 전에 부모, 스승 그리고 친구들에게 보내는 편지에서 코체부를 살해해야 한다는 주장을 펼쳤고 그것의 당위성에 대해서도 구체적으로 언급했다.[73] 그렇지만

---

73 잔트는 1818년 4월 22일 부모에게 보내는 작별편지에서 코체부를 다음과 같이 평가했다. "코체부는 평판이 나쁜 유혹자일 뿐만 아니라 우리 민족을 파멸로 인도하는 인물입니다. 따라서 저는 이 인물을 살해해야 할 의무를 가졌고 이것

그는 편지에서 다른 인물이 그에 앞서 코체부를 암살하기를 바라는 나약성도 보였는데 그러한 성향은 당시 다른 학생들에게서도 발견할 수 있던 일반적인 것이었다. 만하임으로 떠나기 전 잔트는 당시 자신의 사상 정립에 깊은 영향을 준 프리스 교수를 만나 조언을 받고자 했으나 이 교수의 급작스런 와병으로 인해 도움을 받지 못했다. 잔트는 1819년 2월 부르셴샤프트를 탈퇴했는데 그것은 자신의 행동이 예나대학의 부르셴샤프트와 전혀 무관하다는 것을 부각시키려는 의도에서 비롯된 것 같다.

앞에서 언급한 바와 같이 1819년 3월 23일 잔트는 코체부의 아파트를 방문했지만 코체부를 만나지 못하고 오후 5시에 다시 오겠다고 했다. 코체부를 만난 잔트는 약간의 거친 대화를 나눈 후 그의 가슴에 칼을 꽂으면서 "당신은 조국의 적이다!"라고 소리쳤다. 얼마 후 코체부는 숨을 거두었고 이 장면을 그의 네 살짜리 아들이 목격했다. 이러한 돌발적 상황으로 잔트는 이성을 잃었고 자신의 가슴을 향해 두 번이나 칼

을 곧 실행에 옮기려고 합니다."

잔트에 대한 특별 논고가 『슈테른(Stern)』[pp.103~112, Nr. 20/1994]에 실려 있다.

부모에게 작별편지를 쓴 잔트는 6월 21일 자신의 친구에게도 작별편지를 썼는데 거기서 그는 "나의 죽음은 영웅의 진로, 빨리 승리하고 일찍 죽는 것이다. 따라서 내가 일찍 죽어도 승리의 생애는 매우 길 것이다."라고 언급했다.

코체부에 대한 암살 사건이 발생한 이후 프리스는 잔트의 잘못된 상황 판단에 대해 언급했다. 즉 그는 잔트가 자신의 행동으로 독일이 혁명적 와중에 빠질 수 있다는 확신에 동의하지 않았던 것이다. 여기서 그는 잔트의 관점에 동조할 수 없었던 이유를 밝혔는데 그것은 그가 혁명이란 과격한 방법을 원하지 않았기 때문이다. 실제적으로 프리스는 혁명보다는 이성적 발전의 행동양식으로 개혁을 지향해야 한다는 관점을 가지고 있었다.

카를 잔트

을 꽂는 극단적인 행동을 하면서 "하느님, 이러한 승리에 대해 감사드립니다!"라고 외쳤다.

과다출혈로 의식을 잃은 잔트는 바로 병원으로 이송되었고 거기서 빠르게 회복되었다. 이후부터 잔트에 대한 본격적인 심문이 시작되었지만 그에 대한 대우는 매우 파격적이었다. 일반 죄수들과는 달리 잔트는 쇠사슬로 묶이지 않았을 뿐만 아니라 창문이 달린 넓은 감방도 제공받았다. 나아가 죄수들이 감옥 통로를 이동할 때 잔트에게 방해가 되지 않게끔 그들의 쇠사슬을 들도록 했다. 이 당시 잔트는 자신의 행위에 대해 반성하지 않았고 독재자에 대한 정당한 암살이라는 관점도 고수했다. 이에 따라 만하임 왕실재판소는 1820년 5월 5일 잔트에 대한 참수형을 선고했다. 이 당시 만하임 왕실재판소는 잔트와 폴렌과의 관계를 확인하려고 했지만 잔트의 비협조로 실패했다.

처형 날짜인 5월 20일이 다가올수록 잔트는 독일 통합의 상징으로 각인되었다. 실제로 처형일 오전 4시부터 잔트의 마지막 길을 직접 목격하기 위해 꽃과 수양버들을 든 많은 사람들이 처형 장소로 모여들기 시작했다. 잔트가 처형된 이후 사람들은 그들의 손수건에 잔트의 피를 적시거나 또는 그의 머리카락을 잘라 쌌다. 또는 일부 사람들은 단두대의 나무 조각을 잘라 집으로 가져가기도 했는데 이것들은 이미 이들에게 성유물로 간주되었기 때문이다. 그리고 잔트를 참수한 형리는 형장에서 사용된 목재들을 해체한 후 자신의 하이델베르크 집으로 옮겨 별

채를 만들었는데 여기서 종종 부르셴샤프트의 비밀집회가 개최되는 아이러니한 상황도 초래되기도 했다.[74]

그렇다면 잔트는 왜 민족 통합을 저해한 인물들 중에서 코체부를 살해 대상으로 선정했을까. 이 당시 극작가로 활동한 코체부는 200여 편이 넘을 정도의 많은 작품을 썼는데 그중에서 대표적인 작품으로는 1803년에 발표된 「독일의 작은 도시들(Die deutschen Kleinstädter)」을 들 수 있다.[75] 이렇게 극작가로서 활동했던 코체부는 1818년부터 정치적 문제에 대해서도 공식적으로 거론하기 시작했다. 그는 1818년부터 『문학 주보(Literarisches Wochenblatt)』를 독자적으로 발간했는데,[76] 거기서 루덴의 민족운동이 신랄한 비판 대상으로 등장하는 경우가 허다했다. 그리고 그의 견해에 따를 경우 독일 민족은 민족운동을 활발히 전개한다 하더라도 통합국가를 형성할 수 없다는 것이었다.[77] 뿐만 아니라 그는 새로운 청소년 운동과 부르셴샤프트의 활동에 대해서 조롱하는 자세도 보였다.[78]

---

74 이 별채는 점차적으로 민족운동의 성지로 간주되었다. 이에 따라 많은 사람들의 방문이 이어졌다.

75 이 당시 코체부는 이프란트(A.W. Iffland)와 더불어 이 부분에서 두각을 나타내고 있었다.

76 이 주보는 1817년 말부터 간행되기 시작했다.

77 이러한 비판적 문구는 당시 아우구스부르크에서 간행되던 『일반신문(Allgemeine Zeitung)』에서도 확인되었다(Allgemeine Zeitung vom 29. April. 1818)

78 코체부는 1819년 2월 『문학주보』에 부르셴샤프트의 활동에 대해 다시 한번 신랄한 비판을 가했다. "학원의 자유를 고상하고 진보적이라고 하지만 나는 그것에 대해 동의하지 않는다. 대학에서 자유를 배제시킬 때 인재가 등장하지 않는

부르셴샤프트는 코체부의 이러한 표명에 강한 불만을 표시했는데 특히 예나와 기센 대학의 부르셴샤프트는 다른 대학의 부르셴샤프트보다 훨씬 강한 불만을 토로했다. 예나대학의 부르셴샤프트 회원이었던 잔트 역시 이러한 범주에서 벗어나지 못했다. 더욱이 코체부가 독일의 제 상황을 러시아 황제 알렉산데르 1세에게 전달하는 첩보원[79]이라는 사실이 밝혀지면서 그에 대한 부르셴샤프트의 반감은 더욱 증대되었고 나아가 제거해야 할 인물(Eiterbeule)로도 부각되었다. 점차적으로 예나 및 기센 대학의 부르셴샤프트 회원들은 코체부 암살을 그들 소명으로

다는 주장 역시 매우 불합리하다고 볼 수 있는데 그것은 많은 제한을 가진 영국 대학에서 훌륭한 인물들이 많이 배출되고 있다는 사실에서 확인할 수 있다. 그렇다면 대학의 자유는 어디에 있는가? 그것은 학생들이 방탕하고 무질서하게 생활할 수 있느냐 없느냐에 있다고 하겠다. 실제로 독일의 많은 학부모들은 그들 자녀를 대학에 진학시키는 것에 대해 매우 우려하고 있다. 더욱이 그들의 자녀가 활기 있고 학문적 능력을 가졌을 때 더욱 그러할 것이다. 독일권의 대학들에는 지방학생단체, 체조협회, 그리고 부르셴샤프트와 같은 단체들이 있는데 이것들은 학생들을 그릇된 방향으로 유도하는 공통점을 가지고 있다. 게다가 대학교수들 역시 위해적 요소로 볼 수 있는데 그것은 아무것도 모르는 이들이 학생들에게 조국을 개혁해야 하며 조국의 운명 역시 학생들에게 달려 있다는 것을 가르치기 때문이다. 따라서 대학에서 학생들에게 자유를 부여하는 것은 인재 양성을 포기하는 행위로 볼 수 있다. 질서를 원하는 학부모들 역시 이 점에 대해서 전적으로 동의할 것이다."

79 실제로 러시아 정부는 1813년 코체부를 추밀원 고문관(Staatsrat)으로 임명했다. 1816년부터 이 인물은 독일의 여러 도시를 여행하면서 비밀 정보원으로서의 임무를 수행했다. 즉 그는 러시아 정부로부터 적지 않은 봉급을 받으면서 독일의 제 상황, 특히 독일 여러 대학의 상황을 아주 자세히 보고했는데 그것이 그를 신성동맹의 중요한 첩자로 간주하게 하는 결정적 요인이 되었다.

인식하게 되었고 그것을 스스로 실천하고자 했다. 잔트 역시 이러한 분위기를 거부감 없이 수용했던 것이다.

잔트 사건이 발생한 지 얼마 안 된 7월 1일, 약사 뢰닝(A. Loening)이 나사우(Nassau) 공국의 추밀원 고문이었던 이벨(K. v. Ibell)을 살해하려는 사건이 발생했다.[80] 그런데 뢰닝의 암살 기도는 잔트의 경우와는 달랐는데, 그것은 폴렌이 뢰닝에게 직접 암살 지시를 내렸기 때문이다.[81] 당시의 지식인들은 이러한 정치적 암살 행위에 대해 '동기는 인정하나 그 행위는 용납할 수 없다'라는 애매모호한 입장을 보였는데 그러한 것은 메테르니히 체제의 경직성에서 비롯된 것 같다.

잔트와 뢰닝의 정치적 암살 사건은 독일의 정치적 발전을 중단하게 하는 요인으로 작용했다. 이 부분을 연구한 후버(E.R. Huber) 역시 이러한 정치적 암살들로 인해 20년 내에 형성될 수 있었던 '견제력 있는 정당의 출현(Auftreten der Antiregierungspartei)'이 무산되었다는 견해를 제시했다.[82] 아울러 그는 이러한 사건들이 수세적 상황에 놓여 있던 메테르니히에게 역전의 기회를 제공했다는 주장도 펼쳤다.

---

80 뢰닝은 잔트와 같은 방법으로 이벨을 살해하려고 했지만 실패했다. 이에 뢰닝은 연루자들이 체포되지 않게끔 유리가루를 먹고 자살했다.

81 뢰닝의 암살 시도와 거의 같은 시기 에어랑겐대학의 그륀들러(Gründler)가 바이에른 국왕 막시밀리안 1세(Maximilian I, 1806~1825)를 살해하려고 했다.

82 1960년대에 등장한 후버의 견해는 당시 역사학계의 지대한 관심을 끌었다. 그리고 그의 이러한 관점은 여러 학자들에 의해 수용되었을 뿐만 아니라 오늘날에도 큰 영향력을 잃지 않고 있다.

8. 카를스바트 협약

메테르니히[83]는 잔트와 뢰닝의 암살 사건 후 자신의 체제를 위협하던 세력에게 일격을 가하기 위해 프로이센과 긴밀한 협력을 모색했는데 그러한 시도는 연방의회의 법규를 무시한 조치였다.[84] 왜냐하면 빈 정부와 베를린 정부가 연방 공동의 문제를 독단적으로 처리한 후 그것의 동의를 나머지 국가들에게 일방적으로 강요했기 때문이다. 이 당시 대학의 자율성을 지지하던 하르덴베르크도 잔트의 암살 사건 이후 자신의 정책을 포기하고 기존의 질서체제를 위협할 수 있는 저해 요소들을 제거하는 데 동의했다. 이에 따라 하르덴베르크는 1819년 1월 11일에 개최된 내각회의에서 선동적 음모에 대한 신속한 대응 조치, 대학과

---

83 구질서체제의 상징으로 간주되던 메테르니히는 1773년 5월 15일 코브렌츠 (Koblenz)에서 태어났다. 1788년부터 스트라스부르크에서 공부를 하다가 1790년 마인츠로 대학을 옮겼다. 1794년 메테르니히는 가문 재산의 거의 대다수를 잃게 되었고 이때부터 이 인물은 혁명에 대해 매우 부정적인 시각을 가지게 되었고 혁명분쇄를 자신의 최우선 과제로 삼게 되었다. 1809년 10월 8일 프란츠 2세(Franz II, 1792~1835)는 메테르니히를 오스트리아 외무장관으로 임명했다.

84 메테르니히는 겐츠에게 보낸 서신에서 잔트 및 뢰닝의 암살 사건을 자신의 체제 유지에 적극적으로 활용하겠다는 입장을 밝혔다. "본인은 살인자들이 단독으로 범행을 모의하고 저지른 것이 아니라 비밀조직(부르센샤프트를 지칭)의 명령에 따라 행동한 것으로 보고 있다. 우리는 이러한 것을 하나의 전화위복의 계기로 삼아야 할 것이다. (…) 그런데 어떻게 하면 여기서 최선의 효과를 거둘수 있는가가 본인의 관심이라고 하겠다. 그러나 한 가지 분명한 것은 본인이 이 사건을 미온적으로 처리하지 않겠다는 것이다. 왜냐하면 본인은 사건의 처리 강도가 향후 독일정국에 지대한 영향을 가져다주리라 믿기 때문이다."

체조협회에 대한 정부의 감시 강화, 그리고 언론에 대한 철저한 검열 필요성을 역설했다.[85]

잔트 사건이 발생한 직후 베를린 경시청장 비트겐슈타인(Fürst v. Sayon Wittgenstein)은 프로이센 내 각 대학, 즉 베를린대학을 비롯한 각 대학에서 결성된 부르셴샤프트의 활동을 보다 철저히 감시하기 시작했고 그 과정에서 이들 단체의 핵심적 인물들도 체포했다. 비트겐슈타인은 학생들을 심문하는 과정에서 이들의 일부가 기존 질서체제를 붕괴시키려 한다는 것을 파악했고 그것을 즉시 정부에 보고했다. 여기서 비트겐슈타인은 부르셴샤프트의 위해적 활동을 막기 위해서는 그러한 단체를 가능한 한 빨리 해체시키는 것이 최선의 방법이라는 주장도 펼쳤다. 실제적으로 뢰닝의 정치적 암살이 실패한 직후인 7월 중순부터 베를린과 본(Bonn)에서는 대대적인 체포와 수색이 펼쳐졌다. 이러한 과정에서 반정부적 지식인들과 민중운동의 지도자들은 경찰기관의 추적을 받았는데 그동안 프로이센에서 체조협회를 주관한 얀이 자신

---

85 슈타인 남작(K. Stein)과 더불어 프로이센의 개혁을 주도한 하르덴베르크는 1808년 11월 24일 베를린 정부의 책임자로 등장했다. 이 인물은 법률 제정에 각 부처가 책임진다는 원칙을 제시했다. 그 결과 왕의 칙령에도 주무 장관의 확인 서명이 필요하게 되었다. 하르덴베르크는 1810년과 1811년에 무역 규정과 영업세에 관한 일련의 법령을 제정하여 길드의 독점권을 폐지하고 영업의 자유를 보장하고자 했다. 이제 모든 영업은 길드가 아닌 국가의 감독을 받게되었으며, 그 결과 그것에 대한 통제도 예전과 같이 심하지 않게 되었다. 이러한 정책은 경제성장을 자극해 국가 세입을 증대시키고 도시와 농촌의 과세 불평등을 시정하기 위한 것이었다. 재임 기간 중 하르덴베르크는 귀족들의 면세 특권을 폐지시키려 했지만 귀족들의 강한 반발로 시행되지는 못했다.

메테르니히

의 반정부적 활동 때문에 체포된 것[86]과 스위스 주재 프로이센 대사 그루너(J. v. Gruner)와 카를스루에(Karlsruhe) 주재 변리공사 엔제(K.A.V. v. Ense)가 그들의 반봉건적 태도로 경찰의 심문을 받게 된 것을 그 대표적인 일례라 하겠다.[87]

메테르니히는 8월 1일 테플리츠(Teplitz)에서 프로이센 수상인 하르덴베르크와 회동을 가졌다. 여기서 메테르니히는 "마치 내가 세계의 정복자(필자 주–나폴레옹을 지칭)를 물리친 것처럼 신의 은총으로 독일에서의 소요도 빠른 시일 내에 진압할 수 있기를 바란다."라는 입장을 밝혀 부르셴샤프트에 대한 그의 조치가 매우 신속·단호하리라는 것을 예측하게 했다. 하르덴베르크 역시 부르셴샤프트 문제를 해결해야 한다는 인식을 가졌기 때문에 메테르니히의 입장을 지지했다.[88] 다음 날 이들은 독일 내 반정부 활동을 규제하기로 의견적 일치를 보았는데, 거기서 중요한 것들을 거론한다면 반정부 신문들의 간행 금지와 독일 대

---

86 이 당시 본대학의 역사학 교수였던 얀의 집은 경찰에 의해 강제 수색되었는데 이것에 대한 학생들의 불만 강도는 매우 높았다.

87 메테르니히는 프로이센의 이러한 조치를 '매우 과감하다(allzu schneidig)'라고 평가했다.

88 이 당시 프로이센 국왕이었던 프리드리히 빌헬름 3세 역시 하르덴베르크 관점에 대해 동의했다.

학 내 반항적 요소들을 제거한다는 것이었다. 이들의 이러한 합의는 그동안 신문들과 대학이 반메테르니히 정책을 확산시키는 데 주도적 역할을 했다는 인식에서 비롯된 것 같다. 이 자리에서 하르덴베르크는 메테르니히에게 자신의 정부가 국민에게 약속했던 국민대의제 도입을 철회하고 지역적 대의제만을 허용하겠다는 입장도 밝혔다.

메테르니히는 하르덴베르크와의 합의를 구체화시키기 위해 1819년 8월 6일 보헤미아 지방의 휴양도시인 카를스바트(Karlsbad)에서 연방의회를 개최했다.[89] 여기에는 오스트리아, 프로이센, 바이에른, 작센, 하노버(Hannover), 뷔르템베르크(Würtemberg), 바덴(Baden), 메클렌부르크-슈베린(Mecklenburg-Schwerin), 메클렌부르크-스트렐리츠(Mecklenburg-Strelitz), 그리고 나사우(Nassau)의 대표가 참여했는데 이들은 모두 메테르니히의 정책을 지지하던 국가들이었다. 이에 반해 메테르니히의 정책에 부정적인 시각을 가졌던 국가들은 초청 대상에서 제외되었는데 작센-바이마르-아이젠나흐가 그 대표적인 예라 하겠다.

메테르니히의 주도로 진행된 회담에서는 진보적 시민 계층의 성장에 제동을 거는 방법들도 심도 있게 논의되었고 거기서 메테르니히의 총애를 받던 겐츠(F. v. Gentz)가 핵심적 역할을 담당했다.[90] 1764년 브

---

89 오늘날의 카를로비바리(Karlovy Vary)에서 개최된 이 회의는 8월 31일까지 지속되었다.

90 이 당시 겐츠는 독일권의 통합에 대해 부정적인 시각을 가지고 있었다. 그의 관점에 따를 경우 통합은 천 년 이상 지속된 경험에 위배될 뿐만 아니라 더 이상 요구되지도 않는 사안에 불과했다. "독일의 통합은 위험한 Chimäre(환영)에 불과하다."

레슬라우(Breslau)에서 출생한 겐츠는 1793년 베를린 정부에 의해 육군 참사관(Kriegsrat)으로 임명되었다. 그런데 겐츠는 원래부터 자유주의 이념을 기피한 인물은 아니었다. 그러나 이 인물은 부르크(E. Burck)의 영향과 프랑스 혁명 기간 중 자행된 자코뱅(Jacobins)파의 테러 행위 및 거기서 비롯된 공포정치 때문에 자유주의를 포기하고 보수주의를 선호하게 되었던 것이다. 이후부터 겐츠는 영국과 오스트리아가 지향한 나폴레옹 정책을 지지하게 되었고 거기서 프로이센의 대프랑스 정책을 의심하기도 했다. 1802년 코벤츨(L. v. Cobenzl) 백작은 겐츠를 빈으로 초빙하려고 했고 그는 그러한 제의를 흔쾌히 받아들였다. 얼마 안 되어 이 인물은 궁중 고문관(Hofrat)으로 임명되었는데 그것은 메테르니히와 자주 접촉하는 계기가 되었다. 이 당시 겐츠는 '지역적 의회제와 대의적 의회제의 차이점(Über den Unterschied zwischen Landständischen und Repräsentiverfassung)'을 부각시켰다. 그에 따르면 지역적 의회는 귀족, 도시, 대학 그리고 교회처럼 자연스럽게 형성된 반면 주권재민설에 입각한 대의적 의회는 보편적 동등권이라는 환상 속에서 비롯되었기 때문에 종국적으로는 무정부 상태로 빠질 수밖에 없다는 것이다. 따라서 그는 시민 계층의 입헌운동을 사회 및 국가의 적으로 간주했고 메테르니히 역시 그의 이러한 관점을 전폭적으로 지지했다.[91]

카를스바트 회의 참석자들은 독일연방의 약관 13조를 군주제와 연계시켜 해석하려고 했다. 이러한 시도는 대의제가 명시된 일부 국가들의 헌법을 무력화시키는 동시에 그것의 도입을 제도적으로 막기 위한

---

91 프로이센 대표로 참석한 베른스토르푸(Bernstorff)도 겐츠의 견해를 지지했다.

조치로도 볼 수 있을 것이다. 아울러 여기서는 일련의 규제 조항들이 논의되고, 통과되었는데 그것을 살펴보면 다음과 같다.[92]

① 향후 5년간 신문 및 정기간행물에 대해 엄격한 사전 검열을 실시한다. 전지 20매(Bogen), 즉 8절판 320쪽 미만의 출판물에 대해서도 이러한 검열 방식을 적용한다. 그리고 8절판 320쪽을 초과하는 출판물들은 사후 검열도 실시한다. 아울러 독일연방에 대한 권위와 연방 회원국들의 평화와 질서를 저해하는 서적들이 발견될 경우 즉시 그것들을 회수하여 폐기한다. 그리고 이러한 서적들을 출간한 출판사들의 책임자들은 5년간 동일 업종에 종사할 수 없다.

② 대학들과 고등학교들은 각국 정부가 지명한 특별전권위원(landesherrlicher Bevollmächtigter)의 엄격한 감독을 받는다. 그렇지만 이 인물은 이들 교육기관의 학문적 문제나 교육과정에 대해서는 간섭할 권한을 가지지 않는다. 그리고 기존 질서체제를 위협하는 강의를 하거나 학생들을 선동하는 교수들은 대학의 교단에서 추방한다. 그리고 이렇게 추방된 교수들은 독일의 다른 대학에서 강의도 할 수 없다.

③ 부르셴샤프트는 즉시 해산시키고 향후 이 학생단체와 계속하여 관계를 가지는 학생들은 향후 국가관료로 임명하지 않는다. 그리고 특별전권 위원이나 대학 평의회의 결정에 따라 제적된 학생들은 독일의 다른 대학에 재입학할 수도 없다.[93]

---

92 1819년 9월 20일 프랑크푸르트 독일연방의회에서 카를스바트 협약이 만장일치로 가결되었다. 그리고 이 협약은 1848년 4월 2일 독일연방의회에서 폐기될 때까지 30년 동안 법률적 효력을 유지했다.

93 카를스바트 협약에 따라 강제로 해산된 부르셴샤프트는 1827년 겨울 다시 전

④ 11명의 법률가로 구성된 중앙조사위원회(Centraluntersuchungscommission)를 마인츠(Mainz)에 설치하여 각 지역에서의 혁명적 소요를 조사하고 그것을 연방의회에 보고하는 임무를 가지게 한다. 그리고 독일의 모든 국가에서 체포권 및 구인권을 가지게 될 이 위원회는 한시적으로 운영한다.

이러한 카를스바트의 조치로 그동안 대학들이 가졌던 자치권 및 학문적 자유는 대폭 축소되었을 뿐만 아니라 부르셴샤프트의 활동 역시 금지되었다. 아울러 언론의 자유가 크게 위축되었고 각 국가에 대한 메테르니히의 내정 간섭 역시 본격화되기 시작했다.[94]

프로이센의 프리드리히 빌헬름 3세(Friedrich Wilhelm III, 1797~1840)는 9월 20일 테플리츠에서 메테르니히와 회동을 가졌고 거기서 그는 메테르니히의 강력한 대응 조치를 지지했다.

같은 날 연방의회를 통과한 카를스바트 협약은 주요 독일 국가의 위정자들에 의해 즉시 인준되었다. 독일권에서 복고주의를 강화시킨 이 정책은 독일의 각 지역에서 바로 시행되었다. 하노버 왕국에서는 카를스바트 협약의 내용보다 강도 높은 탄압이 자행되었으며 나사우 공국은 이 협약의 문구들을 보다 강화시켜 국법으로 수용하기도 했다. 바덴 공국, 뷔르템베르크 왕국, 그리고 헤센(Hessen) 선제후국에서도 신문,

---

국적 조직을 갖추게 되었고, 입헌군주정 체제를 지향했다. 그러나 이 학생단체는 정치적 성향에 따라 아르미니엔(Arminien)과 게르마넨(Germanen)으로 나뉘게 되었다. 아르미니엔은 입헌군주정 체제를 지향한 반면, 게르마넨은 혁명적 방법으로 독일을 통합시켜야 한다는 입장을 고수했다.

94 카를스바트 협약은 1824년에 5년 더 연장되었다.

대학, 그리고 의회에 대한 탄압이 시행되었다.

프로이센에서도 반사회적 요소를 제거하는 정책이 펼쳐졌다. 베를린 정부는 1819년 10월 18일 새로운 검열 규정을 제시하여 반군주적 이론이나 언론을 탄압했으며 지금까지 허용했던 학문적 자유마저 유보시켰다. 메테르니히 역시 오스트리아 제국에서 그러한 탄압을 펼치는 데 주저하지 않았다. 카를스바트 협약에 반발을 보인 작센-바이마르-아이젠나흐의 카를 아우구스트 대공도 프로이센과 오스트리아의 강압적 자세 때문에 협약의 내용을 준수할 수밖에 없었다.[95]

9. 카를스바트 협약 이후의 학생 활동

카를스바트 협약 이후 독일권은 10여 년 동안 외형상 평온을 유지했다. 이 시기의 메테르니히 영향력은 절정에 도달했고 그것에 따라 연방의회는 오스트리아 정책을 충실히 이행하는 데 치중했다. 이러한 상황하에서 독일의 정치적 발전은 크게 지연되었다.[96] 실제로 1828년 의사

---

95 예나대학의 부르셴샤프트는 1819년 11월 26일 자발적으로 해산했는데 그러한 행위는 정치적으로 어려운 상황에 놓여 있던 카를 아우구스트 대공의 부담을 덜어주겠다는 취지에서 비롯된 것 같다. 부르셴샤프트의 해산을 공식적으로 선언한 직후 학생들은 〈해체의 노래〉를 불렀는데 거기서 이들은 부르셴샤프트 해산이 한시적이라는 것을 은유적으로 부각시키려고도 했다.

96 이러한 외부적 평온 상태하에서도 독일 통합의 필요성이 제기되었는데 그것은 경제적 측면에서의 통합이었다. 1819년 4월, 프랑크푸르트의 상품박람회에서 '독일 상공업동맹(Deutscher Handels-Gewerbverein)'이라는 단체가 결성되

록 발행이 중단될 정도로 연방의회의 활동은 매우 미약해졌다. 그리고

었다. 이 단체를 대표해 경제학자 리스트(F. List)가 청원서를 독일연방의회에 제출했는데 거기서는 관세동맹의 필요성이 강하게 제기되었다. 리스트에 따를 경우 독일의 복잡한 관세가 경제적 소통을 마비시키고 있다는 것이다. 그것은 한 사람의 손과 발을 각각 따로 묶어서 손과 발 사이에 피를 통하지 못하게 하는 것과 마찬가지라는 것이 리스트의 관점이었다. 따라서 그는 국내 관세를 철폐해야만 완전한 연방 통일 세제를 구축할 수 있다는 주장을 펼쳤고 그렇게 해야만 국가 무역과 민족 산업을 회생시킬 수 있다고 했다. 이후부터 리스트는 같은 맥락의 주장을 언론을 통해 거론하는 등의 적극성도 보였다. 그는 독일 각 영방 신민 간의 자유로운 왕래를 보장하지 않는다면 통합 독일은 실현될 수 없다는 주장을 펼쳤다. 아울러 그는 공통의 중상주의 제도를 시행하지 않을 경우 독립된 독일 역시 있을 수 없다고 했다. 이후 리스트와 상공업동맹의 회원들은 각 영방국을 돌아다니며 관세동맹의 체결 필요성을 호소했다. 하지만 상공업동맹이 제출한 청원서에 대한 답은 무시와 질책으로 되돌아왔을 뿐이다. 이 당시 연방의회는 자신들이 '독일'이라는 단어를 쓰는 것조차 탐탁해하지 않았다. 따라서 독일의 상인보다는 바이에른, 작센, 그리고 기타 지방의 상인만이 있었을 뿐이었다. 메테르니히 역시 관세동맹을 주장하는 리스트에 대해 적대감을 가지고 있었다. 그는 리스트를 '가장 위험한 선동자'로 규정하고, 특수 조직을 구성해 그를 감시하게 했으며 사사건건 그를 공격하는 데 주저하지 않았다. 그러나 빈의 위정자들은 자신들의 낮은 안목 때문에 독일 전체의 통치권을 장악할 기회와 통일이라는 역사적 대업을 달성할 수 있는 기회를 너무나도 쉽게 프로이센에게 넘겨주고 있다는 사실을 모르고 있었다. 메테르니히의 부정적인 시각에도 불구하고 리스트의 노력은 헛되지 않았는데 그것은 몇몇 연방국 통치자들이 그의 제안에 관심을 표명했기 때문이다. 그중 가장 중요한 연방국은 프로이센이었다. 이 당시 프로이센의 정치가들은 독일 전체가 관세동맹에 참여해 통합 독일의 기초를 마련해야 한다는 의견에 동의했다. 이에 따라 1828년 프로이센의 재무장관 모츠(v. Motz)는 관세동맹 결성에 필요한 절차를 밟기 시작했다. 그리고 이 인물은 이러한 동맹이 독일 통합의 도구로도 활용할 수 있다는 예견도 했다.

1820년 이후 어느 국가에서도 신헌법이 제정되지 않았다. 오히려 프로이센의 프리드리히 빌헬름 3세는 테플리츠 회담에서 대의제적 헌법이념을 포기했고, 몇몇 연방국가들도 기존 헌법에 대한 제한을 가하는 데 주저하지 않았다. 그럼에도 불구하고 오스트리아는 그들 영향력이 가지는 한계성을 절감하게 되었다. 그것은 카를스바트 및 빈 회의에서 남부 연방국가들을 설득하여 대의제적 의회를 지방 신분제 의회로 대처하려 했던 메테르니히의 시도가 결국 실패로 끝난 것에서 확인되었다. 실제로 뷔르템베르크와 헤센-다름슈타트 헌법은 연방의회가 카를스바트 칙령을 승인한 이후 공포되었다. 메테르니히는 이것이 양국에게 위해적 요소로 작용하리라는 혹평을 가하면서 스스로 자위했다. 그런데 중요한 사실은 남독일 군주들이 하원의 독자적 행동에 대해 우려를 표명했음에도 불구하고 가장 효과적으로 영토 통합을 유지시켜주는 것이 바로 대의제라는 사실을 인정하려고 했던 것이다. 또한 이들은 1820년대 초반부터 하원의 무력화도 동시에 추진되었는데 그것은 바덴 및 바이에른 정부가 보다 순종적 하원을 구성하기 위해 선거 과정에 깊숙이 개입한 데서 확인할 수 있다.

이렇게 기존 질서체제의 위세가 견지되었음에도 불구하고 일부 대학생들, 특히 할레대학의 학생이었던 루게(A. Ruge)를 비롯한 일부 학생들은 불법화된 부르셴샤프트 재건에 깊은 관심을 표명하고 행동에 나섰다. 루게는 같은 대학의 힐데브란트(H. Hildebrandt), 빌러(v. Willer), 클레멘(J. Clemen)과 더불어 강제로 해산된 게르마니아(Germania)의 활동 재개를 위해 비밀리에 이 학생단체에서 활동한 회원들을 소집했고 거기서 자신의 정치적 관점, 즉 자유주의의 제 이론을 실제 정치에 반영시킬 수 있는 입헌군주정 체제의 도입을 강력히 피력했다. 그러나 부르셴샤프트에 대한 정부 탄압이 보다 심화됨에 따라 루게는 얼마 전부터 비밀 활동을 전개하던 '긴밀한 조합(Engerer Verein)'에 대해서도 관심을 보이기 시작했다.[97] 그런데 루게가 관심을 보인 이 조합은 1821년 6월 28일 비밀리에 결성되었고 거기에는 반정부적 성향의 학생들이 대거 참여했다. 점차적으로 '긴밀한 조합'은 기존 질서체제와의 협력을 통해 정치적 개혁을 모색해야 한다는 루게, 힐데브란트, 빌러, 클레멘 등에 의해 주도되었다.[98] 1821년 7월 15일 '긴밀한 조합'에 가입한 이후부터 자신의 정치적 관점을 피력하는 데 주저하지 않던 루게의 위상은 조합 내에서 증대되었는데 그러한 것은 힐데브란트의 회고록에서 확인되었다. 힐데브란트에 따를 경우 루게는 조합원 총회에서 정부의 지속적이고 비이성적인 압박에 대응하려면 해방전쟁 중에 표출되었던 정신으로 대학생들이 재단결해야 한다는 것을 피력했다. 실제로 루게는 '긴밀한 조합'에서 이 단체가 지금까지 행한 것이 무엇인가를 반문하면서 무력 투쟁 없이는 아무런 성과도 거둘 수 없음을

---

97 루게는 1821년 4월 24일 게르마니아에 가입했지만 그 활동 기간은 2개월에 불과했다.

98 루게는 1802년 9월 13일 뤼겐섬(Rügen, 발트해에 있는 독일 최대의 섬)의 베르겐(Bergen)에서 토지 관리인 크리스토프 아르놀드 루게(C.A. Ruge)의 아들로 태어났다. 스트랄스운드(Stralsund) 인문계 고등학교를 졸업한 루게는 1821년 여름학기(S/S)부터 할레대학에서 신학, 고대어 그리고 철학을 배웠다. 첫 학기부터 루게는 정치적 성향이 강한 라이지히(K.Reisig) 교수 강의에 참석했는데 그것은 그가 당시의 독일적 상황에 대해 깊은 관심을 가지고 있었기 때문이다. 또한 그는 라우머(K. v. Raumer) 교수가 개설한 세미나에도 참석했는데 거기서는 주로 독일의 현실적 상황, 즉 분열된 상태 및 그러한 것을 타파할 수 있는 방안들이 구체적으로 논의되었다.

부각시켰고 그러한 것은 회의 참
석자들의 공감도 유발시켰다. 또
한 루게는 '긴밀한 조합'의 향후
과제들에 대해서도 언급했는데
그것은 정치적 상황 개선을 위해
혁명적 상황도 창출해야 한다는
것으로 요약할 수 있을 것이다.
이러한 루게의 발언을 통해 확인
할 수 있는 것은 그가 점차적으

루게

로 기존의 질서체제를 부정한 공화정 체제에 관심을 가지기 시작했다
는 것이다. 그런데 그의 이러한 태도 변화는 기존 질서체제와의 협력을
통해 당시 부각된 정치적 현안을 해결할 수 없다는 절망감에서 비롯된
것 같다.

　1821년 8월 루게는 메클렌부르크(Mecklenburg) 출신의 빌러와 더불
어 여행을 떠났다.[99] 이들은 예나, 에어랑겐, 뷔르츠부르크, 슈투트가
르트, 튀빙겐, 프라이부르크, 하이델베르크, 프랑크푸르트, 본, 괴팅겐
대학을 방문하여 그곳 대학생들과 더불어 메테르니히 체제를 와해시킬
수 있는 방안들에 대해 구체적으로 논의하기도 했다. 이러한 과정에서
루게는 메테르니히 체제의 반동적·복고적 성향에서 비롯되는 문제점
들을 정확히 제시했을 뿐만 아니라 그것을 대신할 정치체제, 즉 공화정
체제의 도입 필요성도 역설했다. 그러나 토론에 참여한 학생들의 대다

99　빌러 역시 '긴밀한 조합'의 회원이었다.

부르셴샤프트의 활동과 카를스바트 협약

수는 루게의 이러한 관점에 동의하지 않았는데 그것은 온건적 성향의 움직임이 당시의 대학 세계를 지배했기 때문이다. 여행 기간 중 루게와 빌러는 스위스 건국기념지인 뤼틀리(Rütli)를 방문했고 거기서 공화정 체제의 통합 독일이 탄생될 수 있게끔 그들 자신을 희생하겠다는 서약도 했다.

'긴밀한 조합'이 활동하기 이전인 1821년 5월 15일 할레대학에서는 '청년동맹(Jünglingsbund)'이라는 학생단체가 비합법적으로 결성되었다. 30여 명의 학생들로 구성된 이 단체는 결성된 직후부터 신민들의 대표들로 구성된 의회가 헌법 제정권을 가질 수 있게끔 정치제도를 개편해야 한다는 주장을 펼쳤다.

아울러 이들은 일련의 개혁도 지향했는데 그 중요한 내용들을 살펴본다면 첫째 민주적-중앙집권적 공화정 체제의 도입(Einführung der unitarischen Republik), 둘째 선거를 통한 통치권자 선출, 셋째 보통선거제의 실시, 넷째 토지의 국유화, 다섯째 일반 징집 제도의 도입 및 국민군의 창설이었다. 또한 이 단체 회원들은 그들의 목적 달성을 위해 무력적인 방법도 사용할 수 있다는 관점을 피력했다. 따라서 이들은 필요한 무기들을 조달하려고 했을 뿐만 아니라 선서를 어기고 단체를 위태롭게 한 조합원들에 대한 처벌 방안도 구체적으로 마련했다.

이후 '청년동맹'의 기본 강령이 제정되었고 그것에 따라 단체가 운영되었다. 기본 강령의 중요한 내용들은 ① 할레대학의 학생들은 '청년동맹'의 회원이 될 수 있다(제4항). ② 비회원 자격으로 공개회의에 3회 이상 참석한 인물들은 누구나 가입 신청을 할 수 있지만, 그 가입은 전체회원 2/3 이상의 지지를 얻어야만 한다(제4항). ③ 정기회의는 1주일에 2회씩, 즉 월요일과 금요일 오후 6시에 개최한다(제5항). ④ 모든 회원은 반드시 정기회의에 참여해야 한다. 그리고 의장은 필요에 따라 임시회의를 소집할 수 있는 권한도 가진다(제5항).[100] ⑤ 의장은 정기회의를 진행시킨다. 만일 의장이 정기회의에 참석하지 못할 경우 부의장이 의장을 대신하여 회의를 주도한다. 아울러 여기서 결정된 사안들은 의장이 참여했을 때와 같은 효력을 가진다(제5항). ⑥ 의장이 임명한 서기는 의사 진행 과정을 정리하여 보관한다(제10항). ⑦ 합법성이 유지되는 한 '청년동맹'은 해체되지 않는다(제15항). ⑧ '청년동맹'에 가입한 학생들은 자유롭게 조합을 탈퇴할 수 있다. 그러나 '청년동맹'에서 탈퇴하려는 학생은 정기 또는 임시회의에서 탈퇴 의사를 반드시 밝혀야 한다. 그리고 '청년동맹'의 회원이 단체에 위해적 행위를 할 경우 의장은 즉시 임시의회를 소집하여 제명여부를 결정한다(제16항).[101]

그런데 당시 대학 세계에서 과격적 성향의 인물들로 부각되었던 카를 폴렌과 스프레비츠(A. v. Sprewitz)가 이 단체의 핵심인물이었다. '긴밀한 조합'과는 달리 '청년동맹'은 독일권에서 적지 않은 지지세력을 확보했는데 그러한 것은 예나, 튀빙겐, 하이델베르크, 그리고 뷔르츠부르크 등에서 이 동맹의 지부가 결성된 데서 확인할 수 있다. '청년동맹' 회원의 대다수가 기존의 부르셴샤프트 회원들로 구성되었지만 부르셴샤프트나 '긴밀한 조합'과는 달리 이들은 무력으로 그들 목적을 관철시

---

100 전체회원 2/3 이상의 지지를 받고 선출된 의장의 임기는 1년이었고 재선도 가능했다.

101 이러한 지향 목표를 통해 '청년동맹'이 '긴밀한 동맹'보다 과격한 학생단체였다는 것이 밝혀졌다.

키려고 했다.[102] '긴밀한 조합'에 깊이 관여했던 루게는 점차적으로 자신이 지향한 정치적 목표와 맥을 같이하던 '청년동맹'의 활동 및 지향 목적에 관심을 보였고 그것은 그로 하여금 1821년 9월 7일 '청년동맹'에도 가입하게 했다. 앞서도 언급한 바와 같이 루게는 무력을 통해 공화정 체제를 도입시켜야 한다는 관점을 가지고 있었다.

1822년 겨울학기(W/S)부터 루게는 자신의 학업 장소를 예나로 옮겼지만 경제적 어려움으로 인해 학업을 중단해야만 했다. 그러나 함부르크(Hamburg) 출신의 지몬(E. Simon)은 루게가 학업을 계속할 수 있게끔 재정적 지원을 약속했는데 그러한 약속은 루게가 지향한 정치적 관점에 이 인물이 동조한 데서 비롯된 것 같다.[103] 이후 루게는 이 대학의 부르셴샤프트 잘라나(Salana)에 가입한 후 자신의 정치적 관점, 즉 공화정 체제의 도입이 보장된 통합 독일을 부각시키는 데 주저하지 않았다.[104] 예나대학에서 루게는 괴트링(K.W. Göttling) 교수와 루덴 교수의 강의에 적극적으로 참여했고 그러한 것은 자신의 정치적 관점을 보다 체계화시킬 수 있는 계기도 되었다. 1822년 12월 2일 루게는 예나대학의 구성원들을 칼라(Kahla)로 이주시키는 데 주도적인 역할을 담당했다. 그런데 칼라로의 이주는 공권력이 거리 및 광장에서, 즉 공

---

102 '긴밀한 조합'과 '청년동맹'의 결성 및 활동을 통해 부르셴샤프트와 유사한 학생 단체들이 비밀리에 결성되었다는 것을 확인할 수 있다.

103 이 당시 경제적으로 능력 있는 학생들이 그렇지 못한 학생들의 학비를 지원하는 경우가 많았다. 특히 정치적으로 같은 관점을 가졌을 경우 학비 지원이 그들의 의무라고 간주했는데 지몬의 행동이 바로 그 일례라 하겠다.

104 이 당시 잘라나는 '청년동맹'의 예나 지부 역할을 담당했다.

공장소에서 대학생들의 전통적 합창을 허용하지 않았기 때문이다.[105]
칼라로 이동하면서 루게는 괴테(W. Goethe)를 부정적으로 언급하는
데 주저하지 않았는데 그 이유는 이 인물이 부르셴샤프트에 깊이 관여
한 프리스 교수를 비방했기 때문이다. 1823년에 접어들면서 대학들에
대한 메테르니히 체제의 지속적이고 집요한 개입은 보다 강화되었고,
그것은 예나대학에서 비밀리에 진행된 학생 활동의 전반적 상황을 위
축시키는 요인도 되었다. 이에 따라 예나대학의 자율권 역시 크게 축소
되었다. 이러한 상황은 루게로 하여금 자신의 학업 장소를 하이델베르
크로 옮기게 했는데 그 이유는 뷔르템베르크 왕국의 위정자들이 자유
주의 및 민족주의에 대해 비교적 관용적인 자세를 보였기 때문이다.[106]
여기서 그는 과격적 성향, 즉 시민적-민주주의적인 역사가로 평가받던

---

105 이들의 합창에는 반정부적 내용과 구호들이 포함되는 경우가 많았다. 실제로
　　이 당시 대학생들은 도시 의회나 정부가 그들의 요구를 수용하지 않을 경우 도
　　시를 떠났는데 그것이 바로 이들의 전통적 압력 수단이었다. 그 일례는 1790년
　　7월 10일 괴팅겐대학에서 발생한 사건에서 확인할 수 있다. 한 목공인(Tisch-
　　lergesell)이 지나가는 학생에게 '당신(Sie)' 대신에 '너(Du)'라는 호칭을 사용했
　　다는 이유로 학생들과 목공인들 사이에 집단 패싸움이 벌어졌다. 수적으로 우
　　세한 학생들이 목공인들의 숙소를 습격함에 따라 목공인들은 도시 정부에 구
　　조를 요청했다. 이에 도시 정부는 목공인들의 지원 요청을 받아들였고 그것은
　　학생들의 반발을 유발시켰다. 이에 따라 80여 명의 학생들은 괴팅겐을 떠났고
　　나머지 학생들도 다음 날 도시를 벗어났다. 상황이 이렇게 전개됨에 따라 도시
　　의회와 대학당국은 긴급 공동회의를 개최했고 거기서 목공인들의 잘못을 인정
　　한다는 성명서도 발표되었다. 3일 후 학생들은 승자의 신분으로 도시로 돌아
　　왔다.
106 반정부적 학생단체의 활동이 활성화됨에 따라 작센-바이마르 정부는 대학의
　　자율성을 제한했고 그것은 학생단체의 활동을 거의 중단시키는 요인이 되었다.

슐로서(W. Schlosser) 교수의 강의를 들으면서 자신의 공화주의적 관점을 보다 체계화시켰다. 이 당시 루게는 일반 선거제도의 도입, 노동권 및 생존권 보장, 그리고 권력 분립의 실현이 반드시 필요하다는 견해를 가지고 있었다. 그럼에도 불구하고 루게는 스프레비치와 더불어 하이델베르크 '청년동맹' 지부의 활동을 중단시키려고 했는데 그 이유는 메테르니히를 비롯한 당시의 위정자들이 이 단체의 반정부적 활동을 예의주시했기 때문이다. 이 당시 루게는 '청년동맹'의 활동으로 다른 학생단체들이 불이익을 받아서는 안 된다는 견해를 가지고 있었다.[107]

이러한 위기적 상황하에서 카를 폴렌의 구호가 바젤(Basel)로부터 전달되었는데 거기서는 깊은 잠에서 깨어나지 못하는 신민들을 위해 부르셴샤프트 회원들이 독일의 위정자들을 암살하는 데 주도적 역할을 담당해야 한다는 것이 언급되었다.[108] 그러나 당시 상황을 정확히 파악한 루게는 이러한 요구를 수용하지 않았지만 점차적으로 어려운 상황에 놓이게 되었다. 바이에른(Bayern) 출신으로 할레대학에 재학 중이었던 디에츠(J.A. Dietz)는 루게가 '청년동맹'의 의장직을 수행한 바가 있었음을 폭로했고 그러한 폭로는 1824년 1월 루게가 체포되는 결정적인 요인이 되었다. 쾨페니크(Köpenick)에서의 강도 높은 조사는 1년 이상 지속되었고 루게는 당시의 쾨페니크 상황을 다음과 같이 풍자적으로 언급했다; 이곳에는 바이마르, 리페-데트몰드(Lippe-Detmold), 루

---

107 예나에서와는 달리 루게는 하이델베르크의 '청년동맹' 지부에서 주도적인 역할을 담당했다.

108 이 당시 카를 폴렌은 체포의 위험에서 벗어나기 위해 스위스 바젤에 머무르고 있었다.

돌슈타트(Rudolstadt), 작센, 메클렌부르크, 스위스, 오스트리아 출신 인물들이 구금되어 있다. 그러나 뷔르템베르크와 바이에른 출신의 인물들은 찾을 수 없는데 그 이유는 이 지역 사람들이 당시의 정치적 상황에 대해 방관적이고 소극적인 자세를 가졌기 때문이다. 만일 이들 지방의 사람들도 이곳에 구류되었다면 감옥소라는 특이한 장소에서 독일 통합이 구현되었을 것이다.

1826년 3월 25일 루게는 브레슬라우 고등법원(Oberlandesgericht)에서 최종판결을 받았다. 15년 요새형(Festungsstrafe)을 받은 그의 죄목으로는 모반을 준비하던 비밀단체에 가입했다는 것과 그러한 단체 확장에도 크게 관여했다는 점이 제시되었다. 루게는 최종 판결을 받기 이전인 1825년 초부터 자신의 동료인 슐리만(H. Schliemann)과 더불어 콜베르크(Colberg)로 이송되어 구금되었는데 이 당시 독일권에서 이 형무소보다 열악한 곳은 없었다.

루게는 1830년까지 이 형무소에서 머무르다 풀려났는데 그것은 프로이센 국왕 프리드리히 빌헬름 3세의 특사조치(Gnadenakt)로 가능했다. 루게는 형무소의 고된 생활도 잘 이겨냈는데 그 이유로는 첫째, 그 자신이 현실적인 상황에 대해 좌절하지 않고 학문적 증진을 위한 독서에 치중했다는 것이다.[109] 둘째, 반정부 인사들의 옥고를 크게 칭송한 양으로부터 정신적 위안을 받았다는 것이다. 아울러 당시 프로이센 정부의 참사관이었던 헤니쉬(F.W. Hänisch)가 루게를 물심양면으로 지원한 것도 그에게는 큰 힘이 되었다. 그리고 이것은 프로이센 관료 모

---

109 이 시기에 그는 그리스의 테오크리토스를 비롯한 그리스 고전문학가의 작품을 번역하는 데 주력했다.

두가 정부정책에 호응하고 있지 않다는 것을 확인시켜주는 일례라 하
겠다.[110]

---

110 출옥 후 루게는 할레의 왕립 교육시설에서 활동했고 1832년 할레대학에서 '플
라톤의 미학(Platonische Ästhetik)'으로 교수자격(Habilitation)도 취득했다. 이
후 그는『문학환담 잡지(Blättern für literarische Unterhaltung)』에 언론 자유 및
인민주권을 실현해야 한다는 관점을 종종 게재하는 적극성을 보였는데 이것은
그를 청년헤겔파(Junghegelianer)의 핵심적 인물로 부각시키는 계기가 되었다.
이 당시 청년헤겔파는 헤겔(Hegel)의 철학을 종교 문제에 국한시키지 않고 현
실정치에도 적용시키려 했다. 1835년『예수의 생애(Das Leben Jesus)』라는 저
서가 청년헤겔파의 일원이었던 슈트라우스(D.F. Strauss)에 의해 출간되었는
데 이 저서는 독일에서 매우 큰 관심을 유발시켰다. 슈트라우스는 자신의 저서
에서 예수의 기적을 부정하고 복음서의 내용들 역시 역사적 사실이 아니며 자
연법칙에 모순된 것으로 신화에 불과하다는 관점을 피력했다. 루게는 자신의
동료인 에흐터마이어(T.Echtermeyer), 포이어바흐(L. Feuerbach), 그리고 바우
어(F. Bauer)와 더불어 슈트라우스의 이러한 관점을 보호하기 위해 1838년 1
월부터『독일 예술 및 학문을 위한 할레 연보(Hallische Jahrbücher für deutsche
Kunst und Wissenschaft)』를 간행하기 시작했다. 이 당시 루게는 슈트라우스의
종교철학을 보호하는 것 이외에도 헤겔의 변증법을 '모든 철학의 원리와 방법'
으로서 그리고 '확고부동한 진리"로 확신하고 이것을 철학뿐만 아니라 학문 일
반과 사회적 삶 자체에도 적용시키려 했다. 점차적으로 이러한 루게의 관점은
청년헤겔파의 기본적 관점으로 인식되기 시작했다. 이후부터 이 학파는 자신
들의 철학적 급진주의를 선명히 하고 종교적 정통주의뿐만 아니라 정치적 반
동도 공격하는 데 주력했다. 1841년부터 베를린 정부는 루게의 주도로 간행되
던『독일 예술 및 학문을 위한 할레 연보』를 검열하기 시작했는데 그것은 이 잡
지가 지나치게 자유주의 사상을 부각시켜 반정부적 성향을 부각시켰기 때문
이다. 이에 따라 루게는 이 잡지의 발행 장소를 드레스덴으로 옮긴 후 잡지명
도『학문 및 예술을 위한 독일연보(Deutsche Jahrbücher für Wissenschaft und
Kunst)』로 변경했지만 베를린 정부의 내무장관 팔켄슈타인(P. v. Falkenstein)은
이 잡지의 발행 인가를 취소했다.

제2장

통합의 필요성 제기와 기존 질서체제의 대응

통합의 필요성 제기와 기존 질서체제의 대응

1. 7월혁명

1824년 9월 16일 샤를 10세(Charles X, 1824~1830. Altoi 백[伯], 루이 16세의 막내 동생)가 루이 18세에 이어 67세의 나이로 프랑스 왕위를 계승했다. 정치적 성향이 반동적·복고적이었던 샤를 10세는 즉위 즉시 몰수 토지에 대한 배상을 실시하고자 했다. 즉 그는 프랑스 대혁명 기간 중 국외로 망명한 귀족들에게 연간 3,000만 프랑에 달하는 배상금을 영구적 연부금의 형태로 지불하려고 했다. 여기서 그는 국채 이자를 5%에서 3%로 인하하여 배상 재원을 마련하려고 했는데 그것은 자본가 및 중산계층에게 경제적 타격을 가져다주는 계기가 되었다. 아울러 그는 교회의 영향력을 확대시키려 했고 거기서 성직자들을 공립학교의 교장 및 행정 책임자로 임명했다. 이러한 반동적이고 복고적인 샤를 10세의 정책에 대해 티에르(A. Thiers)와 기조(F. Guizot)는 부정적이었다. 이 당시 이들은 프랑스 대혁명을 긍정적으로 평가했을 뿐만 아니라 의회를 통한 헌법 제정의 필요성도 강력히 요구했다.

샤를 10세의 반동적 정책이 본격적인 궤도에 접어들던 1827년 의회선거가 실시되었고 거기서 자유주의자들은 예상보다 많은 180석의 의석을 차지했다. 이에 따라 샤를 10세는 다음 해 1월 5일 중도파 정치가였던 마르티냐크(J-B.S.G. Martignac)를 내각 책임자로 임명하여 의회와의 타협 및 협력을 모색했으나 가시적인 성과를 거두지는 못했다. 이후 샤를 10세는 의회와의 협조 시도를 포기했고 그것에 따라 1829년 8월 8일 정치에 대해 문외한이고 보수적 성향의 폴리냐크(J. Polignac) 공작을 내각 책임자로 임명했다. 상황이 이렇게 전개됨에 따라 의회는 1830년 3월 18일 "정부가 국민의 희망을 고려하지 않았다."라는 선언문을 작성·발표하여 자신들의 불편한 심기를 표출하는 데 주저하지 않았다. 이러한 의회 반발에 대해 샤를 10세는 의회 해산으로 대응했고 국민들의 관심을 대외적으로 돌리기 위해 1830년 5월 16일 알지에(Algier) 원정을 단행했다. 알지에 원정이 성공을 거둔 후 샤를 10세는 1830년 7월 5일 다시 의회선거를 실시했지만 그 결과는 그가 기대한 것이 아니었다. 새로 실시된 의회선거에서 자유주의자들의 의석은 이전보다 53석 많은, 즉 221석에서 274석으로 늘어났다. 1830년 7월 5일에 실시된 의회선거에서 라파예트(La Fayette)와 콩스탕(B. Constant) 주도하의 자유주의자들이 득세함에 따라 샤를 10세는 7월 25일 의회를 해산하고 칙령도 발표했는데 그것의 중요한 내용들을 언급하면 다음과 같다: ① 출판의 자유를 엄격히 제한한다. 그리고 정부는 향후 신문 발간에 대한 승인권을 가진다. ② 투표권을 제한한다. ③ 향후 국왕만이 신헌법을 제정할 수 있다. ④ 의회 구성을 위한 선거를 새로이 실시한다.

샤를 10세의 이러한 조치는 파리 시민들, 특히 소시민 계층과 학생들을 격분하게 했고 그것은 샤를 10세의 퇴위를 요구하는 시가전(영광의 3일[Trois glorieuses], 7.27~7.29)을 펼치게 했다.[1] 이에 따라 샤를 10세는 자신이 취했던 조치들을 철회하여 사태를 수습하고자 했으나 아무런 성과도 거두지를 못했다. 따라서 그는 영국으로 망명을 갈 수밖에 없었다.[2] 곧 의회는 당시 57세였던 루이 필리프(Louis-Philippe Orleans, 1830~1848. Bourbon 왕조의 방계)를 시민 왕으로 추대했다. 1830년 8월 7일 의회는 1814년의 헌장을 충실히 준수한다는 조건으로 루이 필리프의 왕위 계승을 승인했다. 이러한 파리에서의 혁명, 즉 7월혁명은 메테르니히 체제에도 적지 않은 영향을 가져다주었는데 그것은 정통성의 원칙 및 그것을 뒷받침하던 5강 체제가 붕괴되었다는 점이다.[3]

---

1 파리에서의 증권 시세 폭락이 7월혁명의 외양상 원인이었다.

2 혁명 과정에서 165명의 스위스 출신 근위병과 정규군이 살해되었다.

3 이 당시 유럽의 군주들은 계몽사상에 부정적이었다. 물론 이들 중의 일부는 계몽사상을 부분적으로 실제 정치에 반영시켰지만 이들은 절대왕정 체제의 기본적 골격은 유지해야 한다는 관점을 가지고 있었다. 따라서 이들은 개혁이라는 온건한 방식을 통해 당시 제기된 문제점들을 해결할 수 있는 기회를 잃게 되었을 뿐만 아니라 혁명이라는 과격한 상황과도 직면하게 되었다. 일반적으로 혁명은 기존 질서체제를 인정하지 않으려는 속성을 가졌고 그러한 것은 근대사의 제 혁명에서 쉽게 확인할 수 있다. 그렇다면 여기서 혁명에 대해 몇 가지 의문을 제기할 수 있는데 그것은 첫째, 혁명이란 단어가 언제부터 사용되었는가? 둘째, 혁명의 개념이 어떻게 정립되었는가? 셋째, 혁명은 언제 발생할까 등을 살펴보아야 할 것이다. 혁명(revolutio, revolve의 명사형)이란 단어는 로마 후반기부터 등장했는데 '치받음' 또는 '뒤엎음(전복)'이란 의미로 사용되었다. 근대에 접어들면서 혁명은 천문학 분야에서, 즉 케플러(J.Kepler)가 행성들의 순환 및 규칙적인 회귀를 설명하는 과정에서 그 사용이 보편화되었다.

2. 7월혁명의 영향

카를스바트 협약으로 휴면기에 접어들었던 독일의 통합 및 개혁운동은 프랑스에서 발생한 7월혁명과 그것의 영향을 받아 전개된 폴란드

그러다가 15세기 후반부터 이탈리아에서는 혁명(revouzione)이란 단어가 정치적 분야에서도 사용되기 시작했다. 그것은 현실사회의 모순적 상황에서 이전의 정상적 상태로 복귀한다는 순환론적 역사 인식에 위배되지 않을 뿐만 아니라 역사적 변화를 인정하고 그 변화의 궁극적인 목표가 인간 타락 이전의 낙원으로 회귀한다는 기독교 사상과도 일치되었기 때문이다. 따라서 당시의 개념은 오늘날과는 달리 순환론적인 측면만을 강조한 것 같다. 그러나 혁명을 순환적 변화로 파악하는 개념은 18세기에 접어들면서부터 바뀌게 되었는데 그것은 명예혁명을 단순한 사건이 아닌 장기간 지속된 변화의 종결점이자 특정 상황이 합친 응축된 사건으로 인식한 데서 비롯된 것 같다. 영국 사회는 명예혁명이 끝난 후에도 새로운 정부, 새로운 사회를 만드는 일련의 과정을 경험했다. 1776년 아메리카 혁명에 이어 1789년 바스티유(Bastille) 감옥이 습격을 당하면서 사람들은 혁명이 무엇인지를 실제로 목격했다. 변화에 대한 인식 과정에서 프랑스 혁명은 결정적인 계기를 제공했던 것이다. 특히 프랑스의 계몽사상가들은 이러한 인식 정립에 큰 기여를 했다. 디드로(D. Diderot)는 『백과전서(Encyclopédie)』에서 "혁명은 정치적 용어이며, 한 나라에서 일어난 중요한 변화를 지칭한다."라고 정의했고, 몽테스키외(Montesquieu)는 '프랑스 정치체제의 근본적 변화 또는 법률 집행의 큰 변화'를 혁명으로 이해했던 것이다. 이제 사람들은 1688년의 영국, 1776년의 아메리카, 그리고 1789년 프랑스에서 일어난 사건들이 연속적으로 전개되는 역사의 특정한 계기라는 인식을 가지게 되었고 그것을 정의하기 위해 혁명이란 단어를 광범위하게 사용하기 시작했던 것이다. 그렇다면 혁명은 어떤 상황에서 발생할까? 이 점에 대해 미국의 역사가 데이비스(C.J. Davies)는 1962년에 발표한 자신의 논문(Toward a Theory of Revolution)에서 언급했는데 그것에 따를 경우 사회구성원의 기대치(정치 및 경제적 측면)와 실제적 상황 사이에 극복할 수 없는 격차가 있을 때 혁명이 발생한다는 것이다.

인들의 독립운동을 계기로 다시 점화되었다. 즉 두 사건은 독일의 민족주의자 및 자유주의자들에게 메테르니히 체제를 붕괴시켜야 할 당위성을 부여했을 뿐만 아니라 독일 통합을 실현시킬 수 있다는 확신도 가져다주었던 것이다.[4] 그리고 이들의 이러한 확신은 그들로 하여금 폴란드 지원을 적극적으로 펼치게 하는 요인도 되었다. 즉 이들은 전쟁터로 달려가 부상자들을 치료했을 뿐만 아니라 시와 산문 등을 통해 폴란드인들의 승리도 기원했다.[5] 그런데 폴란드인들의 승리를 기원하는 기사들은 주로 비르트(J.G.A. Wirth)의 『독일연단(Deutsche Tribüne)』에 게

---

4 러시아 지배로부터 벗어나기 위해 폴란드인들은 1830년 11월 29일 바르샤바에서 러시아의 식민통치에 대항하는 민족봉기를 일으켰다. 비소츠키(P. Wysocki) 중위가 인도하는 사관학교 학생들과 나비엘라크(L. Nabielak)가 이끄는 시민 자원대로 구성된 일단의 조직이 봉기를 시작하는 명령을 내렸다. 이에 따라 바르샤바 시민들은 대거 봉기에 참여했고 이들은 무기고를 장악한 후 러시아군과 정면으로 대응하는 용감성을 보였다. 다음 날 아침 바르샤바는 러시아의 압제로부터 해방되었다. 이후 폴란드 제국의회는 러시아의 로마노프(Romanov) 왕조를 더 이상 인정하지 않겠다는 성명을 발표했을 뿐만 아니라 러시아-폴란드 지방을 폴란드 왕국에 병합시키겠다는 선언도 했다. 이러한 정치적 횡보를 주도했던 인물로 차르토리스키(A. Czatoryski)와 미츠키에비치(A. Mickiewicz)를 들 수 있다. 그러나 러시아는 폴란드에 대한 본격적인 군사 개입을 단행했고 그 과정에서 바르샤바는 러시아군에 의해 포위를 당하게 되었다. 이로 인해 스크르지네츠키(J. Skrzynecki) 장군이 주도한 폴란드인들의 민족적 봉기는 결국 실패로 끝나게 되었다. 이러한 폴란드인들의 민족적 봉기는 독일의 지식인 계층, 즉 자유주의와 민족주의를 추종했던 계층의 관심을 불러일으켰다.

5 이러한 과정에서 주도적 역할을 담당했던 인물들의 대다수는 부르셴샤프트의 회원으로 활동한 전력을 가지고 있었다.

재되었다. 이 당시 라인팔츠(Rheinpfalz) 지방에서 언론 활동을 하던 비르트는 메테르니히 체제가 존속되는 한 독일의 통합이 불가능하다는 견해를 가지고 있었다. 따라서 그는 메테르니히 체제를 붕괴시켜야 한다는 주장을 지속적으로 펼쳤다.

1831년 9월 8일 러시아는 폴란드인들의 민족봉기를 진압했고 이것은 독일 및 유럽의 지식인들에게 커다란 충격을 가져다주었다.[6] 비록 폴란드인들의 민족봉기가 진압되었지만, 독일인들은 이들을 위해 무엇을 해야 하는지를 잘 알고 있었다. 그것은 폴란드에서 독일을 거쳐 프랑스로 망명하려는 수천 명의 피난민들을 지원하는 것이었다. 그러나 독일연방은 피난민의 대다수가 독립투쟁에 적극적으로 참여한 인물들이었다는 점을 주목하여 그러한 지원을 용납하지 않으려고 했다. 이 당시 메테르니히를 비롯한 독일의 위정자들은 독일의 자유주의자들과 민족주의자들이 폴란드인들을 지원하면서 그들과 연계를 모색하지나 않을까 깊이 우려하고 있었다. 따라서 베를린과 빈 정부는 자국민이 폴란드 피난민들을 지원하는 것을 법적으로 금지시켰을 뿐만 아니라 독일 내 다른 정부들에게도 동일한 조치를 요구했다. 그러나 이러한 요구는 오히려 지식인 계층의 반발만 유발시켰다. 특히 파리에 머무르고 있던 하이네(H. Heine)와 뵈르네(L. Börne)는 이러한 조치를 강력히 비난했

---

6   러시아는 폴란드의 민족봉기를 진압한 이후 일련의 반동적 조치를 취했는데 그것은 첫째 폴란드의 헌법 기능을 정지시킨다, 둘째 폴란드의 국가 위상을 러시아의 한 지방으로 격하시킨다, 셋째 혁명에 참여한 인물들을 코카서스(Caucasus, 동쪽으로 카스피해, 서쪽으로 흑해와 아조프해를 경계로 한 지협상의 지방)와 시베리아로 유형 보낸다, 넷째 폴란드 자치군을 즉시 해산시킨다 등으로 요약할 수 있을 것이다.

을 뿐만 아니라 메테르니히 체제를 붕괴시키는 방법까지도 구체적으로 제시하는 적극성을 보였다.[7] 즉 이들은 독일에서 7월혁명과 같은 무력 시위가 펼쳐진다면 메테르니히 체제 역시 붕괴될 수 있다는 확신을 가지고 있던 것이다.

베를린과 빈 정부의 금지 조치에도 불구하고 남부 독일의 시민 계층과 노동자 계층은 폴란드 피난민들을 위한 환영회, 시위 및 모금 운동에 적극적으로 참여했다. 그리고 이러한 분위기는 바이에른, 작센, 바덴, 그리고 대다수 남부 국가들로 하여금 메테르니히의 조치를 충실히 이행하지 못하게 하는 요인으로 작용했다.

3. 부르셴샤프트의 활동 재개

독일에서는 폴란드인들을 지원하는 과정에서 폴란드 연맹(Polenverein)이 결성되었는데 이 단체는 폴란드인들에게 필요한 숙소 제공, 생활필수품 전달, 그리고 교통수단 마련 등을 중요한 실천 과제로 설정했다. 그러나 이 단체는 순수한 지원 단체에서 벗어나 점차적으로 국내의 정치 문제에 관심을 표방하게 되었고 거기서 메테르니히 체제의 문제

---

7 하이네는 1822년에 출간된 자신의 『시(Gedichte)』로 사회적 관심을 끌기 시작했다. 이어 그는 『시가집(Buch der Lieder)』과 『여행기(Reisebilder)』를 출간하여 커다란 성공을 거두었다. 1839년 파리로 여행간 하이네는 그곳에 머물렀고 거기서 『독일종교 및 철학의 역사에 대해(Zur Geschichte der Religion und Philosophie in Deutschland)』를 간행하여 프랑스인들에게 칸트 및 헤겔 철학에 내재해 있는 혁명적 함의도 알려주었다.

점을 지적하는 적극성도 보였다. 아울러 이 연맹은 폴란드에서 유입되는 피난민 대열을 주축으로 한 유럽 제 민족 간의 결속도 도모했다.

독일인들의 폴란드 지원은 지금까지 지역적으로 분산되었던 진보 세력을 규합하는 계기도 되었는데, 그러한 것은 폴란드 지원에 참여했던 세력들이 행동 통일을 모색한 데서 확인할 수 있다. 그리고 그 과정에서 당시 대학생들의 역할이 의외로 활발했다는 것도 입증되었다.

카를스바트 협약으로 불법화된 부르셴샤프트는 강압적 시기인 1820년대에도 몇몇 대학에서 비합법적이나마 그 명맥을 유지했다.[8] 그러나 1830년 유럽에서 진행된 일련의 상황은 와해 상태에 있었던 부르셴샤프트에게 용기 및 활동의 기회를 제공했다.[9] 즉 부르셴샤프트는 프랑스의 7월혁명과 그것의 영향을 받아 발생한 벨기에 및 폴란드 인들의 독립운동을 계기로 다시금 활동을 시작했던 것이다. 물론 이러한 활동 재개가 공식적으로 허용된 것은 아니었는데 그 이유는 부르셴샤프트에 대한 기존 질서체제의 기본적 입장이 전혀 바뀌지 않았기 때문이다.[10] 이렇게 시작된 부르셴샤프트 활동은 이전처럼 독일의 중·남부 지역을 중심으로 전개되었는데 예나, 튀빙겐, 뷔르츠부르크, 하이델베르크, 프라이부르크, 에어랑겐, 마르부르크(Marburg) 대학이 그 중심지로 부각

---

8 1825년 가을 루트비히 1세는 부르셴샤프트에 대한 제재 조치를 부분적으로 완화시켰고 그것에 따라 콘코르디아(Concordia)라는 부르셴샤프트가 뷔르츠부르크대학에서 결성되었다.

9 이 당시 독일 대학생은 총 16,000명이었는데 이는 1817년의 그것과 비교할 때 2배 이상 증가된 숫자라 하겠다.

10 실제로 독일권의 위정자들은 부르셴샤프트가 기존의 질서체제를 붕괴시키고 새로운 질서체제 도입을 모색한다는 우려를 가지고 있었다.

되었다.

그런데 부르셴샤프트는 시간이 지남에 따라 정치활동에 대한 참여 문제로 아르미넨(Arminen)과 게르마넨(Germanen)파로 나눠지게 되었다. 군주들의 개혁을 지지한 아르미넨파는 학문 연구 및 도덕교육에 관심을 가지고 있었다. 물론 이들 역시 정치활동 참여에 대해 긍정적이었지만 그것을 위해서는 정치적 경험이 축적되어야 한다는 입장을 보였다. 즉 이들은 즉각적인 정치 참여에 대해 유보적인 자세를 보였던 것이다. 이에 반해 게르마넨파는 가능한 한 빨리 정치활동에 참여해야 한다는 주장을 펼쳤다. 이 당시 게르마넨파를 주도한 인물은 브뤼게만(K.H. Brüggemann)이었는데 그는 민족주의 원칙에 따라 독일이 통합되어야 한다는 주장을 펼치고 있었다. 따라서 브뤼게만은 독일인들이 많이 살고 있던 엘자스-로트링겐(Elsaß-Lothringen) 지방도 통합 독일의 한 지역이 되어야 한다는 입장을 표명했던 것이다.[11] 이러한 그의 주장에서 확인되는 것은 브뤼게만을 비롯한 게르마넨파의 핵심세력이 신생 독일의 영역을 독일연방에 국한시키지 않았다는 것과 거기서 발생될 수 있는 민족문제(Nationalitätenproblem)의 심각성도 전혀 고려하지 못했다는 것이다. 그리고 이러한 것은 당시 이들이 작성한 서류들에서 확인되었다.[12] 1831년 9월 26일 프랑크푸르트(Frankfurt)에서 부

---

11 뷔르츠부르크대학의 부르셴샤프트 회원이었던 도미니쿠스(F. Dominicus)와 그라스호프(H. Grashoff)도 브뤼게만과 같은 견해를 가지고 있었다. 그러나 이들은 브뤼게만과는 달리 혁명으로 독일을 통합해야 한다는 주장을 펼쳤다.

12 이 당시 게르마넨파는 자신들의 방식에 따라 통합이 이루어질 경우 오스트리아 제국에서 야기될 수 있는 민족 문제의 심각성을 제대로 인지하지 못한 것 같다.

르센샤프트 총회가 개최되었다. 물론 프랑크푸르트시 정부가 이러한 집회를 공식적으로 허용하지 않았지만 시 정부는 7월혁명 이후 변화적 징후가 나타난 독일 내 제 상황을 고려해야만 했고 그것 때문에 대학생들의 집회도 강제로 막지 않았다. 이렇게 개최된 부르셴샤프트 총회에는 에어랑겐, 예나, 라이프치히, 마르부르크, 뮌헨, 튀빙겐, 기센, 킬, 본, 하이델베르크, 그리고 뷔르츠부르크 대학의 부르셴샤프트 회원들이 참여했다.

그렇다면 이 총회에서는 어떠한 문제들이 논의되었을까. 당시 상황을 고려할 때 총회는 프랑스의 7월혁명과 폴란드의 민족봉기 이후 대두되기 시작한 시민운동을 분석하고 그러한 상황에 그들이 적응할 수 있는 행동 강령 마련에 총력을 기울였을 것이다. 그리고 이러한 예측은 총회 폐회식 때 부르셴샤프트 대표들이 '부르셴샤프트를 정치단체로 변형'시켜 모든 독재, 즉 모든 반동에 적극적으로 대처하고, 투쟁한다라는 입장을 제시한 것에서 확인할 수 있다.

같은 날 제정된 비밀 규정의 제1조에서 '부르셴샤프트는 독일 민족의 통합국가 탄생에 기여한다'라는 것이 언급되었다. 그리고 비밀 규정에서는 설정된 목표를 어떻게 관철해야 하는가에 대해서도 거론되었는데 그것은 부르셴샤프트가 회원들의 이념적 교육을 전담한다는 것과 민족 대표 기구에 그들도 참여하여 통일 실현에 일조한다는 것으로 요약될 수 있을 것이다. 아울러 프랑크푸르트 부르셴샤프트 총회에서는 다음의 것들을 실천 과제로 채택하기로 했다. 그것을 살펴보면, 첫째로 각 대학의 부르셴샤프트는 그들 활동을 홍보할 수 있는 신문을 정기적으로 간행하여 교환한다, 둘째 메테르니히 체제하에서 개최 허가를 받지 않아도 되는 무도회를 자주 개최하여 정치적 관점을 보다 구체화시킨다, 셋째 대학졸업생협회(Philisterverein)를 구성하여 이전에 부르셴 샤프트 활동에 참여한 회원들과의 관계를 정립하도록 한다.[13] 넷째 현 질서체제에 대해 불만을 가진 시민 계층과의 연계도 적극적으로 모색 한다 등이었다.[14]

부르셴샤프트 총회에서 결정된 사항은 게르마넨파의 기본적 입장과 일치했고 그것은 아르미넨파의 반발을 유발시키는 요인이 되었다. 이 에 따라 아르미넨파는 부르셴샤프트 총회로부터 탈퇴하겠다는 의사도 공식적으로 밝혔다. 이후부터 게르마넨파가 부르셴샤프트를 주도하기 시작했다. 1832년 슈투트가르트에서 개최된 부르셴샤프트 총회에서도 게르마넨파가 지향한 것들이 수용되었는데 그것은 부르셴샤프트의 목 적달성을 위해 혁명이란 과격한 방법도 동원될 수 있다는 데서 확인되 었다.

4. 독일권에서의 상황 변화

부르셴샤프트가 활동을 재개하던 시기 작센-안할트(Sachsen-An-halt), 브라운슈바이크(Braunschweig), 헤센-카셀(Hessen-Kassel), 하노 버 등의 북부 독일 국가에서는 헌법이 제정되거나 또는 마련 중이었는

---

13 실제로 이 당시 독일의 지식인들은 종종 무도회를 정치활동의 장으로 활용했 다.

14 시민 계층과의 연계는 부르셴샤프트 회원들이 '독일 언론과 조국 연맹'에 대거 참여함으로써 가능하게 되었다.

데 그러한 것은 7월혁명 이후 이 지역 신민들이 펼친 정치적 투쟁의 산물이라고 하겠다. 특히 브라운슈바이크 대공국(Herzogtum)에서 진행된 정치적 투쟁은 다른 지역보다 그 강도가 훨씬 심했는데 이것은 위정자 카를 2세(Karl II, 1815~1880)가 절대군주처럼 국가를 통치해왔기 때문이다.[15] 실제로 카를 2세는 1827년 지방 신분제 의회의 소집을 거부했을 뿐만 아니라 개인적 향락을 위해 국고도 임의로 탕진하는 등의 실정을 펼쳤다.[16]

브라운슈바이크 대공국의 이러한 상황에 대해 보수적 성향의 연방의회마저 우려를 표명했다. 이후 연방의회는 그것의 시정을 카를 2세에게 강력히 요구했지만 그는 이를 수용하지 않았다. 이에 따라 하노버 왕국의 게오르그 4세(Georg IV, 1820~1830)는 연방의회가 브라운슈바이크 대공국 문제에 즉시 개입해야 한다는 입장을 밝혔고 그것을 정식 안건으로 연방의회에 상정하기도 했다. 그러나 이러한 제의는 연방의회에서 통과되지 못했는데 그것은 메테르니히를 비롯한 일련의 핵심 정치가들의 반대에서 비롯되었다. 더욱이 브라운슈바이크 대공국의 상황은 프랑스에서 발생한 7월혁명으로 급격히 악화되었다. 실제로 9월 9일 이 대공국에서 대규모 소요가 발생했고 거기에는 노동자, 수공업자, 그리고 시민 계층들이 대거 참여했다. 아울러 이 소요에서는 사회

---

15 역사가이며 언론가였던 트라이취케(H. v. Treitschke)는 카를 2세의 이러한 통치행위가 '군주의 완전한 무책임감(in voller fürstliche Unverantwortlichkeit)'에서 비롯되었다는 분석을 했다.

16 카를 2세는 그동안 귀족 계층이 가졌던 법률제정권을 더 이상 인정하지 않으려고 했다.

주의적인 요소들도 부각되었는데 그러한 것들은 주로 노동권과 연계되었다. 그리고 실업자보조정책(Arbeitslosenunterstützung) 실시 요구가 바로 그 일례라 하겠다. 9월 소요로 브라운슈바이크의 카를 2세는 자신의 동생인 빌헬름(Wilhelm)에게 양위해야만 했다.[17] 이렇게 독일 내에서 정통 군주가 혁명으로 제거된 것은 메테르니히 체제의 보루였던 지역에서도 동요가 나타나기 시작한 것으로 볼 수 있을 것이다. 브라운슈바이크 대공국의 새로운 위정자로 등장한 빌헬름은 자유주의의 제 요소가 내포된 헌법 제정을 승인했다. 동시에 시민과 농민 계층이 대거 참여한 지방의회도 활동을 시작했다.[18] 브라운슈바이크 대공국에 이어 헤센-카셀, 작센-안할트, 그리고 하노버에서도 헌법이 제정되었다.

프랑스에서 발생된 7월혁명은 남부 독일에도 변화를 가져다주었다. 이미 헌법이 제정된 바이에른, 뷔르템베르크, 바덴의 시민들은 헌법 개정 및 의회 활성화를 통해 그들의 권익을 더욱 증대시키려고 했다.[19] 그 일례로 바이에른 왕국의 루트비히 1세(Ludwig I, 1825~1848)가 의회 결의에 따라 1831년 5월 26일 내무장관 센크(E. v. Schenk)를 파면한 것과 의회의 법률안 제출권을 인정한 것을 들 수 있을 것이다.

그렇다면 바이에른의 위정자는 왜 그러한 조치를 취했을까. 7월혁

---

17 카를 2세는 용병을 동원하여 폭동을 진압하려고 했으나 그의 계획은 실패로 끝났다.

18 단원제 의회로 바뀐 의회는 이제 법률안 발의권(Gesetzeinitiative)을 가지게 되었다. 뿐만 아니라 신헌법은 의회에서 통과된 법률안에 대한 왕의 거부권도 인정하지 않았다.

19 바이에른, 바덴, 그리고 뷔르템베르크에서 헌법이 효력을 발휘하기 시작한 시점은 1818년 5월 26일, 1818년 8월 22일, 그리고 1819년 9월 25일이었다.

명 이후 독일의 여타 지방과 마찬가지로 바이에른에서도 정부정책을 비난하는 움직임이 표출되기 시작했다. 그 대표적인 일례로 1830년 12월 10일 뮌헨에서 개최된 폴란드 축제를 들 수 있을 것이다. 많은 사람들이 참여한 이 축제에서는 프랑스 혁명 기간 중 국가로 제정된 〈라 마르세예즈(La Marseillaise)〉가 합창되었을 뿐만 아니라 정치적인 개혁도 요구되었다. 그러나 정부는 이러한 요구에 관심을 표명하지 않았을 뿐만 아니라 군대를 동원하여 축제도 해산시켰다. 정부의 이러한 조치에도 불구하고 자유주의적 움직임은 더욱 확산되었고 이것은 바이에른의 자유주의자들이 1831년 1월에 실시된 지방의회 선거에서 대승을 거두는 계기도 되었다. 그러나 내무장관이었던 센크는 정부에 대해 비판적이었던 인물들이 의정 활동을 수행해서는 안 된다는 생각을 가졌기 때문에 그는 이들의 의사당 출입을 제한했을 뿐만 아니라 공무원 신분을 겸직했던 의원들에게 공무원직 사임도 요구했다. 특히 후자의 조치는 당시 의원들이 받던 월급과 연계시킬 수 있는데 그것은 의원들이 봉급만으로 그들의 생계를 유지할 수 없었기 때문이다.[20]

바이에른 지방의회 의원들은 센크의 이러한 조치에 대해 강한 불만을 표시했다. 아울러 이들은 센크가 1831년 1월 28일에 발표한 '언론검열법'에 대해서도 반발했는데 그것은 정치적 문건들(politische Schriften)을 출간 전에 검열 관료에게 반드시 제출하여 허가를 받아야 한다는 내용에서 비롯되었다. 따라서 이들은 국왕에게 그의 파면을 요

20　이 당시 유럽에서 의정 활동을 수행하던 정치가들은 국가로부터 직책수당을 거의 받지 못했다.

구했다.[21] 파면 요구를 접한 루트비히 1세는 지방의회 의원들의 요구를 수용할 수밖에 없었는데 그것은 그 자신이 프랑스를 비롯한 일부 국가에서 진행되던 상황을 깊이 우려했기 때문이다.

5. 비르트와 지벤파이퍼의 활동

북부 독일의 시민들과는 달리 남부 독일의 시민들은 신문, 잡지 그리고 전단지 등을 통해 그들의 비판적 입장을 밝혀왔다. 이들은 카를스바트 협약을 수용하지 않으려 했고 정부 역시 그러한 것을 억압하려는 정책을 적극적으로 펼치지도 않았다. 따라서 이 지역의 언론 활동은 북부 독일의 그것에 비해 비교적 자유로웠고 그중에서도 바이에른 왕국, 특히 1815년 이 왕국에 새로이 편입된 라인팔츠 지방의 언론 활동은 메테르니히가 우려할 정도로 활발했다. 그리고 그러한 것은 비르트의 『독일연단(Deutsche Tribüne)』과 지벤파이퍼의『서부사자(Westbote)』가 이 지방에서 간행된 것에서 확인할 수 있다.[22]

『독일연단』을 간행했던 비르트는 1798년 11월 20일 호프(Hof; Franken)에서 태어났다. 1816년 인문계 고등학교(Gymnasium)를 졸업한 비르트는 같은 해 에어랑겐대학의 법학부에 입학했다. 이후 그는 알레마니아라는 부르셴샤프트에 가입했고 그것은 그로 하여금 정치적 사안,

---

21 센크의 파면과 동시에 언론검열법도 자동적으로 폐기되었다.

22 비르트의『독일연단』은 원래 뮌헨에서 간행되었으나 뮌헨 정부의 간섭 및 박해로 1831년 12월 6일 홈부르크(Homburg)로 간행 장소를 옮겼다.

특히 기존 질서체제의 문제점에 관심을 가지게 하는 요인도 되었다. 1820년 학업을 수료한 비르트는 브레슬라우대학에서 강사로 활동했지만 그 기간은 그리 길지 않았다. 이후 그는 슈바르첸바흐(Schwarzen-bach; Saale)에 위치한 쇤부르크(Schönburg) 공작의 기사재판소(Patri-monialgericht)와 바이로이트(Bayreuth)의 카임(Keim) 변호사 사무실에서 근무했다. 여기서 그는 바이에른 왕국의 재판 절차에 적지 않은 문제점들이 있다는 것도 알게 되었다. 실제로 바이에른 왕국에서 고의적으로 재판을 지연(Verschleppung)시키거나 또는 시민들이 공정한 판결을 받기 위해 사건을 재판에 회부하는 것을 법률적 위반(Rechtsbruch) 행위로 간주하곤 했다. 뿐만 아니라 시민들은 고액의 재판료 때문에 법정 해결을 기피하기도 했다. 비르트는 이러한 문제점을 해결하기 위해 1823년 '민사소송법 개혁안'을 뮌헨 정부에 제출했지만 아무런 답변도 얻지 못했다. 1830년 프랑스에서 7월혁명이 발생한 이후부터, 비르트는 정치적 문제에도 깊은 관심을 보였는데 그것은 그로 하여금 신문 간행의 필요성을 인지하게 했다. 이에 따라 비르트는 1831년 1월 1일부터 바이로이트에서『코스모폴리트(Kosmopolit)』라는 신문을 주 2회씩 간행했는데 준비 부족 및 정부의 간섭으로 1월 28일 그 간행을 중단해야만 했다. 이후 비르트는 뮌헨으로 활동 장소를 옮겼다. 여기서 그는 정부정책에 대한 자신의 반론과 반정부 의원이었던 슐러(F. Schüler)의 견해를 홍보하는 데 주력했고 그것은 뮌헨 정부가 그를 반정부인물로 간주하게 하는 결정적 요인이 되었다.

　『서부사자』의 주간으로 활동한 지벤파이퍼(P.J. Siebenpfeiffer)는 1789년 11월 12일 라르(Lahr; Schwarzwald)에서 태어났다. 인문계 고등학교를 졸업한 그는 경제적 어려움으로 인해 서기로 활동하다가

1810년, 당시로는 만학의 나이라 할 수 있는 21세에 프라이부르크대학의 법학부에 입학했다. 비르트와 마찬가지로 이 인물 역시 부르셴샤프트 활동에 관심을 표명했는데 그것은 그의 이름이 부르셴샤프트 토이토니아(Teutonia)의 회원 명부에서 확인되었기 때문이다. 1813년 대학을 졸업한 지벤파이퍼는 대학에 남기를 원했지만 생활고가 그것을 허락하지 않았다. 이후 그는 여러 지역에서, 즉 크로이츠나흐(Kreuznach), 트리어(Trier), 라우터(Lauter), 그리고 크바이흐(Queich)에서 관료 생활을 하다가 1818년 홈부르크(Homburg) 지방전권대사(Landkommissariats)로 임명되었다. 이 도시에서 그는 엄격한 통치를 펼쳤지만 신민들에 대한 배려를 등한시하지 않았다.

지벤파이퍼는 1829년 루트비히 1세가 라인 지방을 방문했을 때 그에게 충성을 서약하는 즉흥시를 썼는데 그것은 그의 정치적 성향을 가늠하게 하는 일례가 되었다. 그러나 그의 이러한 친정부적 입장은 1830년대에 접어들면서부터 바뀌었는데 그것은 그가 1830년 항소심법원 고문관(Appellationsgerichtsrat)인 호프만(H. Hoffmann)과 더불어 츠바이브뤼켄(Zweibrücken)에서 『라인바이에른(Rheinbayern)』이란 잡지를 간행한 데서 확인할 수 있다. 여기서 지벤파이퍼는 라인 지방의 정치적 상황을 집중적으로 거론했는데 그것은 뮌헨 정부의 우려를 불러일으키는 요인도 되었다.[23] 이에 따라 뮌헨 정부는 1830년 11월 29일 그를 상도나우의 한 형무소 소장으로 좌천시켰지만 지벤파이퍼는 정부의 이러한 조치에 응하지 않았다.

통합의 필요성 제기와 기존 정치체제의 대응

---

23 지벤파이퍼는 「바이에른 왕국이 라인 지방을 통치하는 것이 합당한가」라는 제목의 사설을 『라인바이에른』에 게재했는데 이것이 그 일례라 하겠다.

비르트

이 당시 남부 독일에서는 언론과 의회 내 반대파 의원들이 공조 체제를 유지하는 경우가 허다했다. 즉 신문은 재정적 지원을 받는 대신 의회 내 반대파 의원들의 의견을 대중에게 전달하는 기능을 수행했고, 반대파 의원들은 검열로 삭제된 기사들을 의회 속기록이란 매체를 통해 대중에게 알리는 역할을 담당했다. 그러나 이들 간의 이러한 공조 체제는 정부의 검열 및 그것에 따른 벌과금 부과 등으로 와해되는 경우가 많았다. 『독일연단』 역시 정부의 이러한 간섭에서 벗어나지 못했기 때문에 비르트는 지역 주민들로부터 신문 간행에 필요한 재정적 지원을 얻고자 했다. 이에 따라 비르트는 신문사의 주식을 주민들에게 판매하여 필요한 자금을 충당하고자 했다.[24] 그러나 그의 이러한 시도는 정부의 즉각적 개입으로 중단할 수밖에 없었다. 1832년 3월 16일 비르트는 체포되었고 란츠후트(Landshut)의 상고법정에서 6주간의 요새내금고형(Festungshaft)을 선고받았다.[25] 그러나 비르트는

---

24 당시 홈부르크의 지방전권대사였던 지벤파이퍼는 비르트의 이러한 시도를 적극적으로 지지했다.

25 그러나 비르트의 『독일연단』은 3월 21일(제71호) 이후 더 이상 간행되지 못했는데 그것은 뮌헨 정부의 강력한 대응 조치에서 비롯되었다. 아울러 신문 간행에 적극적으로 관여했던 파인(G. Fein)과 존타크(F. Sonntag) 역시 국외로 추방되었는데 그 이유는 이들이 바이에른 왕국의 신민이 아니었기 때문이다.

형량을 채우지 않고 4월 15일에 석방되
었다.

지벤파이퍼

지벤파이퍼의『서부사자』는『독일연
단』보다 약간 늦은 1832년 1월 1일 오
거스하임(Oggersheim)에서 그 창간호를
발행했다.[26] 그러나 이 신문이 얼마 후
결성된 '독일 언론과 조국 연맹'과 관계
를 가짐에 따라 이 신문 역시『독일연단』
과 마찬가지로 바이에른 정부로부터 탄
압을 받았다. 이 당시 독일 각 정부가 사용한 언론 탄압 수단으로는 검
열, 압류 그리고 언론봉인(Presseversieglung) 등이 있었다.[27]

그러면 왜 언론 활성화가 라인팔츠 지방에서 가능했을까. 그것에 대
한 해답으로는 첫째 이 지방 사람들이 프랑스 헌법에 대해 긍정적 경험
을 했다는 것,[28] 둘째 프랑스에 의해 도입된 영업 활동의 자유에서 비
롯된 사회적 질서체제의 근본적 변화 및 그것에 따른 수공업자 및 포도

---

26 지벤파이퍼는 이미 1830년부터『라인바이에른』이라는 잡지 간행에 참여했다.
    그는 매호 300부 이상 인쇄된 이 잡지에서 팔츠 지방의 진보적 정치사상을 피
    력하는 데 주력했다. 뮌헨 정부는 지벤파이퍼의 이러한 활동에 대해 경고했고
    관료로서의 의무도 충실히 수행할 것을 요구했다. 그러나 지벤파이퍼는 뮌헨
    정부의 경고에도 불구하고 자신의 활동을 중단하지 않았을 뿐만 아니라 관료
    로서의 활동도 자발적으로 포기했다.

27 정부의 계속된 억압으로 지벤파이퍼는 1832년 3월 17일『서부사자』의 간행을
    포기했다.

28 1831년 라인팔츠 지방을 여행한 비르트도 이 점에 대해 거론했다.

재배자 들의 사회적 위상이 크게 증대되었다는 것, 셋째 이 지방이 뮌헨 중앙정부로부터 멀리 떨어져 있기 때문에 엄격한 경찰 조직의 운영이 어려웠다는 것,[29] 넷째 이 지방이 프랑스 국경과 인접한 이유로 정치적 박해자들의 국외 탈출이 다른 지역보다 훨씬 용이했다는 것, 다섯째 이 지방의 민족주의자들과 알자스 지방의 민주주의자들이 밀접한 관계를 맺고 있었다는 것, 여섯째, 이 지방의 개인적 조세 부담이 다른 지방보다 훨씬 높았다는 것을 들 수 있을 것이다.[30]

이 당시 비르트와 지벤파이퍼는 부르셴샤프트의 이념, 목적 그리고 당시 지식인들의 통합 및 정치적 관점을 지지했을 뿐만 아니라 그러한 것들을 자신들의 잡지와 신문을 통해 홍보하는 데도 주력했다.

6. 독일 언론과 조국 연맹

1831년 10월 15일 비르트는 독일의 정치 개혁을 요구했는데 그것은 그동안 자신이 접촉한 지식인 계층의 요구를 집약시킨 것이라 하겠다. 비르트가 요구한 것들은 ① 인간의 기본법이 명시된 독일의 공동 헌법을 제정할 것, ② 독일 민족을 대표하는 의회를 구성하여 기존 질서체

---

29 뮌헨 정부의 열악한 재정 역시 이를 허용하지 않았다.

30 이 당시 부과된 세금으로는 지조(地租, Grundsteuer), 인두세, 그리고 영업세 등을 들 수 있다. 라인팔츠 지방에 부과된 지조는 바이에른 왕국의 다른 지방보다 2배 이상이나 높았고 인두세 및 영업세 역시 4배나 되었다.

제를 대체할 정치체제의 근간을 마련할 것,[31] ③ 입법화 과정에서 삼권 분립을 시도할 것, ④ 내국 관세의 조속한 철폐 및 합리적인 관세 체계를 구축할 것, ⑤ 언론의 자유를 보장할 것, ⑥ 봉건제도의 잔재를 무상으로 철폐할 것 등이었다. 이러한 요구에서 확인되는 것은 지식인 계층이 기존의 질서체제를 점진적으로 변경시키는 것보다 새로운 질서체제의 수립, 즉 공화정 체제의 도입에 대해 보다 많은 관심을 가졌다는 것이다.[32]

1832년 1월 29일 팔츠의 부벤하우젠(Bubenhausen)에서 바이에른 의회의 야당 지도자인 슐러를 위한 축제가 개최되었다.[33] 팔츠 출신의 슐러는 뮌헨 정부와 협상을 펼치기보다는 그것에 대응하려는 자세를 보였다. 그는 지방의회의 의원으로 선출된 후 국왕의 신민이 되는 것과 국민군이 아닌 왕군의 예산을 승인해야 하는 것에 매우 부정적이었는데 그것은 자신의 지명도 및 영향력을 바이에른 지방의회에서 높이는 계기도 되었다. 이 축제에서는 비르트가 제안한 '독일 언론과 조국 연맹(Deutscher Preß-und Vaterlandsverein)'의 설립이 구체화되었고 그것을 위한 임시 기구도 결성되었다.[34] 임시 기구에는 비르트 이외에도

---

31 비르트는 정치적으로 선진화된 영국이나 프랑스에서도 입법화 과정에 대한 왕권 개입이 완전히 배제되지 못했다는 것과 그것으로 인해 야기되는 문제점들의 심각성을 직시하고 있었다.

32 비르트가 접촉한 인사들은 공화정 체제를 지향하던 인물들이었다.

33 이 축제를 지칭하여 제1차 슐러 축제라 했는데 그것은 1832년 5월 6일 동일한 성격의 축제가 재차 츠바이브뤼켄에서 개최되었기 때문이다.

34 브란트는 '독일 언론과 조국 연맹'을 정당의 초기적 유형이라고 간주했다.

슐러, 자보에(J. Savoye) 그리고 가이브(F. Geib) 등이 핵심인물로 참여했다.

이렇게 바이에른에서 반정부 인사로 부각된 슐러는 1789년 베르그자베른(Bergzabern)에서 태어났다. 그는 슈트라스부르크와 괴팅겐에서 법학을 공부했다. 이후 그는 변호사로서 츠바이브뤼켄의 항소법원(Appellationsgericht)에서 근무했다. 슐러는 프랑스의 정치가 라파예트(Lafayette)의 친척과 결혼한 후 경제적인 여유를 가지게 되었고 그것은 그로 하여금 바이에른 지방의회로 진출하게 했다. 자보에는 1802년 12월 13일 츠바이브뤼켄에서 태어났다. 하이델베르크와 뷔르츠부르크에서 법학을 공부한 후 그는 고향인 츠바이브뤼켄에서 항소법원의 검사로서 활동했다. 1830년대 초부터 자보에는 관세문제 및 언론 자유에 대해 깊은 관심을 표방했을 뿐만 아니라 그러한 것들을 가시화시킬 수 있는 작업에도 적극적으로 참여했다. 가이브는 1804년 1월 15일 람브스하임(Lambsheim)에서 태어났다. 하이델베르크와 에어랑겐에서 공부한 이 인물은 츠바이브뤼켄 지방재판소에서 국선변호사로 활동했다.[35] 그런데 이들 모두는 부르셴샤프트에 가입하여 적극적으로 활동한 경력을 가지고 있었다.

다음 해 2월 21일 츠바이브뤼켄에서 '독일 언론과 조국 연맹'이 정식으로 발족했다. 비르트는 이 연맹이 정식으로 발족하기 이전인 2월 3일 이 연맹의 당위성과 목적을 홍보하기 위해 「독일의 제 의무(Deutschlands Pflichten)」란 전단을 5만 부 인쇄하여 전국 각지에 배포했다. 비

---

35 이 시기에 비르트는 슐러와 자보에를 알게 되었다.

르트는 전단에서 우선 독일인들이 언론 자유의 중요성을 인식해야 한다는 주장을 펼쳤다. 그것은 언론을 통해 기존 질서체제의 문제점을 부각시키고 그것에 대한 해결책도 제시할 수 있다는 확신에서 비롯된 것 같다. 따라서 비르트는 독일인들이 '독일 언론과 조국 연맹'에 가입하여 자유 언론을 적극적으로 지원해야 한다는 입장을 밝혔던 것이다. 이어 그는 전단에서 독일연방의 폐해 및 독일 통합의 역사적 당위성도 강조했다. 그에 따를 경우 독일 군주들이 독일연방을 결성하여 그들의 신민들을 조직적으로 탄압했기 때문에 독일인들의 생활은 이전보다 훨씬 열악해졌고 그들의 인간적 존엄성마저 무시당하는 상황에 놓이게 되었다는 것이다. 비르트는 신성동맹에 대해서도 거론했는데 여기서 그는 이 동맹을 즉시 해체시켜야 한다는 입장을 밝혔다.[36] 아울러 그는 국민

---

36 유럽 대다수의 지식인들과 마찬가지로 비르트 역시 1815년 9월 26일에 결성된 신성동맹을 국제적 반동 조직으로 간주했다. 이렇게 비판의 대상이 되었던 신성동맹은 러시아의 황제 알렉산드르 1세가 창설을 제의했다. 이 인물은 오스트리아 황제 프란츠 1세와 프로이센 국왕 프리드리히 빌헬름 3세를 설득하여 신성동맹을 결성했는데 여기에는 영국, 로마교황청, 그리고 오스만튀르크를 제외한 대다수의 유럽 국가들이 참여했다. 이 당시 영국은 동맹 정신에 찬성하지만 영국 헌법이 국왕의 개인적 동맹 참여를 허용하지 않는다는 빌미로 불참했고 로마교황은 세속군주들의 교리 해석을 수용할 수 없다는 것과 신교 군주들과 더불어 공동 행동을 펼치기 어렵다는 이유로 참가하지 않았다. 신성동맹에 참여한 국가들은 기독교 정신에 입각하여 정의와 평화, 박애를 옹호하고 형제처럼 친하게 지내며 국민을 친자식처럼 사랑해야 한다고 선언했다. 또한 이 동맹에 참여한 각국의 군주들은 신의 대리자라는 자부심을 가지고 국내 및 국제정치를 처리하고 유럽의 평화를 유지해야 하며 일단 유사시에는 상호 원조도 한다는 데 동의했다. 이것은 각국의 군주들이 오랜 전쟁으로 인한 혼란을 겪은 후 평화와 질서를 갈망하고 있었으며 나폴레옹의 재기에 놀란 나머지

주권의 이름으로 프랑스의 7월왕정 체제를 붕괴시켜야 한다는 견해도 피력했는데 그것은 그 자신이 입헌군주정 체제를 지지하지 않았기 때문이다. 이어 비르트는 프랑스, 독일 그리고 폴란드 민족이 협력하여 '유럽 국가 연합체'를 구성해야 한다는 견해를 제시했다.[37] 또한 그는 오스트리아와 프로이센에 대한 러시아의 월권적 행위는 민주적인 폴란드 수립을 통해 제거할 수 있다고 언급했다. 끝으로 비르트는 독일 통합에 대해서도 거론했는데 여기서 그는 프로이센과 오스트리아가 독일 통합을 저해해서는 안 된다는 것과 반드시 민주적이고 공화적인 방식으로 통합이 이루어져야 한다는 것을 강조했다.

또한 비르트는 「독일의 제 의무」에서 독일의 통합 방식에 대해서 거론했는데 거기서 확인할 수 있는 것은 그 자신이 기존의 질서체제를 인정하지 않겠다는 것이었다. 이 당시 비르트는 헌법이 보장된 통합국가 건설에 앞서 독일 민족의 의식이 함양되어야 하며 언론이 그것의 활성화를 위한 매개체 역할을 담당해야 한다는 관점도 가지고 있었다.

비르트의 주도로 결성된 '독일 언론과 조국 연맹'의 활동 및 그것의 영향은 전국적으로 파급되었다. 실제로 연맹이 정식으로 발족한지 한 달도 안 되어 67개의 지부가 라인 지방에서 결성되었고 이중에서 100명 이상의 회원을 가졌던 지부로는 츠바이브뤼켄(244명), 노이슈

별 이의 없이 신성동맹에 가담한 것으로 보아야 할 것이다. 그러나 신성동맹은 반동적인 3명의 군주가 주도한 보수주의적 동맹이었으므로 유럽의 자유주의자들은 이 동맹을 자유와 진보를 위협하는 반동적 동맹으로 인식했으며 실제로 이 동맹은 전후 문제 처리에도 별다른 도움을 주지 못한 것으로 드러났다.

37 비르트는 여기서 '국민저항권'을 의식한 것 같다.

타트(Neustadt, 190명), 홈부르크(Homburg, 150명), 카이저라우테른(Kaiserlautern, 142명), 프란켄탈(Frankenthal, 134명), 킬히하임보란덴(Kirchheimbolanden, 133명), 란다우(Landau, 126명), 그리고 피르마센스(Pirmaasens, 104명)를 들 수 있다.

이후 이 연맹의 지부는 남부 및 중부 독일까지 확대 설치되었는데 그 수는 116개에 달했고 참여 인원 역시 5,000명을 돌파했다.[38] 이 당시 연맹에 가입한 인물들의 선결 과제로 부각된 것은 연맹의 원활한 유지에 필요한 재정적 지원과 연맹의 입장을 대변하던 『독일연단』과 『서부사자』의 기사 내용을 대중에게 알려 그들로 하여금 독일 상황에 대해 관심을 가지게끔 유도하는 것이었다. 그런데 이들이 대중과의 접촉을 모색한 장소로는 커피 전문점을 들 수 있다. 여기서 이들은 『독일연단』 또는 『서부사자』를 사람들 앞에서 낭독하고 그들과 더불어 내용에 대한 활발한 토론도 펼쳤다. 특히 『독일연단』은 신문의 중요한 기사들을 요약한 호외도 매일 간행했는데 그 간행 부수는 무려 1만 부에 달했다.

그렇다면 어떠한 계층의 인물들이 이 연맹에 참여했을까? 이 부분을 취급한 당시 자료들은 참여자들의 사회적 신분을 다음과 같이 알려주고 있다. 가장 상위를 차지한 계층은 수공업자였는데 이들이 전체 참여자 중에서 차지하는 비율은 45%였다. 이들 계층에 이어 지식인 계층이 2위를 차지했는데 그 비율 역시 27%에 달했다. 그런데 지식인 계층

---

38 2만 명 이상이 이 연맹에 가입한 사실을 고려할 때 이름을 밝히고 연맹에 가입한 사람들은 전체 가입자의 25%에 불과했다. 그리고 이러한 것은 메테르니히 체제하에서 반정부 활동을 전개할 경우 어떠한 불이익이 뒤따르는지를 고려한다면 쉽게 이해할 수 있을 것이다.

에서 부르셴샤프트 회원들이 차지하던 비율은 절대적이었는데 그것은 하이델베르크 지부와 튀빙겐 지부의 회원 들 중에서 대학생들이 차지하던 비율이 60% 이상이었다는 것을 통해 확인할 수 있다.[39] 지식인 계층 다음으로 상인들의 참여율이 높았는데 그 비율은 16%였다.[40] 농민과 관료 계층 역시 '독일 언론과 조국 연맹'에 관심을 표방했지만 그 비율은 각기 6.8%와 2.43%에 불과했다.[41] 위의 분석에서 수공업자 및 상인 계층을 포함한 시민 계층의 참여율이 63%인 반면 지식인 계층의 참여율은 27%에 불과했다는 것이 확인되었다. 물론 이러한 비율은 라인 지방의 모든 곳에서 동일하게 나타나지 않았는데, 특히 지식인 계층의 참여율에서 그러한 현상이 확인되었다. 팔츠 지방을 포함한 라인 지방에서 이 단체에 참여한 지식인 계층의 비율은 27%였지만 팔츠 지방 한 지역만을 논할 때 그 비율은 6.5%로 크게 낮아졌다.

이 단체에 대한 관심과 지원은 독일 이외의 지역에서도 확인되었는데 그 대표적 예로는 파리(Paris)에서 결성된 독일협회(Deutsche Gesellschaft)를 들 수 있다. 1832년 2월에 결성된 이 협회는 반정부활동가였던 뵈르네, 하이네, 구츠코프(K. Gutzkow), 뷔히너(G. Büchner)에 의

---

39 '독일 언론과 조국 연맹'에 가입한 부르셴샤프트 회원의 대다수는 게르마넨파였다.

40 여기서는 여관 주인(Wirte)과 맥주 양조업자(Bierbrauer)도 상인 계층에 포함되었다.

41 시장, 부목사(Adjunkten), 참사회원(Gemeinderäte), 경감(Polizeikommissar), 산림관(Förster) 등이 관료 계층으로 간주되었다.

해 주도되었다.[42] 그런데 이 협회에서 노동자 계층의 참여율, 즉 직인 (Handwerkgesellen)과 점원의 비율이 비교적 높은 것과 이 협회가 당시 프랑스에서 과격적 조직으로 간주되었던 '민주우호협회(Societe des amis de peuple)'[43]와 긴밀한 관계를 유지했다는 것을 통해 공화주의적 이념이 이 조직을 지배했음을 확인할 수 있다.[44]

'독일 언론과 조국 연맹'이 전국적 조직을 갖추게 됨에 따라 빈 정부를 비롯한 독일의 각국 정부는 이 단체에 대해 우려를 표명하기 시작했다. 특히 메테르니히는 이 조직을 부르셴샤프트보다 더 위험한 조직으로 간주했기 때문에 그것에 대한 단호한 조치가 있어야 한다는 것을 부각시켰다. 이에 따라 그는 연방의회의 소집을 요구했다. 1832년 3월 2일에 개원된 연방의회는 『독일연단』과 『서부사자』의 간행을 중단시켰

---

42 하이네와 더불어 독일협회를 주도한 뷔히너는 극작가였다. 그의 대표적 작품
    으로는 「당통(Danton)의 죽음」(1835)'을 들 수 있다. 이 작품에서 뷔히너는 역
    사나 역사적 인물, 다시 말해 혁명이나 혁명가를 이상화시키지는 않았다. 그것
    을 대신하여 그는 역사적 모순을 직시하면서 그러한 역사적 힘 앞에서 개체로
    서의 인간은 '파도의 포말'에 불과하다는 것을 입증하려 했다. 뷔히너는 개체로
    서의 인간이 역사의 거대한 힘에 대항하려고 할 때 그에게 주어지는 것은 죽음
    밖에 없다는 것을 인지했기 때문에 자신의 작품에서 당통이 자신의 죽음을 수
    동적이고 냉소적으로 받아들이게 했다.

43 이 협회는 1830년 7월 30일 파리에서 결성되었다.

44 독일협회의 공화주의적 성향은 이 협회가 비정기적으로 간행하던 주보(괴팅겐
    대학의 강사였던 슈스터[T. Schuster]와 베네다이[J. Venedey]가 주보 간행에
    깊숙이 관여했다)에서 종종 확인되었다. 주보는 의회적 대의제 대신에 시민 계
    층이 주도하는 국민위원회의 구성을 강력히 요구했을 뿐만 아니라 국가 차원
    의 노동권 보장, 즉 사회주의적 요구의 실천도 거론했다.

다. 아울러 여기서는 '독일 언론과 조국 연맹'을 불법화시키는 결정도 내려졌다.

또한 연방의회는 바이에른 정부로 하여금 비르트를 소요책동죄로 체포하게 했다. 그러나 비르트는 1832년 4월 14일에 열린 공판에서 무죄선고를 받았고 그러한 사실은 전단(Flugschrift)을 통해 독일 전역에 알려졌다. 이 당시 자유주의적 성향의 판사들이 바이에른 법정을 주도했다는 것을 고려한다면 이러한 판결은 그리 놀랄 만한 일이 아니었다.[45] 이러한 석방 조치는 비르트를 비롯한 당시 지식인 계층이 펼쳤던 통합운동을 합법적으로 인정하는 계기가 되었을 뿐만 아니라 연방의회 정책에 정면으로 도전하는 의미도 내포했다고 볼 수 있다.

연방의회가 진보적 성향의 신문들의 간행을 중단시켰음에도 불구하고 진보적 이념들은 유인물이나 축제를 통해 계속 확산되었다. 특히 후자를 통해 참여자들은 자유롭게 자신들의 정치적 견해를 제시하거나 조율할 수 있었다. 이러한 일반적인 상황은 비르트와 더불어 당시 민족운동을 주도했던 지벤파이퍼로 하여금 대규모 정치축제를 구상하게 했는데 그것은 이 인물이 정치축제를 통해 정치개혁도 가능하다는 확신을 가졌기 때문이다. 이에 따라 그는 1832년 4월 25일 함바흐에서 축제 개최를 제안했다.[46]

---

45 루트비히 1세가 센크를 파면한 이후부터 자유주의적 성향의 판사들이 바이에른 법정을 주도했다.

46 비르트와 지벤파이퍼는 5월 2일 노이슈타트(Neustadt)에 나타났다. 이들은 서적상이었던 크리스트만(A. Christmann)의 성명축일(Namenstags feier)에 참석하기 위해 노이슈타트에 왔지만 이 도시의 자유주의자들과 더불어 축제 문제

지벤파이퍼의 이러한 확신은 '독일 언론과 조국 연맹'의 기본적 입장과도 맥을 같이한다고 하겠다. 그러나 지벤파이퍼의 의도가 알려짐에 따라 라인 지방의 책임자 안드리안-베어붕(F. v. Andrian-Werbung)은 정치적 색채가 강한 축제 개최를 불허한다는 입장을 밝혔을 뿐만 아니라 라인 지방에 비상사태까지 선포했다. 1776년 괴르츠(Görz; Friaul)에서 태어난 안드리안-베어붕은 1797년부터 바이에른 왕국에서 공무원으로 활동했다. 1805년 그는 아우구스부르크 경찰서장으로 임명되었고, 1817년에는 파사우(Passau)의 내무국장으로 승진했다. 1832년 바이에른 정부는 스티하너(J. v. Stichaner)의 후임으로 안드리안-베어붕을 라인 지방 책임자로 임명했는데 그것은 이 인물이 라인 지방의 소요를 진압시킬 수 있다는 확신에서 비롯된 것 같다. 라인 지방에 비상사태를 선포하기 전에 안드리안-베어붕은 1832년 4월 25일 루트비히 1세에게 서신을 보냈는데 거기서 그는 군사력 증강 배치가 라인 지방에서 절대적으로 필요하다고 역설했다. 안드리안-베어붕의 서신을 접한 루트비히 1세는 라인 지방의 상황이 매우 심각하다는 것을 인지하게 되었고 그것은 안드리안-베어붕으로 하여금 5월 8일 라인 지방에 비상사태를 선포하게 했다. 안드리안-베어붕은 비상사태를 선포하면서 6가지의 세부적 조항도 첨가했는데 거기서 중요한 것들을 언급한다면, 첫째 5인 이상의 공개집회를 금지한다, 둘째 외지인들의 함바흐 체류를 한시적으로 금지한다 등을 들 수 있을 것이다.

그러나 정부의 이러한 강경 조치는 오히려 소시민과 농민 계층의 반

를 구체적으로 논의하기 위한 것이 방문의 실제적 목적이라고 하겠다.

발만 유발시켰다. 1832년 5월 10일 『신슈파이어 신문(Neue Speyerer Zeitung)』은 안드리안-베어붕의 조치가 위법이라는 입장을 밝힘으로써 반발의 포문을 열었다. 이 신문에 따를 경우 현재의 모순된 정치체제는 개편되어야 하는데 그러한 과정에서 정치축제 개최가 필요하다는 것을 역설했다. 그리고 계획된 축제를 메테르니히의 사주를 받은 뮌헨 중앙정부와 라인 지방정부가 무력으로 저지하려고 하는데 이것은 시대를 역행하는 행위일 뿐만 아니라 독일 민족의 저항을 유발시키는 계기가 된다는 것도 신슈파이어 신문의 입장이었다.

이후 이 지방의 신문들은 안드리안-베어붕의 조치에서 확인되는 부당성을 부각시키는 데 주력했다. 아울러 안드리안-베어붕의 조치는 포도 수확의 부진에도 불구하고 부과된 중과세에 불만을 가지고 있던 농민 계층과 정치적 변혁을 요구하던 소시민 계층의 연계도 가능하게 했다. 즉 농민 계층과 소시민 계층은 안드리안-베어붕의 조치에서 기존 질서체제에 대한 불만이라는 공통 인자(因子)를 찾아낸 것이다. 이후 이들은 시위를 통해 안드리안-베어붕의 조치를 철회시키고자 했다. 아울러 프란켄탈, 카이저라우테른, 란다우, 슈파이어, 그리고 츠바이브뤼켄의 지역의회 의원들도 정부 조치에 강력히 항의했다. 이에 따라 안드리안-베어붕은 사태의 심각성을 파악하게 되었고 바이에른 중앙정부의 권유로 5월 17일 비상사태를 철회했다. 실제적으로 안드리안-베어붕은 당시 뮌헨 내무성의 훈령보다 훨씬 강도 높은 조치를 취했다. 이제 독일 통합을 염원하던 지식인들은 연설과 토론을 통해 자신들의 주장을 명확히 천명할 수 있게 되었을 뿐만 아니라 그들의 주장을 실현시킬 수 있는 방법도 모색할 수 있게 되었다.

7. 함바흐 축제

1832년 5월 27일 라인 지방의 노이슈타트(Neustadt an der Haardt)에서 대규모 집회가 열렸다. 여기에는 독일의 전 지역에서 2만 명에 달하는 사람들이 참여했다.[47] 그런데 당시 축제 참여자들의 대다수는 노이슈타트의 숙박 시설을 고려할 때 이 도시와 인접한 지역, 즉 당일 왕복이 가능한 지역인 카를스루에, 하이델베르크, 트리어, 프라이부르크, 슈트라스부르크에서 왔다고 볼 수 있다.[48]

이 축제를 주관한 지벤파이퍼는 독일 역사상 처음으로 여성들의 참여도 허용했다.[49] 이 축제 참석자들의 사회적 신분은 바르트부르크 축제와는 달리 다양했는데 그것을 살펴보면 다음과 같다. 우선 농민과 노동자 계층의 참여율이 다른 계층보다 훨씬 높았는데 그 비율은 전체의 50% 이상을 상회했다. 수공업자를 비롯한 소시민 계층이 이들 계층의 뒤를 이었는데 그 비율 역시 20%에 달했다. 그리고 이 축제에는 300명에 달하는 부르셴샤프트 회원들이 참여했다.[50] 물론 이러한 숫자가 전

---

47 집회가 개최된 5월 27일이 일요일이었기 때문에 예상보다 많은 사람들이 참여했다.

48 이 당시 노이슈타트에는 총 566채의 건물이 있었다.

49 지벤파이퍼는 1832년 4월 20일자의 초청장에서 다음을 언급했다. "정치적 · 사회적으로 경시되는 독일의 여성들과 처녀들(Frauen und Jung frauen)이여, 당신들의 참여로 집회를 장식하고 당신들의 지위 역시 증대시켜야 할 것입니다." 이 당시 지벤파이퍼는 여성들에게 평등권을 분배하는 것 자체를 자연권의 일부로 간주했다. 아울러 그는 결혼한 여성이 인간의 욕구를 덮어둔 채 가사 및 아이 양육에만 전념하는 것을 억압 요인으로 보았다.

50 이들의 과반수 이상이 하이델베르크대학에서 왔다.

함바흐 축제

체 참석자에서 차지하는 비율은 미미했지만 이들이 축제 기간 중에 펼쳤던 역할은 간과 대상이 아니었다. 아울러 이 집회에는 폴란드, 영국 그리고 프랑스의 민족주의자들도 참여했다.[51]

노이슈타트에 모인 사람들은 옛 성터인 함바흐로 행진하면서 축제 행사를 펼치기 시작했다.[52] 참가자들의 흑·적·황의 삼색기에는 '독일의 재생(Deutschlands Wiedergeburt)' 이라는 문구가 새겨져 있었는데 이 색깔과 문구는 바르트부르크 축제 이후부터 민족 통합을 위한 투쟁적 의미도 내포했다. 아울러 이 축제에 참석한 사람들은 자신들의 모자에 흑·적·황의 모표도 달았다. 이러한 함바흐 상황은 즉시 연방의회

---

51 슈바이겐(Schweigen) 국경세관청은 프랑스로부터 참여하려는 사람들의 여권을 철저히 조사하여 상당수를 프랑스로 돌려보냈다.

52 이 성에 밤나무(Kastanien)가 많았기 때문에 카스타니엔베르크(Kastanienberg)라는 명칭이 사용되기도 했다.

에 보고되었는데 거기서 언급된 것들을 요약하면 다음과 같다: 축제에 참석한 사람들의 대다수가 3색, 즉 흑·적·황색의 휘장(Kokarden)을 걸쳤다. 이들은 부르셴샤프트가 사용한 이 3색으로 현 질서체제를 붕괴시키고 독일 통합도 모색하려는 의지를 강하게 부각시켰다.

함바흐 축제에서는 독일의 개혁 및 통합, 폴란드의 독립 지원 문제, 그리고 프랑스의 자유주의자들과의 연계 문제가 중요한 안건으로 부각되었다. 따라서 이 고성의 성벽 위에는 백·적색의 폴란드기가 삼색기와 더불어 게양되었고 폴란드 망명 정치가들은 폴란드 민족의 대표로 참여했다. 그런데 축제가 진행되면서 참가자들 사이에 의견적 대립이 있었는데 그것은 독일연방과 신성동맹에 대한 투쟁 방식에서 비롯되었다. 그리고 사회적 불만을 가지고 있던 노동자 계층의 대거 참여는 회의 흐름을 과격화시키는 요인으로 작용했다. 물론 대회 집행부는 이들 계층의 참여를 막기 위해 계획에도 없던 참가비와 음식비를 참가자들에게 부담시켰지만 별다른 효과를 거두지 못했다. 그것은 집회에 참석한 기독교 단체가 이들 계층에게 무료로 음식을 제공했기 때문이다.[53] 실제적으로 축제 집행부는 노동자 계층의 돌발적 행동으로 함바흐 축제가 중도에서 중단될 수도 있다는 우려를 가지고 있었는데 그것은 바이에른 정부군 8,000명이 5월 26일부터 노이슈타트 근처의 란다우에 주둔하고 있었다는 데서 비롯된 것 같다.

축제 집행부를 대표하여 개회사를 한 노이슈타트의 개업의사 헤프 (P. Hepp)는 귀족뿐만 아니라 투쟁과 위험을 두려워하고 모든 행동을

---

53 이 축제에서 1회 음식 값은 1굴덴(Gulden) 45크로이처(Kreuzer)였는데 그것은 부유한 시민 계층만이 감당할 수 있는 금액이었다.

이기적 잣대에 따라 저울질하는 거짓 자유주의자들까지도 성토했다.[54] 개회사에 이어 개인적으로 의사를 밝히려 했던 인물은 무려 24명에 달했다.[55] 이들 중에 가장 먼저 등장한 지벤파이퍼는 민족을 자연과 동일시했는데 그것은 자연 섭리와 같이 민족도 번영하고 결실을 맺을 수 있다는 것을 강조하기 위해서였다. 이어 그는 독일 통합에 대해 무관심한 군주들에게 동물 이름을 붙여 비하했다. 그리고 그는 독일연방의 활동에 대해서도 신랄히 비판했는데 그것은 독일에서 확산되던 자유주의 사상을 저지하는 것과 통합 시도를 분쇄하는 것이 독일연방의 과제라는 그의 판단에서 비롯된 것 같다. 즉 독일 민족을 위해 결성되었다는

---

54 '독일 언론과 조국 연맹'의 노이슈타트 지부장이었던 헤프가 와병 중이던 쇼프만(J.K. Schoppmann)을 대신하여 함바흐 축제에서 개회 선언을 했다. 축제가 개최되기 이전 헤프는 라인 지방의 행정 책임자였던 안드리안-베어붕의 우려, 즉 함바흐 축제가 정치적 토론장으로 변모되지 않을까 하는 우려를 불식시키는 데 주력했는데 그것은 안드리안-베어붕의 우려가 해소되지 않을 경우 축제 개최가 무산될 수도 있다는 판단에서 비롯된 것 같다. 실제로 안드리안-베어붕은 축제에서 기존의 질서체제를 붕괴시키는 방법이 구체적으로 논의될 것이고 그것을 구체화시키는 방법도 모색되리라는 예상도 했다.

55 개인적으로 의사를 밝히고자 했던 인물들은 다음과 같다. ① 지벤파이퍼 ② 비르트 ③ 푼크(F. Funck) ④ 라이(L. Rey) ⑤ 할라우어(N. Hallauer) ⑥ 피츠(J. Fitz) ⑦ 샤프(C. Schapff) ⑧ 오란스키(J. Oranski) ⑨ 바르트(C.T. Barth) ⑩ 브뤼게만(K.H. Brüggemann) ⑪ 다이데스하이머(F. Deidesheimer) ⑫ 베커(J.P. Becker) ⑬ 뮐러(E. Müller) ⑭ 호흐도르퍼(J.H. Hochdorfer) ⑮ 로바우어(R. Lohbauer) ⑯ 비드만(G. Widmann) ⑰ 스트로마이어(F. Strohmeyer) ⑱ 그르지말라(F. Grzymala) ⑲ 자트바르니키(B. Zatwarnicki) ⑳ 슐러 ㉑ 피스토르(D.F.L. Pistor) ㉒ 그로세(E. Grosse) ㉓ 뮐러(M. Müler) ㉔ 쇼프만(J.J. Schoppmann).

독일연방이 독일 민족을 불행으로 이끌고 있다는 것이 그의 견해였던 것이다. 아울러 그는 부유한 계층을 비판했고 군주와 자유주의자들 사이의 타협에 대해서도 동의하지 않았다. 그런데 그의 이러한 비판은 기득권 계층에 국한된 것이 아니었는데 그것은 그가 애국심이 결여된 독일인 모두를 비난한 것에서 확인할 수 있다. 그는 자신의 이러한 비난을 통해 독일인들이 애국적 감정을 가지기를 기대했다. 또한 그는 독일인들이 역사 속에서 민족적 영광을 찾아야 하고 또 그것을 근거로 현재적 상황도 타파해야 한다는 입장을 밝혔다.

이어 지벤파이퍼는 자유주의적 통합국가 건설이 독일 민족의 최대 과제라는 주장을 펼쳤다. 그리고 그것을 위해서는 첫째 민족의 대의기구를 즉시 구성할 것, 둘째, 주권재민설을 인정할 것, 셋째 남녀 평등권을 인정할 것,[56] 넷째 자유로운 상업 및 교역 활동을 통해 독일의 경제적 위상을 증대시킬 것, 다섯째 일상생활·교육·학문·예술 등에서 애국심을 고양시킬 것 등을 제시했다. 아울러 그는 독일 민족이 프랑스, 폴란드 민족과 더불어 협력 체제를 구축해야 한다는 입장을 밝혔다. 지벤파이퍼는 자신이 제시한 것들이 단시일 내에 실현될 수 없다는 것을 인지했기 때문에 지속적이고 장기적 노력이 필요하다는 것도 역설했다. 끝으로 그는 "자유 독일 만세! 폴란드 만세! 프랑스 만세! 속박을 무너뜨리고 독일인과 자유 동맹을 결성하는 모든 민족 만세!"를 외쳤고 그것에 대한 참석자들의 반응은 매우 긍정적이었다.[57]

---

56 여기서 지벤파이퍼는 여성의 과제를 언급했는데 그것은 자녀들에게 정치적 책임의식(politisches Verantwortungsbewußtsein)을 일깨워주는 것이었다.

57 지벤파이퍼는 독일 민족을 정의하면서 문화적 측면을 강조했다. 즉 그는 공동

개회식의 정점은 자유, 계몽, 민족을 강조한 비르트의 연설에서 찾을 수 있을 것이다. 그는 절대왕정 체제를 제거하지 않는다면 독일의 구원 역시 불가능하다는 입장을 밝혔다. 아울러 그는 기존 질서체제하에서 국민의 주권이 보장될 수 없기 때문에 혁명을 통해 그것을 구현해야 한다는 견해도 제시했다.[58] 이어 그는 폴란드와 프랑스에서 야기되는 상황에 대해 유럽인들이 관심을 가져야 한다는 주장도 펼쳤다. 여기서 그는 독일인들뿐만 아니라 에스파냐, 포르투갈, 헝가리 그리고 이탈리아인들도 신성 동맹에 대항하는 동반자로 간주하려고 했다. 비르트는 세계무역의 자유화를 옹호하면서 영국의 비합법적인 우위를 비난했다. 이어 그는 독일 개혁이 유럽 재구성의 기초이기 때문에 이것을 모든 민족의 공통 관심사로 부각시켜야 한다는 입장도 밝혔다. 즉 그는 독일 민족의 장래가 주변 민족들이나 세계 평화를 좌우할 수 있다는 주장을 펼쳤던 것이다. 비르트는 자신의 연설에서 지벤파이퍼가 언급한 프랑스와의 협력에 대해 반대 의사를 밝혔는데 이것은 프랑스의 지원으로 독일이 통합될 경우 파리 정부가 반대급부를 요구할 수도 있다는 우려에서, 즉 라인 지방을 상실할 수 있다는 가능성에서 비롯되었다고

의 언어와 역사를 가진 집단을 동일 민족으로 간주했는데 그것은 통합 독일의 영역을 확장시키는 계기가 되었다. 그런데 지벤파이퍼의 이러한 관점은 이미 상당수의 학자들로부터도 제기되었는데 그 대표적인 인물로는 아른트를 들 수 있을 것이다.

58 이 당시 비르트는 기존 질서체제와의 협력을 통해 정치체제를 개혁할 수 없다는 판단을 했는데 그것은 기존의 질서체제가 절대왕정 체제의 근간을 고수한데서 비롯된 것 같다. 따라서 그는 혁명이라는 방법, 즉 기존의 질서체제와의 협력 내지는 조율이 불가능할 때 동원되는 과격한 방법을 채택했던 것이다.

볼 수 있다.

이어 등장한 연사들 역시 독일 통합이 메테르니히 체제 때문에 실현되지 못하고 있음을 지적했다. 브뤼게만, 사프(C. Scharff), 피스토르(D.F.L. Pistor), 호흐도르퍼(A. Hochdorffer), 그리고 베커(J.P. Becker)의 연설은 내용 면에서 비르트나 지벤파이퍼보다 훨씬 과격했다. 브뤼게만은 주권재민설을 현실화해야 한다는 주장을 펼쳤다. 그는 특권, 우선권, 그리고 신분제적 대혼란(Wirrwar)를 제거해야만 자유, 평등, 그리고 정의 구현이 가능하다는 견해를 제시했다. 그리고 경우에 따라서는 폭력 행사도 펼쳐야 한다는 강경한 입장도 표방했다.[59] 사프는 신의 은총을 받았다는 제후들이 실제로는 인간사회의 반역자에 불과하다는 주장을 펼쳤다. 피스토르는 독일의 경제적 상황을 언급했다. 특히 그는 대중적 빈곤(Pauperismus)이 무엇에서 비롯되었는가를 구체적으로 거론하면서 제후들의 경제정책을 맹렬히 비난했다.[60] 여기서

---

59 하이델베르크대학 재학 중 부르셴샤프트에 가입하여 능동적으로 활동했던 이 인물은 자신의 연설에서 "권력자들이 법률을 존중할 경우, 합법적인 방법으로 독일 통합이 가능하지만 그렇지 못할 경우, 즉 언론이 부정되고, 법률이 무시당하고, 그리고 인간성을 교육하기 위한 수단들이 부정될 경우 모든 수단을 정당화시키는 투쟁이외의 다른 선택은 없다고 봅니다."라는 언급을 했다.

60 대중적 빈곤은 산업혁명의 초기에 나타나는 일반적 현상이라 하겠다. 산업혁명의 초기 과정에서 수요 및 공급의 균형(노동시장)이 일시적으로 무너지게 되었고 거기서 임금의 급격한 하락 현상이 나타나게 되었다. 여기서 일부 계층이 사회적 부의 대다수를 차지하게 됨에 따라 사회 성원의 대다수를 차지하고 있던 노동자 계층(=생산수단을 가지지 못한 계층)의 생활수준은 이전보다 훨씬 열악해졌고 그것으로 인해 사회적 빈곤 현상, 즉 대중적 빈곤 현상이 나타나게 되었던 것이다.

그는 통치자들이 궁전을 호화롭게 꾸미는 것, 호화 소비품을 생산하는 것, 그리고 호화 소비품 교류에 대해서만 관심을 가졌기 때문에 신민 다수의 희생이 강요되고 있다는 사실을 지적했다. 즉 그는 통치자들이 신민들의 세금을 국가경제 활성화에 사용하지 않기 때문에 신민들의 경제적 상황은 날이 갈수록 더욱 악화되고 있다는 것을 언급했던 것이다. 솔 만드는 장인(Bürstenmacher) 베커는 현재적 상황을 극복하기 위해서는 시민무장(Bürgebewaffnung)이 필요하다고 역설했고 그것의 전제조건이 바로 왕군 폐지라 했다.[61] 이에 반해 다이데스하이머(F. Deidesheimer),[62] 슐러, 비드만(G. Widmann), 그리고 빌리히(Willich)를 비롯한 상당수의 인물들은 기존 질서체제와의 협력을 통해 통합을 모색해야 한다는 입장을 밝혔다.

기존 질서체제와의 협력은 음식점 '선상에서(Zum Schiff)'에서 진행된 토론에서도 확인되었다. 북부 독일에서 온 대학생 페터(H. Peter)는 피스토르가 자신의 연설에서 언급한 무력적 방법의 효율성을 다시 한 번 상기시켰다. 즉 그는 독일 통일을 비롯한 정치적 과제는 토론이

---

61 1886년 10월 8일 엥겔스는 베벨(A. Bebel)에게 편지를 보냈는데 여기서 그는 베커를 다음과 같이 평했다. "베커는 민중 속에서 성장한 유일한 지도자라 할 수 있다. 그는 함바흐 축제에서 현재적 상황을 극복할 수 있는 최선의 방안을 제시했지만 당시의 참석자들은 그것을 무시하고, 등한시하는 누를 저질렀다."

62 다이데스하이머는 자신의 연설에서 다음을 강조했다. "우리는 혁명을 원하지 않는다. 단지 우리는 우리의 권리만을 요구할 뿐이다. 우리는 법적으로 보장되고, 위정자들이 자의적으로 맹세한 우리의 제 자유를 보존하고 확대시켜야 할 것이다. 만일 위정자들이 이러한 것들의 극히 일부라도 해치려 한다면 그들은 거짓맹세를 한 것이고 사회의 적으로도 부각될 것이다."

나 협상으로 실천시킬 수 없기 때문에 무력적 방법을 동원해야 한다는 입장을 밝혔지만 그것에 동조하는 사람들은 거의 없었다.[63] 하이델베르크대학의 부르셴샤프트 회원들도 같은 맥락의 주장을 쇼프만(J.J. Schoppmann)의 집에서 진행된 전략회의에서 제시했지만 큰 호응을 얻지는 못했다.[64]

8. 기존 질서체제의 대응

독일연방의회는 함바흐 축제가 개최된 것에 대해 불만을 표시했다. 나아가 연방의회는 바이에른 왕국의 조치도 강력히 비난했는데 그것은 뮌헨 정부가 축제 금지를 포기한 것과 축제 기간 중 제시된 혁명적 언급들에 대해 시의적절한 조치를 취하지 않은 데서 비롯된 것 같다. 연방의회는 1832년 6월 28일 새로운 반동적 조치를 취했는데 그것은 1820년 5월 15일 빈 협약에서 체결된 군주제 원칙에 따라 각국 의회의 권한을 제한한다는 내용을 담고 있었는데 각국 의회가 가졌던 청원권 및 조세승인권 제한은 그 일례라 하겠다. 이어 연방의회는 7월 5일 일련의 추가 조치들을 공포했는데 그것들을 살펴보면,

첫째, 향후 정치단체의 결성 또는 민중 집회를 개최할 경우 반드시 해당 정부의 승인을 받아야 한다.

---

63 킬대학의 학생이었던 페터는 이 대학에서 결성된 부르셴샤프트의 회원이었다.

64 1833년 4월 하이델베르크대학의 부르셴샤프트 회원들이 프랑크푸르트시의 경비대를 습격했는데 여기서 대학생들은 중앙집권적인 공화국 건설을 표방했다. 그러나 이들의 이러한 시도는 아무런 성과도 거두지 못했다.

둘째, 흑·적·황색의 옷이나 그것과 유관된 띠를 착용해서는 안 된다.

셋째, 독일 각 정부는 혁명운동을 효율적으로 차단하기 위해 상호 군사 협력 체제를 더욱 확고히 유지한다.

넷째, 대학에 대한 연방의회의 감시를 부활시킨다.

다섯째, 바덴(Baden) 지방의 신문법을 폐지한다.

아울러 연방의회는 함바흐 축제를 주도한 비르트, 지벤파이퍼, 푼크 (F. Funck)를 경찰 감시하에 놓이게 했다. 거의 같은 시기 뮌헨 주재 프로이센 외교관은 뮌헨 정부에게 공개 질의서를 보냈는데 거기서 거론된 것은 함바흐 축제에 참여한 인물들에 대한 정부의 의법 조치가 무엇인가를 알아보기 위한 것이었다. 사태의 심각성을 파악한 뮌헨 정부는 프로이센 외교관에게 적절한 조치를 즉시 취할 것이라는 답변을 했다. 얼마 후 루트비히 1세는 팔츠 지방에 위수령을 선포했고 저항운동의 중심지에 베르데(K.P. Fürst v. Werde) 장군이 이끄는 군대를 파견했다. 노이슈타트에 도착한 베르데 장군은 함바흐 축제에 적극적으로 참여했던 인물들을 체포하여 재판에 회부했다.[65]

이후 중앙사문회의가 프랑크푸르트에 설치되었고 '선동자(Demagogue)' 색출 역시 시작되어 수백 명의 반체제 인사들이 체포, 구금되었다. 이에 따라 많은 지식인, 학생, 수공업자들은 국경을 넘어 프랑스,

---

65 이에 앞서 헤프를 비롯한 일련의 인물들은 1832년 6월 10일 반박문(Protestation)을 발표했다. 여기서 이들은 뮌헨 정부가 자의적인 방법으로 라인-팔츠 지방을 통치하려는 것에 비난을 가했다. 아울러 이들은 뮌헨 정부의 그러한 의도를 저지시키기 위해 모든 수단과 방법을 동원하겠다는 의지도 밝혔다.

스위스, 영국, 그리고 미국으로 망명했다.[66] 급진적 공화주의자들은 파리에서 '망명자 동맹'을 결성했고 그 일부는 다시 '의인 동맹(Bund des Gerechten)'을 조직했다. 망명자 동맹의 요청으로 마르크스(K. Marx)가 『공산당 선언(Kommunistisches Manifest)』을 쓴 것도 바로 이 때였다.[67] 의인 동맹으로 독일 노동자들은 독자적 조직을 구축하게 되었는데 이러한 동맹 창설에 주도적 역할을 담당했던 계층은 수공업 분야에 종사

---

66 이 시기, 특히 1836년 프로이센에서는 204명의 학생들이 체포되어 39명이 사형 선고를 받았으며 그 가운데 4명은 마차바퀴에 깔리는 처형을 받았다.

67 마르크스와 엥겔스(F. Engels)가 공동으로 작성한 이 문서는 모두 4장으로 구성되었다. 제1장인 '부르주아지(Bourgeoisie)와 프롤레타리아(Proletariat)'에서는 모든 사회의 기본적 발전 법칙, 즉 계급투쟁을 언급하고 각 역사적 사회 구성체의 이행을 간결하게 살펴본 후 자본주의 체제의 내적 모순에 따른 자본주의 체제의 필연적 붕괴도 분석했다. 또한 노동자 계급의 궁극적 목적인 공산주의 체제의 근간도 제시했다. 제2장인 '프롤레타리아와 공산주의'에서는 노동자 계급의 전위로서의 당의 역할을 언급하고 당의 강령도 서술했다. 여기서 공산주의 투쟁의 기본적 목표로 생산수단에 대한 사적 소유 폐기 및 사회적 소유화, 이를 토대로 한 인간의 자유로운 발전 및 문화와 과학 발전을 위한 가능성 창출을 제시했다. 그리고 마르크스주의에서 가장 핵심적 사상인 프롤레타리아의 독재 사상도 구체화시켰다. 제3장은 부르주아적이거나 프티(Petit)부르주아적인 비프롤레타리아 사회주의에 대해 비판했다. 그리고 제4장은 당의 전략 및 전술의 제 원칙을 서술했다. 즉 공산주의는 언제 어디서나 현 사회 및 정치제도를 거부하는 일체의 혁명운동을 지지하고 봉건체제에 대해서는 부르주아지와 공동 투쟁에 참여한다는 등의 원칙이 거론되었다. 또한 공산주의자들은 그들의 기본적 의무, 즉 프롤레타리아와 부르주아지 사이의 화해할 수 없는 적대적 모순에 기초한 계급 의식을 노동자들에게 전달하는 임무를 잠시라도 게을리해서는 안 된다는 것과 노동자 계급의 목적이 폭력적인 방법으로 현 자본주의 체제를 타도해야만 달성될 수 있다는 것을 명시했다.

하던 노동자들이었다.

1837년 영국 국왕 윌리엄 4세(William IV, 1830~1837)가 서거함에 따라 빅토리아(Victoria, 1837~1901) 여왕이 영국을 통치하기 시작했다.[68] 같은 해 하노버 공국에서도 군주 교체가 있었는데 윌리엄 4세의 동생인 컴벌랜드(Comberland) 공작 아우구스투스(E. Augustus, 1837~1851)가 국왕으로 등극했다.[69] 아우구스투스는 즉위 직후 1833년에 제정된 헌법 기능을 정지시켰을 뿐만 아니라 1819년 헌법에 따라 신분제 의회 소집을 위한 선거도 실시하겠다는 칙령을 발표했다.[70] 동시에 그는 기존 헌법을 일방적으로 폐기한 일과 관련해 독일연방을 끌어들이고 옛 제국의 추밀원회가 헌법적 문제에 대해 가졌던 사법적 기능마저 회복시키려 했다. 국왕의 이러한 반동적 정책에 대해 달만(F. Dahlmann), 게르비누스(G.G. Gervinus), 그림 형제(J. Grimm, W.Grimm), 알브레히트(W.D. Albrecht), 베버(W. Weber), 그리고 에스발트(H. Eswald) 교수가 12월 12일 괴팅겐대학에 모여 자신들의 입장을 정리했다. 여기서 이들은 국왕의 조치가 시대를 역행하는 단순한 발상에서 비롯되었다는 항의편지(Protestbrief)를 달만의 이름으로 발표했다. 이에 하노버 정부는 이들을 대학에서 강제로 추방하는 특단의 조

---

68 빅토리아 여왕이 등극함으로써 123년 동안 유지되었던 영국과 하노버와의 인적 연합은 종료되었는데 그것은 하노버 공국의 왕위 계승에서 부계 혈통만이 인정되었기 때문이다.

69 이 당시 이 인물의 나이는 66세였다.

70 아우구스투스가 1833년 헌법을 폐기한 것은 1833년에 국유화된 자신의 영지를 되찾으려는 시도에서 비롯되었다.

치를 취했지만 이들은 독일 전역을 다니면서 하노버 정부 및 연방의회의 반동적 정책을 비난했다. 특히 달만은 독일에서 정착되기 시작한 평화로운 헌법 개혁에 대한 믿음이 연방의회의 결정으로 사라졌다는 입장을 밝히기도 했다. 소위 '괴팅겐 7인 교수(Die Göttinger Sieben) 사건'[71]으로 지칭되었던 이 사건의 파장은 독일 전역으로 확산되었으며 그들에 대한 후원 운동이 전개되면서 독일 전체를 하나로 인식하는 여론도 형성되기 시작했다.[72]

---

71 괴팅겐 7인 교수 사건은 연방의회에서도 논의되었는데 바이에른, 작센, 뷔르템베르크, 그리고 바덴 공국만이 하노버의 1833년 헌법을 지지했다.

72 이 당시 독일 경제는 영국 상품의 범람으로 몸살을 앓고 있었고 각 영방 간 또는 각 지방 간의 관세 장벽은 경제의 원활한 소통을 저해했다. 이에 프로이센은 외국 상품의 범람을 막고 자국 영토를 경제적으로 결속시키기 위해 내국 관세를 철폐하고 외국 상품에 고율의 관세를 부가하기로 했다. 또한 프로이센은 인접한 영방국가들을 이 관세 체제 내에 유입시켜 관세동맹을 체결했다. 독일의 중부 및 남부에서도 유사한 경제동맹 체제가 구축되었다. 이러다가 1834년 1월 1일 프로이센 재무장관 모츠(F.C. v. Motz)의 주도로 각 관세동맹이 하나로 통합되어 2,500만 명의 인구를 포괄하는 거대한 경제기구가 탄생했다. 이로써 오스트리아를 제외한 독일의 거의 전 지역이 하나의 경제권으로 묶이게 되었고 이것은 정치적 통일에 앞서 경제적 통일이 이루어진 것으로 보아야 할 것이다. 남유럽과 남동유럽에 더 큰 경제적 관심을 가졌던 오스트리아는 끝내 이 관세동맹에 가입하지 않아 경제적 고립을 자초하게 되었다.

제3장

메테르니히 체제 붕괴와
통합 방안

메테르니히 체제 붕괴와 통합 방안

1. 2월혁명(1848)의 영향

7월혁명(1830) 이후 등장한 루이 필리프의 7월정부는 대시민 계층의 지지로 유지되었기 때문에 당연히 이들 계층의 이익을 옹호하는 정치를 펼칠 수밖에 없었다. 점차적으로 라마르틴(A. de Lamartine)을 중심으로 한 소시민 계층의 공화파 세력과 루이 블랑(L. Blanc)이 주도하던 노동자 계층의 사회주의 세력은 7월왕정에 대해 불만을 표시하게 되었다.[1] 아울러 루이 필리프의 소극적이고 회피적인 외교정책은 나폴레옹

---

1 7월혁명 이후 선거권을 행사할 수 있는 유권자 수가 9만 4,000명에서 16만 8,000명으로 늘어났는데 이것은 유권자가 되는 데 필요한 납세액이 300프랑 (Franc)에서 200프랑으로 인하되었기 때문이다. 이후 실질적 유권자 수가 25만 명까지 늘어났지만 이는 당시 전체 인구인 3,550만 명의 0.7%에 불과한 비율이었다. 그리고 의원으로 활동하려면 일반 유권자들보다 더욱 엄격한 조건을 충족시켜야 했는데 그것은 일반 시민들이 상상하지도 못할 금액의 세금을 납부해야 한다는 것이었다. 따라서 실제 정치는 극히 일부 유권자들에 의해 부유

시대의 영광을 회상하던 국내 왕당파들의 반발도 유발시켰다. 이렇듯 국내 반정부 세력의 저항이 심화됨에 따라 루이 필리프는 1840년 자유주의자였던 티에르 대신 보수파의 기조를 수상으로 임명했다. 이후부터 기조는 의회를 매수하고자 의원들에게 관직 및 정부 관급공사의 주주 자리를 제공하거나 정부 기간산업의 계약 특혜를 주는 등 온갖 정치적 부정 및 부패를 조장했다.[2] 이러한 정치적 부정부패와 더불어 흉작 및 경제적 공황으로 파산과 실업률 역시 급증하게 되었다.[3] 이에 따라 공화주의자와 사회주의자들은 1848년 2월 22일 정부의 실정을 비난하는 정치개선촉진회(Reform Banquet)를 파리 시내에서 개최하기로 합의했다. 그러나 이러한 정치개선촉진회는 정부 개입으로 열리지 못했고 그것은 정치개선촉진회의 참석자들과 시민들로 하여금 기조의 관저를 습격하고 국민방위대와 충돌하게 했다. 그런데 국민방위대는 정부의 명령을 거절하고 시위대와 보조를 맞추었다. 2월 24일의 시가전에서 우위를 차지한 시위대는 호텔 드 비유(Hotel de Ville) 및 파리 시청

한 자본가들이 선출되는 의회에 의해 펼쳐졌다.

2 기조는 선거권의 확대 요구에 대해 다음과 같이 대응했다. "부자가 되십시오, 그러면 여러분들도 선거권을 얻을 수 있을 것입니다."

3 1845년 아일랜드에서 발생한 병충해가 프랑스에도 전파되었기 때문에 다음해부터 감자 가격이 급등하기 시작했다. 아울러 기상 악화로 밀가루 가격이 급등함에 따라 이를 원료로 하는 빵 값 역시 두 배 이상 올랐다. 이러한 상황은 일부 지방에서 식량 봉기를 유발시키기도 했다. 이러한 대흉작으로 농민들의 구매력이 크게 격감하게 됨에 따라 경제적 위기는 산업계, 은행, 그리고 주식시장까지 확산되었다. 더욱이 철도 건설 등의 대규모 토목공사가 중단됨에 따라 실업률 역시 크게 높아졌다.

을 점령한 후 튈르리 왕궁도 습격했다. 이에 따라 루이 필리프는 퇴위를 선언하고 영국으로 망명했다. 곧 라마르틴을 중심으로 한 공화주의파와 루이블랑의 사회주의파가 합세하여 임시정부를 수립했다. 이렇게 구성된 임시정부는 언론의 자유 및 집회의 자유를 보장했을 뿐만 아니라 식민지에서의 노예제도도 폐지시켰다. 아울러 임시정부는 정치범에 대한 사형 역시 금지시켰다.

이 당시 임시정부는 2월혁명에 기여한 루이 블랑의 사회주의 세력에 보답하고자 했다. 이에 따라 라마르틴의 임시정부는 2월 25일 사회주의자들의 노동권 보장 요구를 수용했고 그것을 가시화시키기 위해 국립공장(작업장)을 전국 여러 도시에 세웠다.[4]

이렇게 프랑스에서 전개된 혁명적 상황은 1830년 7월과 마찬가지로 라인강을 건너 독일로 전파되었다. 이에 따라 독일 전역에서는 정치적 · 사회적 · 경제적 요구들이 제기되었고 그러한 것들을 실천시키기 위한 시위도 여러 곳에서 전개되었다. 특히 1848년 2월 27일 바덴의 만하임(Mannheim)에서 개최된 대규모 집회에서 참여자들은 출판 및

---

4   국립공장은 1839년에 출간된 루이 블랑의 『노동조직론(L'Organisation du travil)』에 따라 설치되었다. 루이 블랑은 자신의 저서에서 자본주의의 자유경쟁에서 비롯되는 폐단과 점증되는 노동자 계층의 빈곤과 비참을 지적하고, 공업과 농업 분야에서 실업 노동자들이 그들의 전문기술을 살릴 수 있는 '사회작업장(ateliers sociaux)'의 설치를 제안했다. 국립공장은 루이 블랑의 원안대로 운영되지는 않았지만 1일 2프랑을 주고 10만 명 이상의 실업자를 채용하여 하수도를 파게 하거나 공원에서 흙을 나르는 일들을 시켰다. 그러나 이러한 것은 일종의 구빈 사업에 불과했기 때문에 국가예산 낭비라는 비판도 받았다. 아울러 국립공장의 운영 경비를 부담했던 지방민들의 불만 역시 크게 고조되었다.

결사의 자유, 배심원 재판제도, 그리고 전독일의회의 소집 등을 요구했다. 그리고 이러한 요구들은 향후 3월혁명(Märzrevolution)의 주요 목표로 설정되기도 했다. 도시에서와 마찬가지로 농촌에서도 소요가 있었다. 여기서 농민들은 봉건적 공납 및 의무의 무상 철폐를 요구했다. 이러한 소요가 지속됨에 따라 각국의 군주들은 수십 년간 거부했던 제 개혁 및 헌법을 승인할 수밖에 없었다.

2. 빈 혁명

프랑스에서 발생한 2월혁명의 영향은 오스트리아 제국에서 그리 빨리 확산되지 않았다. 다만 빈 정부의 핵심인물들이 그들의 정치적 행동반경을 다소 축소시켰는데 이것이 최초의 성과라 하겠다. 그리고 파리 혁명과 독일권에서 진행된 일련의 정치적 변화에 위기감을 느낀 빈의 시민들이 은행에 가서 그들의 예금을 인출한 후 은화로 바꾸었는데 이것으로 인해 제국 내 많은 은행은 유동성 부족 문제에 직면하게 되는 경제적 위기상황도 나타났다.

오스트리아 제국에서 정치적 움직임이 최초로 감지된 곳은 헝가리 의회가 열린 프레스부르크(Preßburg)였다. 메테르니히 체제에 대한 첫 공격은 3월 3일 헝가리 의회에서 행한 코슈트(L. Kossuth)의 연설에서 나타났다. 코슈트는 오스트리아 제국의 헝가리 지배를 강력히 비판했고 그것의 종식도 요구했다. 동시에 그는 자유를 보장하는 제 개혁, 헌법 제정, 헝가리 내각 구성 등을 정치 목표로 제시했다. 이러한 내용을 담은 코슈트의 연설문은 빈 정부의 금지에도 불구하고 제국 내에 널리

확산됐고 이것은 결국 빈의 반정부 세력을 자극하는 결과도 초래했다.[5]

3월 초부터 빈에서도 정치적 저항이 나타났는데 여기서는 청원을 위한 서명운동 방식이 채택되었다. 3월 3일 저지 오스트리아(Niederös-terreich) 신분의회의 좌파 의원 33명이 절대왕정 체제를 종식시키고 전국 단위의 신분제 의회 소집 요구를 담은 청원서를 제출했는데 거기서는 자유주의를 추종하던 귀족 계층의 희망도 동시에 표출되었다. 거의 같은 시기 오스트리아 시민 계층을 대표하던 '법·정치 독서회(Juridisch-Politisches Leseverein)'도 구체적인 개혁안을 제시했고 오스트리아 진보당(Fortschrittspartei Österreichs) 역시 3월 4일 신분의회 소집 이외에도 입헌군주제로의 이행, 취업의 자유, 검열제의 폐지 등을 요구하는 성명서를 발표했다. 3월 7일 자유주의 세력을 주도하던 바흐(A. Bach)와 바우어른펠트(E. v. Bauernfeld)가 제시한 청원서도 반메테르니히 여론 조성에 큰 기여를 했다. 수천 명의 빈 시민들이 서명한 이 청원서는 입법권 및 조세 승인권을 갖는 전국적 단위의 의회 소집을 요구했다.[6] 그러나 이 성명서보다 더 큰 영향력을 끼친 것은 3월 3일에 초안이 마련되어 3월 12일 2,000여 명에 달하는 대학생들이 서명한 청원서였다. 여기서는 신분대표제의 이념에서 벗어나 언론 및 출판의 자유, 교육 및 종교의 자유, 시민병 체제의 도입, 독일연방의 개혁 및 민중의회의 구성 등이 요구되었다.

그러나 빈 정부는 어떠한 양보도 하지 않으려고 했다. 물론 합스부르크 가문은 황위 계승자로 간주되던 프란츠 요제프(Franz Joseph)의

---

5   실제로 코슈트의 연설 내용은 전단지 형태로 제작되어 수백 부나 배포되었다.

6   아울러 여기서는 국가예산 내역 공개, 재판 및 행정의 공공성도 거론되었다.

빈에서의 시가전

어머니 조피(Sophie)를 중심으로 가문 안전을 위해 메테르니히를 억제하면서 시민 계층의 요구를 부분적으로 수용하려는 자세를 보였다. 그러나 이러한 시도는 기존 질서체제를 유지하려던 메테르니히와 그의 추종세력의 반대로 실현되지 못했다. 그럼에도 불구하고 메테르니히와 그의 추종세력은 계엄령 선포와 같은 단호한 조치를 취할 수 없었는데 그것은 이들이 오스트리아 제국에서 혁명이 발생하는 것을 우려했기 때문이다. 따라서 개혁을 통해 긴장을 완화시키거나 또는 단호한 조치를 취할 수 없었던 빈 정부는 사태 추이를 관망할 수밖에 없었다.

3월 13일부터 오스트리아 혁명은 본격적으로 시작되었다. 이날 저지 오스트리아 신분의회가 개최됨에 따라 빈의 시민들은 이 의회 활동에 커다란 기대와 희망을 걸었다. 이른 아침부터 이들은 의사당 앞에 몰려들었는데 여기에는 2,000여 명의 학생들과 노동자들도 섞여 있었다. 이렇게 집회에 참석한 학생들과 노동자들은 이날의 군중집회에 뚜렷한 정치적 성격을 부여했다. 의사 피시호프(A. Fischhof)를 포함한 많은 연사들이 헌법 제정, 독일연방의회 소집, 반동 정부 해산, 시민병 체제 도입을 요구했다. 이어 등장한 한 학생은 코슈트의 연설을 낭독하여 박수갈채를 받기도 했다. 집회 참여자들은 우선 그들 대표를 의회에 파견한 후 그들 입장을 거론하게 했다. 이어 이들은 의회로 몰려가 학생들이 포함된 대표단을 구성한 후 정부와의 협상도 요구했다. 같은 날 정오 정부군이 투입됨에 따라 무력 충돌이 발생했다. 의사당 앞에서 정부군이 먼저 시위대를 향해 발포하자 시위자들은 돌 세례로 대응했다. 무기고와 다른 중요한 건물 앞에서도 충돌이 발생했다. 비록 정부군이 중무장했음에도 불구하고 이들은 시위대를 진압할 수 없었는데 이것은 노동자 및 학생들의 저항이 완강했기 때문이다.[7] 학생들과 노동자들은 소비세관청, 경찰서, 왕립 종축장 등을 습격했고 오후에는 다른 지역의 노동자들도 가세했다.[8] 특히 노동자들이 참여한 시위대는 상가들을 불태웠고 공장에서 기계를 파괴했고 빵가게, 푸줏간 등도 공격했다.[9]

같은 시간 시민 대표자들이 왕궁으로 진입했다. 이들은 메테르니히의 즉각 해임, 정부군의 철수, 학생들의 무장 허용을 요구했다. 그리고 이들은 이러한 요구들이 관철될 경우 질서 회복을 위해 협력하겠다는 최후 통첩성 양보안도 제시했다.

이에 대해 합스부르크 가문이 불안감을 표했지만 메테르니히와 그의 지지세력은 어떠한 정치적 타협도 불가하다는 입장을 밝혔다. 그러나 도시 중심지와 교외에서 발생한 노동자들의 봉기는 황실로 하여금

---

7 이 과정에서 5명의 시위 참여자가 희생되었다.

8 소비세관청은 식료품에 부과된 과중한 소비세를 징수했다.

9 이렇게 서민들이 이용했던 상점들이 습격을 받은 것은 이들 상점이 지나치게 높게 가격 책정을 했기 때문이다.

사태의 심각성을 깨닫게 했다. 결국 같은 날 저녁 황실의 결정이 내려졌고 그것에 따라 오스트리아 제국에서뿐만 아니라 전 유럽에서 증오를 받던 메테르니히가 실각하게 되었다. 그와 함께 반동 정권의 지지계층 역시 와해되었다. 빈의 황실은 혁명 대표자들이 제시한 두 가지 요구도 수락했다. 이에 따라 빈에서 정부군이 철수되었고 학생들의 무장도 허용되었다. 이렇게 하여 '대학생 군단'이 탄생했고 이들은 중요한 혁명세력의 축으로 등장했다.

그러나 아직 시민적 제 자유는 오스트리아 제국에서 보장되지 않았다. 그리고 오스트리아 제국이 입헌군주정 체제로 바뀐다는 약속은 이행되지 않았고 권력 구도의 변혁 역시 구체화되지 않았다. 이에 따라 3월 14일 궁정승마학교에서 대규모 시민 궐기대회가 개최되었고 여기서는 혁명 이후 관철해야 할 목표들이 다시금 명확히 제시되었다. 그것은 국민군의 창설, 언론 자유의 보장, 그리고 헌법 제정이었다.

이러한 제 요구에 대한 정부 승인을 받기 위해 다시금 혁명적 상황이 초래되었다. 그런데 지난번과는 달리 혁명적 징후는 교외에서 먼저 나타났다. 시민들은 다시 무기고를 습격하여 무장하려고 했고 이들은 황궁도 포위했다. 결국 정부는 타협에 동의했고 그것에 따라 언론 자유 및 국민군 창설이 허용되었다. 그러나 빈 정부는 헌법 제정에 대해서는 부정적이었다. 다만 빈 정부는 7월 3일 신분제 의회를 소집하여 이 문제에 대해 논의하겠다는 입장만을 밝혔을 뿐이다. 그러나 시민들은 정부의 이러한 회피적 자세에 동의하지 않았다. 빈 정부 역시 3월 14일 다시 군대를 투입하여 혁명을 진압하겠다는 계획을 세웠다. 이에 따라 총사령관 빈디슈그레츠(A. zu Windischgrätz)는 빈에 계엄령을 선포했다. 그러나 혁명이 제국의 다른 지역으로 확산되는 것을 두려워한 빈 정부는 결국 혁명세력에게 굴복했고 3월 15일 황제 페르디난트 2세 (Ferdinand II, 1835~1848)는 헌법 제정을 약속했다. 3월 20일 빈에서 신정부가 구성되었지만 여기에는 메테르니히 정부에서 활동한 귀족들이 대거 참여했다. 다른 독일 국가들과는 달리 오스트리아 제국에서는 시민 계층이 3월정부에 참여하지 못했던 것이다. 단지 빈에서 24명의 시민위원회가 시 행정을 장악했을 뿐이다.

3월혁명 이전까지 절대왕정 체제를 고수한 빈 정부는 제국 내 비독일계 민족들을 등한시하는 중차대한 실수도 범했다. 그럼에도 불구하고 빈 정부에 대한 비독일계 민족들의 반발은 미미한 상태에서 벗어나지 못했는데 그것은 이들의 민족운동이 저변으로 확산되지 못했기 때문이다. 그러나 이러한 상황은 3월혁명이 발발한 이후부터 급변하게 되었다. 그것은 체코, 폴란드, 크로아티아, 슬로바키아, 슬로베니아, 헝가리, 세르비아, 이탈리아 민족 등 제국 내 비독일계 민족들이 정치체제의 변경과 그것에 따른 제 민족의 법적·사회적 평등을 강력히 요구했기 때문이다.[10] 이에 따라 오스트리아 제국은 독일의 다른 국가들보다 어려운 상황에 놓이게 되었다. 뿐만 아니라 당시 독일의 통합 방안으로 등장한 대독일주의가 향후 통합과정에서 채택될 경우 필연적으로

---

10 이 당시 비독일계 민족들의 선각자들과 그들의 추종세력은 그들 민족이 처한 상황을 정확히 직시하고 있었다. 따라서 이들은 독일 민족과 그들 민족 간의 관계를 재정립해야 한다는 주장을 펼쳤을 뿐만 아니라 그러한 관점에 대한 빈 정부의 무관심한 태도에 대해서도 신랄한 비판을 가하는 데 주저하지 않았다. 아울러 이들은 언론 및 집회의 자유, 일반 대의기구의 설립, 배심원제의 도입, 강제노역 및 농노제의 철폐, 종교의 자유, 조세제도의 개편 등이 절실히 필요하다는 주장도 펼쳤다.

야기될 오스트리아 제국의 해체 역시 오스트리아 제국의 입지를 크게 위축시키는 요인으로 작용했다. 그러나 이 당시 빈 정부는 이러한 국내 외적 문제들을 원만히 해결할 능력을 갖추지 못했을 뿐만 아니라 그 해결책 마련에도 소극적인 자세를 보였다.[11]

3. 베를린 혁명

3월 초부터 프로이센에서도 혁명적 징후가 나타나기 시작했다. 그

---

11 이 당시 제국 내에서 오스트리아 제국이 해체되어서는 안 된다는 주장이 슬라브 정치가들, 특히 체코 정치가들로부터 제기되었다. 이 중에서 팔라츠키(F. Palacký)는 프랑크푸르트 예비의회로부터의 초청을 거절하는 과정에서 자신의 친오스트리아슬라브주의의 핵심적 내용을 공개적으로 피력했다. 그에 따를 경우 제국 내 슬라브 민족들이 주어진 체제를 인정하고 거기서 그들의 민족성을 보존하면서 권익 향상을 점차적으로 도모하는 것이 최선의 방법이라는 것이다. 아울러 그는 슬라브 민족들이 기존의 통치 방식 대신에 제국 내 제 민족의 법적·사회적 평등을 가져다 줄 수 있는 연방체제의 도입을 빈 정부에 강력히 촉구해야 한다는 주장도 펼쳤다. 현 체제와의 협상을 요구한 팔라츠키의 이러한 자세는 빈 정부가 제국 내에서 슬라브 민족들이 차지하는 비율을 직시해야 한다는 것과 그동안 등한시했던 이들의 법적·사회적 지위 향상이 얼마나 중요하고, 필요한가를 인식해야 한다는 묵시적인 강요도 내포되었다고 하겠다. 또한 팔라츠키는 자신의 거절 편지에서 독일 통합은 오스트리아 제국을 배제시킨 소독일주의(Kleindeutschtum; malé němectvi) 원칙에 따라 이루어져야 한다는 주장을 펼쳤고 오스트리아 제국은 그렇게 형성된 '신독일(Neues Deutschland)'과 공수동맹 체제를 구축하여 러시아의 팽창정책에 대응해야 한다는 입장도 밝혔다. 아울러 그는 오스트리아 제국이 이 동맹 체제를 기초로 한 유럽의 질서체제 유지에 적극적으로 참여해야 한다고 역설했다.

런데 이 왕국의 소요는 수도가 아닌 지방에서 시작되었다. 정치적-경제적으로 다른 지역보다 앞섰던 라인(Rhein) 지방에서 그 출발 신호가 나타났고 여기서 주도적 역할을 담당한 계층은 쾰른(Köln) 시민들이었다. 이와는 별도로 3월 3일 시청 앞에서 발생한 집단시위가 발생했는데 여기에는 노동자들이 대거 참여했다.[12] 쾰른의 공산당 지부 동맹 회원들이 주도한 이 시위에서는 일련의 정치적 요구도 제시되었다. 시위 중 참여자들에게 배포된 「민중의 요구」라는 유인물에서는 언론 및 결사의 자유뿐만 아니라 민중이 입법과 행정을 주도해야 한다는 것도 거론되었다. 그리고 이를 위해 보통선거제 도입, 상비군의 폐지 및 민중의 무장화가 전제조건으로 제시되기도 했다. 이 당시 공산당동맹 회원들은 노동 계급의 사회적 요구를 대변하는 데 주저하지 않았는데 그러한 것은 이들이 노동권 요구, 생존권 보장, 국가재정에 의한 의무교육제 도입을 강력히 요구한 데서 확인할 수 있다. 그리고 이러한 요구들을 실현시키기 위해 쾰른 노동자들은 쾰른 지방의회에 압력을 가했다. 5,000

---

12 1840년대 중반에 접어들면서부터 당시 프로이센의 국왕이었던 프리드리히 빌헬름 4세 역시 메테르니히 체제의 문제점을 직시하게 되었다. 따라서 그는 1847년 2월 8개의 지방 신분제 의회가 요구하던 연합지방의회(Vereinigter Landtag)의 베를린 개최를 허용했다. 그러나 프로이센의 자유주의자들은 국왕의 이러한 양보적 자세에 강한 인상을 받지 못했는데 그것은 발표된 국왕의 칙령이 의회의 권한을 새로운 조세 및 국채 승인으로 한정시킨 것과 임명귀족들로 구성된 상원을 제시하여 하원에 대한 또 다른 제동장치를 마련한 데서 비롯된 것 같다. 이 당시 베를린 정부는 철도 부설을 통해 프로이센 영토를 하나로 묶고, 동시에 침체된 경제의 부활을 모색하려고 했지만 그 과정에서 국가 부채는 엄청나게 증가되었다. 따라서 이 문제는 베를린 정부가 반드시 해결해야 할 과제로 부각되었다.

여 명의 시위대가 시청 앞 광장에 집결했고 여기서 빌리히(A. Willich)와 아네케(F. Anneke)가 연설했고 고트샬크(A. Gottschalk)는 소수의 대표자들과 더불어 「민중의 요구」를 쾰른 시장에게 전달했다. 또한 시위대 압력에 굴복한 시의회는 청원서를 행정장관에게 전달하기로 약속했다. 그러나 시청을 점령한 시위대는 몇 시간 후 정부군에 의해 강제로 해산되었고 그 과정에서 시위 주도자들도 체포되었다. 결국 실패로 끝난 이 봉기는 프로이센 전역에 혁명을 파급시켰고 시민 계층도 움직이게 했다.

이후부터 시민 계층은 급진적인 요구 및 청원을 방지하기 위해 청원 운동의 주도권을 장악하는 데 주력했다. 3월 3일 저녁 라인 지방의 시민들은 라인 지방 의회가 베를린 정부에 개혁안을 제출할 것을 청원했고 다른 도시의 자유주의자들도 쾰른의 예를 따랐다. 시민집회 및 지방 의회에서 작성된 청원서가 베를린 정부에 전달되었는데 거기서의 주요 내용은 전국 단위의 의회 소집이었다. 청원서에서는 언론의 자유 및 독일연방의 개혁도 거론되었다. 프로이센의 다른 지방에서도 시민 계층이 그들의 희망 사항을 구체적으로 명시한 개혁안을 제시했다. 실제로 3월 1일 마그데부르크(Magdeburg)에서 이러한 요구들이 제시된 바 있었고 작센, 포메른, 슐레지엔의 자유주의자들도 그것들에 대해 매우 긍정적인 반응을 보였다. 베를린의 자유주의자들 역시 이러한 추세에 동조하는 자세를 보이기 시작했다. 그런데 이러한 운동에서 비롯된 청원은 정부 개혁을 요구하는 시민 계층의 입장을 대변하는 데 주력했다. 혁명적 민중운동의 영향하에서 제기된 이러한 요구들은 정치 발전에 긍정적으로 작용한 것은 사실이다. 그러나 전체적으로 보아 시민 계층의 움직임은 민중혁명을 온건한 자유 개혁 정치의 틀 안에서 유지하려는 목적이 있었다. 청원운동과 더불어 시민 계층은 반봉건적 운동의 첨단에 서게 되었다. 이 당시 시민 계층은 독서협회, 커피 전문점, 그리고 공공기관에서 그들의 능동성도 발휘했는데 그것은 이들이 정치적 사안들을 다룬 신문들을 크게 읽고 거기서 동조 세력을 확보하려는 시도에서 확인되었다.

3월 4일 슐레지엔과 동프로이센에서도 민중소요가 발생했다. 이에 따라 3월 6일 브레슬라우(Breslau)에 군대가 투입되었고 시의회는 해산되었다. 그럼에도 불구하고 다음 날 쾨니히스베르크(Königsberg)에서 시민집회가 열렸고 야코비(J. Jacoby)가 작성한 청원서가 채택되었다. 이후에도 계속하여 동시다발적인 소요가 동프로이센의 여러 도시에서 발생함에 따라 베를린 정부는 무력으로 소요를 진압하는 강경책을 펼쳤다.

거의 같은 시점인 3월 6일 베를린에서도 혁명적 소요가 발생했다. 베를린 시 당국은 국왕 프리드리히 빌헬름 4세(Friedrich Wilhelm IV, 1840~1861)에게 보낼 청원서 수용을 거부했지만 시민들은 그것을 관철시키려 했다.[13] 같은 날 저녁 최초의 민중집회가 베를린 티어가르텐(Tiergarten)에서 열렸다.[14] 4시간 이상 진행된 민중집회에서 청원서 작성에 대한 논의가 있었고 다음 날 문서화되었다. 문서에서는 헌법 제

---

13 1840년 프로이센 국왕으로 등극한 프리드리히 빌헬름 4세는 즉위 초 일련의 자유주의적 정책을 실시함으로써 개혁가들에게 커다란 희망을 주었다. 그러나 이 인물은 점차 헌법 개혁을 요구할 때마다 장황하고 모호한 말로 얼버무리거나 과격한 보수주의자들을 투옥시키는 것으로만 대응했다.

14 티어가르텐은 동물원을 지칭한다.

정, 언론 및 집회의 자유, 정치범들에 대한 사면, 왕군의 규모 축소 및 국민병제의 도입, 보통선거 제도의 도입 등이 거론되었다. 3월 7일 수공업자들, 노동자들, 시민들 그리고 학생들의 시위가 베를린에서 펼쳐졌다. 같은 날 프리드리히 빌헬름 4세는 연합지방의회를 4년마다 소집하겠다는 약속을 했고 이러한 양보를 통해 베를린 정부는 혁명적 상황을 종식시킬 수 있다는 판단도 했다. 그러나 자유주의적 시민들은 이에 만족하지 않았다. 검열 없는 새로운 신문법의 제정도 비슷한 방향으로 나아갔다. 베를린의 민중운동은 정부의 이러한 미온적 조치에 만족하지 않고 결단을 내리려고 했다. 이에 따라 시위 규모가 점차 확대되었고 4,000여 명이 참여한 시위가 3월 9일 펼쳐졌고 거기서도 단호한 청원서가 작성되었다.

3월 13일 빈으로부터 메테르니히가 실각했다는 소식이 베를린에 유입됨에 따라 혁명적 상황은 새로운 전기를 맞이했다. 같은 날 티어가르텐에 2만여 명의 군중이 다시 모였는데 이것은 지금까지 유례가 없던 규모였다. 이 집회에서 베를린의 노동자들은 처음으로 그들의 사회적 입장을 개선시킬 수 있는 방안을 제시했다. 시위 중에 배포된 전단에서는 노동자들이 자본가 및 투기자들에 의해 억압받고 있다는 사실이 폭로되었고 현행 법률로는 그러한 억압으로부터 노동자들을 보호해줄 수 없다는 것도 강조되었다. 따라서 이들은 고용주 및 노동자들의 대표로 구성된 노동부가 설치되어야 한다는 것을 국왕에게 청원했다. 이러한 주장들은 2월혁명의 영향을 받아 노동자 계층과 시민 계층 사이에 형성된 깊은 불신에서 비롯된 것이라고 하겠다.

민중과 정부군 사이의 충돌은 티어가르텐 민중집회 이후부터 시작되었다. 이 당시 프로이센 왕실은 이전처럼 어떠한 정치적 양보도 하지 않으려 했다. 왜냐하면 프로이센의 왕위 계승자였던 빌헬름(Wilhelm)을 둘러싼 군사적 반동 그룹이 모든 것을 결정했기 때문이다. 이들은 민중이 성급히 일어나게끔 유도한 후 군대 투입을 통해 민중혁명을 진압하겠다는 계획을 세웠다. 따라서 이들은 민중을 향한 군사적 개입을 시도했고 그 과정에서 시의 모든 중요한 거점들을 장악했다. 3월 13일 저녁 빌헬름은 티어가르텐 민중집회를 해산시키라는 명령을 정부군에 하달했다. 이에 따라 브란덴부르크(Brandenburg)성 앞에서 정부군은 최초로 귀가하던 시위대를 습격했고 이때부터 민중에 대한 정부군의 만행은 시작되었다. 다음 날인 3월 14일 브뤼더(Brüder)가에서 시위대에 대한 학살이 자행되었다. 같은 날 저녁에는 정부군이 항의하는 시위대를 향해 무차별 총격을 가했고 3월 16일에도 왕세손궁 앞에서 시위대를 향해 총격을 가했다. 이러한 정부군의 강압 방법으로 3월 14일부터 3월 16일까지 20여 명이 사망했고 150명이 부상당했다.

정부군에 대한 시민들의 증오는 갈수록 확산되었다. 이 당시 혁명세력의 핵심적 요구는 정부군 철수였다. 혁명을 저지하려는 정부의 고위 관료들과 정부군의 만행은 시민들의 분노를 폭발시켰으며 이들의 무력항쟁도 유발시켰다. 점차 시민들은 정부군 철수를 위한 방안을 강구하기 시작했고 거기서 시위 강도도 증대시켰다. 이러한 긴박한 상황에서 베를린 시 당국은 이른바 시민보호위원회를 구성하여 긴장을 해소하려고 했다. 3월 16일부터 무기를 소지하지 않고 흰 띠를 두른 보호위원들이 활동했으나 별 성과를 거두지 못했고 시민들의 조소만을 샀을 뿐이다. 상황의 심각성을 인식한 프리드리히 빌헬름 4세는 4월 27일에 연합지방의회를 소집하겠다고 약속했다. 아울러 그는 독일 통합을 위한 관세동맹 확대를 제안했으며 독일연방의 개혁에 대해서도 언급했다.

그러나 국왕의 이러한 조치로는 당시의 혁명적 상황이 종료될 수 없었는데 그것은 전반적인 개혁이나 입헌군주정 체제 도입에 대한 언급이 없었을 뿐만 아니라 정부군 철수도 거론되지 않았기 때문이다.

3월 15일 메테르니히 체제가 붕괴되었다는 소식이 전해진 후 비로소 왕실 정책에 변화가 나타났다. 메테르니히를 추방시킨 빈의 승리가 독일인들에게 혁명적 투쟁의 필요성을 부각시켰지만 베를린 정부에게는 오히려 불안만을 가중시켰을 뿐이다. 지금까지의 폐쇄 정책을 고수할 경우 체제 붕괴도 가져올 수 있다는 불안에서 베를린 정부는 개혁 정책을 더 이상 회피할 수 없었다. 이에 따라 정부 내에서 개혁파가 주도권을 장악하게 되었고 이들은 프리드리히 빌헬름 4세의 지원도 받게 되었다. 왕세자 빌헬름의 완강한 저항에도 불구하고 3월 17일 결정이 내려졌다. 실제로 17일과 다음 날인 18일 내무장관 보델슈빙크(v. Bodelschwingh) 남작은 프리드리히 빌헬름 4세의 위임을 받고 시민 계층의 요구를 수렴한 두 개의 칙령을 발표했다. 하나는 검열제도의 폐지였고, 다른 하나는 4월 2일 연합지방의회를 소집한다는 것이었다. 또한 칙령에서는 독일연방의 개혁 및 헌법 제정이 부수적으로 명시되었다.

그러나 급진적 자유주의자들은 그들의 요구를 고집했다. 국왕으로부터 개혁 정책에 대한 구체적 회답을 얻어내라는 위임을 받고 3월 17일 베를린에 도착한 라인 지방의 대표들은 더욱 완강했다. 베를린의 대표들 역시 심각한 상황을 목격하고 정부군의 철수, 반동 내각의 해산, 시민병 체제의 도입, 자유헌법의 제정 등을 요구하고 나섰다.

이러한 요구들은 같은 날 베를린의 곳곳에서 개최된 민중집회에서 재천명되었다. 이들은 청원서를 국왕에게 보내면서 그것에 대한 압력 수단으로 다음 날 정오 왕궁 앞에서 대규모 시위를 펼치기로 했다. 3월

18일 라인 지방 및 베를린 대표들이 프리드리히 빌헬름 4세와 면담하기 위해 왕궁으로 갔는데 이것은 계획된 시위 저지를 위해 베를린 대표들에게 국왕과의 면담이 허용되었기 때문이다. 그러나 왕궁 앞의 시위를 저지할 수는 없었다. 오후 2시 대규모의 시위 군중 앞에서 국왕 결정이 발표되었다. 시위대는 국왕이 발표한 정치개혁을 환영했고 "국왕 만세"를 불렀다. 그러나 실제로 이들이 제시한 주요 요구들은 실현되지 않는데 그것은 정부군 철수에 대한 언급이 전혀 없었다는 데서 확인할 수 있다. 이러한 상황에서 왕세자는 베를린 주둔 총사령관이었던 푸엘(A. K. v. Pfuel)을 그의 측근인 프리트비츠(K. v. Prittwitz) 장군으로 교체했다.[15] 과잉 충성과 반동에 익숙한 프리트비츠와 그의 측근들은 무력 진압의 필요성을 제기하는 데 주저하지 않았다. 결국 분위기가 돌변했고 시위자들 역시 의구심을 가지기 시작했다. 점차적으로 "군대는 물러가라(Militär zurück)!"는 구호가 제기되었다. 거의 같은 시점에 왕궁으로부터 정부군이 시위대를 습격함에 따라 시위대는 크게 격분했다. 그런데 이러한 돌발적 상황은 국왕이 궁정 앞의 시위대를 해산시키라는 명령에서 비롯되었다. 정부군의 발포 이후 시위대와 정부군 사이의 치열한 전투가 벌어졌다.

얼마 안 되어 베를린 곳곳에 노동자, 수공업자, 학생, 시민들이 바리케이드를 설치했다. 기병 투입을 막기 위해 거리의 돌들이 파헤쳐졌다. 동시에 시위 참여자들은 무장을 하기 시작했고 그 과정에서 무기상과 장교 숙소에서 무기들이 탈취되기도 했다. 그러나 소총이 모자라 도끼,

---

15 이 당시 푸엘은 시위대와의 협상을 통해 당시 상황을 해결하고자 했다.

갈고리, 쇠스랑, 낫, 창 등도 동원되었다. 시위 도중 시위 참여자들은 2문의 대포를 확보했다. 이 대포는 알렉산더 광장(Alexanderplatz) 앞에서 바리케이드를 뒤로 하고 두 퇴역군인인 기계공 피히트너(A. Fichtner)와 헤센(B. Hessen)에 의해 조종되었다. 대포 덕분으로 바리케이드는 쉽게 무너지지 않았다. 따라서 오후 3시경에 시작된 시가전은 다음날 아침 5시까지 지속되었다.

이 당시 전투의 중심지는 주로 넓은 시가였다. 군사령관 프리트비츠는 시 중심을 장악할 경우 소요 역시 진압될 수 있다고 생각했지만 그의 계획은 어긋났다. 많은 바리케이드들이 제거되었음에도 불구하고 새로운 바리케이드들이 속속 설치되었다. 전투는 치열한 시민전쟁으로 변형되었다. 물론 전투병, 무기, 예비병 등에서 혁명군은 열세였다. 그러나 36문의 대포를 가진 14,000여 명의 정부군에 대항하여 3~4,000여 명의 혁명군은 바리케이드를 수호했다. 또한 혁명군은 베를린 시민의 절대적인 지지를 받았다. 실제적으로 수천 명의 시민이 바리케이드 구축에 참여했고 음식을 공급했으며 부상자도 치료했다.

혁명군에는 수공업자와 학생뿐만 아니라 지식인들, 예를 들면 의사 루텐베르크(A. Rutenberg)와 수의사 우르반(B. Urban) 등도 가담했다. 그러나 직접 전투를 주도한 계층은 베를린의 젊은 노동자들이었다. 즉 직인, 도제, 공장 노동자들이 시가전에 참여했고 그 과정에서 보르지히(Borsig) 기계공장의 기계공들이 큰 역할을 수행했다.[16] 약 900명의 보르지히 기계공들이 시 중심지로 진격했고 프리드리히(Friedrich)가에서

---

16 이 기계공장의 사장이었던 아우구스트 보르지히(A. Borsig)는 3월 초 400명의 종업원을 해임했는데 이 수는 전체 근무자의 1/3에 해당되었다.

펼쳐진 정부군과의 전투는 매우 치열했다. 이 전투에 참여한 19세의 철물공 글라제발트(H. Glasewald)와 17세의 철물공 친나(E. Zinna)는 죽음을 두려워하지 않는 용감성을 발휘하여 바리케이드를 사수했다.[17] 그런데 친나는 이 전투에서 사망했고 이 인물은 용감하게 투쟁하는 독일 노동자들의 상징이 되었다. 전투를 지휘한 것 역시 철물공 지게리스트(K. Siegerist)였다. 다섯 번의 공격을 물리쳤으나 결국 탄약이 떨어져 바리케이드는 붕괴되었다. 이와는 별도로 노동자 거주지역인 프랑크푸르트(Frankfurt)가에서도 치열한 전투가 벌어졌는데 방직공들은 집을 바리케이드로 삼아 진입하는 보병들을 저지했다.[18] 이 전투에서 230명의 혁명 참여자가 사망했는데 이들 중의 3/4이 노동자 출신이었다.[19] 그리고 체포된 500명 중의 85퍼센트도 노동자 계층에 속했다.[20]

다음 날인 3월 19일 2만 명의 정부군은 900여 개의 바리케이드를 제거했지만 민중봉기를 완전히 진압할 수 없었다. 이 당시 정부군은 시를

---

17 친나는 바리케이드를 지키던 친구가 총격을 받아 중상을 입은 후 할아버지가 사용했던 녹슨 검을 가지고 정부군 진영으로 돌진했다. 그러나 이 인물은 바로 하복부 부상을 당하게 되었고 그것으로 인해 다음 날 사망했다.

18 상황이 이렇게 전개됨에 따라 당시 왕비였던 엘리자베트(Elisabeth)는 프리드리히 빌헬름 4세에게 도보로 베를린 탈출을 권유했다. 그리고 왕비는 더 이상 베를린의 시민들을 향해 총격도 가하지 말 것을 요구했다. 엘리자베트는 남편과의 대화 과정에서 "우리는 자식도 없고 재산도 충분히 가지고 있다."라고 하면서 베를린 탈출을 재차 권유했다. 이에 따라 국왕 부부는 미리 마련된 마차로 갔고 이 소식을 들은 신하들은 국왕 부부의 베를린 탈출을 막으려고 했다.

19 이렇게 희생된 인물들의 대다수는 20세에서 30세 사이였다.

20 이 당시 베를린에는 6,000명 이상의 실업자가 있었다.

완전히 점령할 수 없었고 다른 지역의 예비군들을 베를린으로 동원하여 수도를 포위할 수도 없는 상황이었다. 반동적인 정부군의 패배가 확실시됨에 따라 프리드리히 빌헬름 4세는 시민들에게 무기를 버릴 것을 호소했다. 혁명적 민중은 냉담과 조소로 국왕의 기만에 대응했다. 19일 아침 새로운 포고문이 발표되었는데 거기서는 바리케이드를 철수할 경우 정부군도 철수한다는 것이 거론되었다.[21]

혁명군은 이러한 애매한 약속을 믿지 않았다. 이날 자정에 발표된 일시적 휴전은 혁명군의 승리를 의미했다. 실제적으로 정부군은 피로했고 의기소침했다. 여기저기서 정부군이 와해되었다. 프리트비츠도 더 이상 전투가 성공할 가능성이 없음을 고백했다. 이에 반해 혁명군의 사기는 드높았고 이들은 국왕의 조건을 수락하지 않으려 했다. 나아가 이들은 정부군이 먼저 철수해야만 바리케이드도 철수하겠다는 입장을 밝혔다.

같은 날 프리드리히 빌헬름 4세는 「나의 사랑하는 베를린 시민」이라는 선언서를 발표했는데 그것은 그 자신이 혁명적 상황에 굴복한 것으로 볼 수 있을 것이다. 아울러 그의 내적 불확신(innere Unsicherheit)도 선언서 발표에 요인으로 작용한 것 같다. 선언서를 발표한 직후 프리드리히 빌헬름 4세는 베를린에 주둔 중인 정부군을 포츠담으로 철수토록 했다. 아울러 그 자신도 포츠담으로 떠났다. 그러나 그에 앞서 그는 시가전에서 희생된 사람들에 대한 장례식과 혁명 시민들로 구성된 의용

---

21 이 과정에서 프리트비치는 프리드리히 빌헬름 4세에게 보다 과격한 방법을 통해 혁명군을 진압해야 한다는 건의를 했지만 국왕은 이를 수용하지 않았고 결국 프리트비치는 해임되었다.

군에게 무기를 넘겨주는 의식에도 참여해야만 했는데 이것은 혁명세력에 대한 굴욕적 행위로 간주할 수 있을 것이다.[22] 3월 21일 프리드리히 빌헬름 4세는 「나의 신민과 독일 민족(An mein Volk und die deutsche Nation)」이라는 호소문을 발표했다. 여기서 그는 '프로이센이 향후 독일 통합의 과정에서 주도적 역할(Preußen geht fortan in Deutschland auf)'을 담당하겠다는 것도 강조했다.

이러한 조처에 대해 빌헬름은 이의를 제기했고 그것은 그로 하여금 런던에서 적지 않은 기간을 머무르게 하는 요인으로 작용했다. 빌헬름과 마찬가지로 프로이센의 보수 세력들은 계속하여 혁명세력을 무력으로 진압해야 한다는 관점을 가지고 있었다. 이러한 세력에 동조적이었던 비스마르크(O. v. Bismarck)는 당시 베를린에서 전개된 상황에 대해 크게 우려를 표명했다. 따라서 그는 우위를 점하고 있던 혁명세력을 붕괴시키기 위해 자신의 충실한 소작농들을 무장시켜 베를린으로 진격하려고 했다. 그러나 그는 자신의 구상이 비현실적이라는 것을 파악한 후 포츠담에 가서 군부의 핵심인사들인 묄렌도르프(J.K.W.D. v. Möllendorff), 프리트비츠와 심도 있는 대화를 나누었다. 이 자리에서 비스마르크는 특히 묄렌도르프에게 "만일 귀하께서 국왕의 명령 없이 혁명세력을 타파할 경우 귀하께 어떤 일이 발생한다고 생각하십니까? 본인이 생각하기로는 프로이센이 귀하께 진심으로 감사드릴 것이며 프리드리히 빌헬름 4세께서도 귀하의 솔선적 행동에 대해 당위성을 부여하실

---

22 이 당시 혁명세력은 '국왕이 사망자를 직접적으로 보아야 한다'는 주장을 펼쳤다. 그리고 장례식에 나타난 프리드리히 빌헬름 4세는 혁명세력들의 요구에 따라 모자마저 벗어야 했다.

것입니다."라고 했다. 즉, 그는 혁명세력을 타파할 반혁명적 소요의 당위성을 역설했던 것이다.

그러나 묄렌도르프는 국왕의 명령 없이는 어떠한 군사적 행동도 펼칠 수 없음을 명확히 밝혔다. 이러한 상황에서 비스마르크의 구상이 실현되기 위해서는 프리드리히 빌헬름 4세와의 독대가 우선적으로 필요했다. 이후 비스마르크는 국왕 알현을 시도했고 거기서 그는 국왕과 몇 분간의 독대 기회를 가질 수 있었다. 여기서 비스마르크는 병력을 최대한 동원하여 혁명적 소요를 진압해야 한다는 입장을 분명히 밝혔지만 국왕은 그것의 수용을 거부했다. 특히 프리드리히 빌헬름 4세는 자신이 프로이센의 상황을 정확히 파악하고 있음을 언급했는데 그것은 비스마르크로 하여금 다른 방법을 강구하게 했다. 이 당시 프리드리히 빌헬름 4세의 동생이었던 카를(Karl) 왕자 역시 무력으로 혁명세력을 진압해야 한다는 생각을 가지고 있었다. 그러나 그는 자신의 형이 위정자로 있는 한 그러한 방식이 수용될 수 없음을 인지했기 때문에 자신과 같은 생각을 갖고 있던 비스마르크와 빈번한 접촉을 시도했다. 여기서 그는 비스마르크로 하여금 빌헬름 왕자의 부인이었던 아우구스타(Augusta)를 통해 자신들의 계획을 구체화시킬 수 있다는 확신도 가지게 했다.[23] 3월 23일 아우구스타와 독대한 비스마르크는 프리드리히 빌헬름 4세를 권좌에서 축출하고 왕자 부부의 아들인 프리드리히 빌헬름(Friedrich Wilhelm)을 국왕으로 즉위시켜 혁명적 소요를 진압해야 한다는 입장을 밝혔다. 그러나 아우구스타는 비스마르크의 제안이 카를

19세기 독일 통합과 제국의 탄생

---

23 작센-바이마르(Sachsen-Weimar) 대공 카를 프리드리히(K. Friedrich)의 딸이었던 아우구스타는 1829년 빌헬름과 결혼했다.

왕자와의 접촉에서 비롯된 것이라는 사실을 즉시 인지했기 때문에 그 제안을 수용할 수 없다는 입장을 분명히 밝혔다. 아울러 그녀는 비스마르크가 예의에 어긋난 행동을 했다는 것과 혐오스러운 음모에 적극 참여했다는 사실에 대해 분노까지 표명했다.

이러한 내부적 우여곡절에도 불구하고 4월 초 자유주의자들이 대거 참여한 새로운 내각이 베를린에서 구성되었고 의회 소집을 위한 작업도 병행되었다.[24] 그러나 혁명의 과격화를 우려한 입헌·자유주의자들은 민중운동의 에너지를 차단해야 한다는 생각을 점차적으로 가지게 되었다. 프로이센에서와 마찬가지로 바덴, 뷔르템베르크, 헤센-다름슈타트, 바이에른, 작센, 하노버에서도 자유주의자들이 참여한 내각이 탄생했다.[25]

---

24 캄프하우젠(L. Camphausen)과 한제만(D. Hansemann)의 주도로 3월정부가 구성되었다. 그런데 캄프하우젠과 한제만은 구정권 추종자들을 3월정부에 다시 기용하려는 왕실의 모든 시도에 동의하지 않았을 뿐만 아니라 국왕으로 하여금 3월 29일 신내각의 구성도 즉시 인정하라고 강요했다. 이제 프로이센에서는 처음으로 귀족 출신이 아닌 캄프하우젠이 내각수반에 임명되었고, 한제만은 재무장관직을 맡게 되었다. 그리고 시민 계층과 자유주의적 성향의 귀족들도 대거 신정부에 참여했다. 그런데 이렇게 출범한 신정부는 어떤 방향으로 혁명을 추진해야 하는지에 대해서는 관심을 보이지 않았다. 이들은 오히려 혁명의 엄청난 성과들을 가능한 한 빨리 안정시키고 합법적인 길로 유도하는 데 힘을 쏟았다. 특히 프랑스 대혁명의 역사적 사례는 혁명 과정을 계속 진행시키는 과정에서 주도 세력의 위치에서 밀려나게 된다면 위험한 결과들이 야기될 것이라는 점을 알려주는 것처럼 보였다. 오히려 가능한 한 빨리 혁명운동을 위해 확고한 정거장을 찾는 것이 필요하다는 것이었다. 따라서 이들의 주장은, 그 시대의 표현에 따를 경우, 가능한 한 빨리 '혁명을 종결시키자는 것'이었다.

25 이를 지칭하여 '3월정부(Märzregierung)'라 한다.

4. 프랑크푸르트 국민의회

베를린과 빈에서 소요가 발생되기 이전, 즉 1848년 3월 5일 51명에 달하는 남부 독일의 지식인들이 하이델베르크(Heidelberg)에 모여 독일 통합의 필요성을 부각시켰을 뿐만 아니라 그것을 구체화시킬 독일국민 의회(Nationalversammlung)의 소집도 요구했다.

이에 따라 1848년 3월 31일 프랑크푸르트에서 국민의회 소집을 위한 예비의회가 개최되었다.[26] 활동 직후부터 온건파와 급진파의 갈등이 표출되었지만 그것을 극복할 수 있는 방법은 제시되지 못했다. 의회 내에서 자신들의 목적이 관철될 수 없음을 인지한 급진파는 슈트루베(G. Struve)와 헤커(F. Hecker)의 주도로 4월 12일, 슈바르츠발트(Schwarzwald)에서 소요를 일으켰는데 세습왕정제 폐지, 상비군 철폐, 민주적 연방체제의 도입 등이 그들의 요구였다.[27]

그러나 급진파의 소요는 연방군에 의해 4월 27일에 진압되었고 온건파가 주도하던 예비의회는 국민의회의 소집을 결정했다. 이에 따라 1848년 5월 1일 국민의회 선거가 실시되었다. 그리고 같은 달 18일 프랑크푸르트의 성 파울 교회(S. Paulkirche)에서 국민의회의 활동이 개

---

26 독일연방의회의 기능이 3월혁명으로 정지된 후 활동을 개시한 예비의회는 4월 3일까지 개최되었다.

27 귀족 계층의 철폐, 수도원 해산, 그리고 수입 및 재산에 대한 적절한 세금 부과 등도 요구한 이들은 콘스탄츠(Konstanz)에서 독일공화국 건국을 선포하고 그 것을 관철시키기 위해 의용대를 이끌고 프랑크푸르트로 진군했다. 헤커는 바젤과 스트라스부르크를 비롯한 적지 않은 지역에서 지지를 얻었으나, 독일연방군과의 전투에서 패배를 당했다.

시되었는데, 여기에는 뛰어나
고 다재다능한 인물들이 대
거 참여했다. 실제적으로 지
난 30년 동안 독일 정치세계
를 주도한 인물들, 예를 든
다면 달만, 드로이젠, 바이츠
(G. Waitz), 아른트, 얀, 블룸
(R. Blum), 루게, 그리고 가톨
릭 지도자였던 케텔러(W.E.
Ketteler) 주교 등이 국민의회
의 의원으로 활동하기 시작했
다.

프랑크푸르트 국민의회의 개원식

　그런데 프랑크푸르트 국민
의회는 독일 민족 전체보다는 자유주의를 지향하던 중산 계층을 대변
했다. 이러한 특징은 그리 놀랄 일이 아니었는데 그것은 예비의회가 성
년이 된 독립적 시민들 모두에게 투표권을 부여했음에도 불구하고 여
러 영방국가들이 독립적이라는 조건을 자의적으로 규정한 데서 비롯
된 것 같다. 오스트리아와 프로이센을 비롯한 몇몇 영방국가들은 시민
들에게 어떠한 제한도 가하지 않았다. 이에 반해 바이에른에서는 직접
세를 납부하는 사람들에게만 선거권이 부여되었다. 그리고 바덴과 작
센에서는 농업 노동자들에게 투표권을 부여하지 않았고 뷔르템베르크
에서는 하인들이나 노동자들이 투표 과정에서 배제되었다. 또한 비밀
투표가 시행되지 않았고, 예비의회의 권고에도 불구하고 대부분의 영
방국가들은 간접선거 방식을 채택했다. 결과적으로 585명의 의원 대

다수가 중산 계급 출신이었다.[28] 157명의 판사와 변호사, 138명의 고위관리, 100명 이상의 대학교수 및 고등학교 교사, 그리고 40명 정도의 상인과 기업가들이 의원으로 선출되었다. 이에 반해 농민은 한 명뿐이었고 수공업자 4명과 귀족 출신의 의원 90명은 지적 분야에서 종사하던 인물들이었다. 그런데 프랑크푸르트 국민의회에 참석한 의원들은 특수 정당이나 집단적인 정치적 신조에 대한 충성을 공개적으로 밝히지 않았다. 정치적 성향으로 볼 때, 절반 내지 2/3가 자유주의적이었고, 좌우 급진파는 약 15%에 불과했다. 시간이 지나면서 느슨하게나마 정치적 집단들이 형성되었는데 이들은 통상 토론을 위해 비공식적으로 모이던 숙소의 이름을 따서 그들 집단을 부각시키려고 했다. 그것들을 살펴보면 우선 기존 질서체제를 대변하고 의회에 대한 정부 통제권을 거부한 소수 우파인 '밀라니(Milani)'파와 다수가 참여한 중도우파(Rechtes Zentrum)를 들 수 있다.[29] 그런데 이 당시 중도우파는 다시 여러 그룹으로 나누어졌는데 이 중에서 '카지노(Casino)'파에 가장 많은 의원들이 참여했다. '카지노'파는 국민의회의 유일한 과제인 헌법 제정 이후 기존 질서체제와의 합의 원칙도 지향했는데 이것은 이 파가 입헌군주적 연방체제를 토대로 한 독일 통합을 모색한 데서 비롯된 것 같다. 마지막으로 민주정당들이 있었는데 블룸이 인도하는 온건좌파(Gemäßigte Linke)와 짐머만(W. Zimmermann)과 지몬(L. Simon)이 이

---

28 국회의원과 병행하여 245명의 전권위원도 선출되었다.

29 우파들은 처음에는 석조전(Das Steinerne Haus)에서 모이다가 카페 밀라노(Cafe Milano)에서 정례적으로 회합을 가졌다. 이 당시 협상 과정에서 타협의 원칙이 결정적인 규범이 되어야 한다는 입장을 밝혔다.

끄는 과격좌파(Extreme Linke)가 주도적인 역할을 담당했다. 이들 좌파들은 중도적 좌파(Linkes Zentrum)와는 달리 기존 질서체제와의 합의 원칙을 거부하고 국가권력이 의회로부터 나와야 한다는 원칙을 제시했고 그 과정에서 공화정 체제를 지향했다.

이 당시 국민의회의 최대 목표는 독일연방을 하나의 통합국가로 변형시키는 것이었다. 그러나 역사적으로 형성된 개별 영방국가들을 그대로 둔 채 강력한 중앙권력을 창출한다는 것은 쉬운 일이 아니었고 통합 방안에 대한 의원들의 의견 역시 일치되지 않았다. 따라서 프랑크푸르트 국민의회는 독일 통합 방안을 구체화시키기 위해 당시 독일권에서 결정적 영향력을 행사하던 프로이센과 오스트리아의 동의를 얻어 중앙정부를 구성하려고 했다. 그러나 이들 국가와의 협상이 교착 상태에 빠짐에 따라 국민의회는 5월 19일 의장으로 선출된 가게른의 강력한 요구로 독자적인 활동을 개시했고 제국섭정(Reichsverweser)을 선출하는 작업에도 착수했다.[30] 국민의회는 6월 24일 오스트리아 제국의 페르디난트 2세의 형제였던 요한(Johann) 대공을 제국섭정 후보로 지명했고 6월 28일에 제국섭정으로 선출했다.[31] 이 당시 프랑크푸르트

---

30 가게른은 5월 19일에 실시된 의장 선거에서 재적인원(397명)의 80% 이상인 305명의 지지를 받았다. 만일 이 당시 가게른이 의장 후보로 나서지 않았다면 블룸이 의장으로 선출되었을 것이다. 그런데 프랑크푸르트 국민의회를 주도할 의장의 임기는 1개월에 불과했기 때문에 이것은 의회의 효율적 운영에 걸림돌이 되었다. 이러한 제도적 문제점에도 불구하고 가게른은 7회 연속 의장에 선출되었기 때문에 의회는 비교적 원활히 운영되었다.

31 1559년에 공사가 중단되었던 쾰른(Köln) 대성당의 완공을 경축하기 위해 1842년 9월 축제가 개최되었는데 여기에는 프리드리히 빌헬름 4세, 메테르니히, 그

국민의회의 위상은 상대적으로 높았기 때문에 영방국가들은 그러한 지명 및 선출에 대해 이의를 제기하지 않았다. 7월에 접어들면서 연방의회가 요한 대공에게 제 기능을 이양함으로써 대공은 중앙정부 창설에 필요한 작업을 본격적으로 이행하기 시작했다. 여기서 요한 대공은 바이에른의 라이닝겐(K. Leiningen) 후작을 정부수반으로 선정했는데, 이 인물은 빅토리아 여왕의 이복오빠였고 알버트(Albert)공과는 사촌이자 처남지간이었다.

이후 구성된 프랑크푸르트 신정부는 외형상 문제가 없었다. 그러나 이 정부의 권한은 매우 제한되었고, 개별 영방국가들이 프랑크푸르트 정부에 협력할 용의가 있느냐에 전적으로 의존해야만 했다. 이러한 것은 프랑크푸르트 국방장관이 개별 영방 군대에 대해 약간의 통제권을 행사하려 할 때 부각된 저항에서 확인되었다. 실제로 대다수의 약소국가들은 그들 군대가 제국섭정에게 충성 서약을 하는 것에 동의했으나 프로이센, 오스트리아, 그리고 하노버 등은 반대했다. 그리고 제국 정부는 연방의회의 재정이 고갈됨에 따라 개별 영방국가들의 지원에 의존할 수밖에 없는 어려운 상황에 놓여 있었다. 또한 프랑크푸르트 신정부는 유럽 강국으로부터 인정도 받지 못한 상태였다. 이 당시 차르의 러시아나 공화국 프랑스는 독일권의 통합을 원하지 않았다. 영국 정부

리고 요한 대공이 참여했다. 이 자리에서 요한 대공은 "프로이센, 오스트리아, 그리고 독일어를 사용하는 그 밖의 지역이 하나가 된다면 이 국가는 산 위의 돌처럼 강해질 것이다."라는 발언을 했다. 그런데 이 발언은 언론에서 "더 이상 프로이센과 오스트리아는 없다. 산처럼 강한 독일만이 있을 뿐이다."라고 보도되었고 이 덕분으로 요한 대공이 제국섭정으로 선출되었다는 주장이 제기되기도 했다.

는 이들 국가보다 다소 유연한 자세를 보였지만 수상 파머스턴(Palmer-ston)도 아무런 정책을 수행하지 못하던 새 정부와의 외교관계 수립에 대해서는 주저했다. 이에 반해 스웨덴, 네덜란드, 벨기에, 스위스는 새 정부를 승인했다. 미국 역시 프랑크푸르트 새 정부를 승인했는데 그것은 연방체제에 대한 긍정적인 자세에서 비롯된 것 같다.

5. 슐레스비히-홀슈타인 문제

국민의회의 무력함은 슐레스비히-홀슈타인(Schleswig-Holstein) 문제에서 명백히 드러났다. 두 공국은 오랫동안 덴마크 국왕의 지배하에 있었으며 그중 홀슈타인은 독일연방의 일원이었다.[32] 혁명을 계기

---

32 1111년 아돌프 폰 샤우엔부르크(Adolf v. Schauenburg)가 작센 공작 로타르 폰 주플린부르크(Lothar v. Supplinburg)로부터 홀슈타인 백작으로 임명되면서 홀슈타인은 독일계 샤우엔부르크 가문의 영지가 되었다. 1459년에 이르러 홀슈타인과 슐레스비히의 귀족과 도시들 그리고 교회들은 샤우엔부르크 가문의 아돌프 8세의 사망 이후 야기될 수 있는 공작들의 충돌을 방지하기 위해 덴마크 왕 크리스티안 1세(Christian I, 1448~1481)를 슐레스비히의 공작과 홀슈타인의 백작으로 선출했다. 이 인물은 즉위한 이후 슐레스비히와 홀슈타인의 '영원한 불분리'를 선언했다. 1474년부터 홀슈타인은 공작령으로 승격되었고, 덴마크 왕 크리스티안 4세(Christian IV, 1588~1648)는 홀슈타인 백작으로서 30년 전쟁(1618~1648)에 참여했다. 1627년부터 시작된 전쟁으로 홀슈타인 지역은 황폐화되었고, 홀슈타인이 경제적, 정치적 그리고 사회적으로 덴마크의 통합국가로 흡수되면서, 아이더(Eider)강 경계는 형식적인 의미로 전락했다. 1490년 덴마크 왕이 아들들에게 영토를 분할해주면서 국가의 분할이 이루어졌다. 홀슈타인 내의 분리된 지역들은 왕국 혹은 공작령이 되었으며, 이는 18세기 후

로 이 지방의 독일계 주민들이 덴마크 지배에 항의했고 그 과정에서 무력 충돌도 발생했다. 이 당시 독일계 주민들은 슐레스비히가 명백히 독일령 홀슈타인과 수세기 동안 긴밀히 결합된 영토이기 때문에 독일연방의 일원이 되어야 한다는 주장을 펼치고 있었다. 이에 반해 덴마크계 주민들은 슐레스비히가 덴마크 영토이기 때문에 반드시 덴마크에 포함되어야 한다는 입장을 밝히고 있었다. 1848년 3월 코펜하겐(Copen-hagen)에서 혁명이 발생했고 새로이 구성된 내각에는 덴마크의 민족주의자들이 대거 참여했다. 이에 독일인들은 양 공국을 덴마크로부터 지키기 위해 임시정부를 킬(Kiel)에 수립하고 연방의회에 지원을 요청했다. 연방정부는 킬 정부를 승인하고 프로이센에게 양 공국 문제에 개입할 것을 요청했다. 그러나 프리드리히 빌헬름 4세는 그러한 요청에 관계없이 아우구스텐부르크(Augustenburg)공과의 약속에 따라 양 공국 문제에 개입해야만 했다.[33] 이에 따라 4월 프로이센군은 양 공국에 진입했고 다음 달에는 프로이센군과 연방 파견대 사령관인 브랑겔(A. Wrangel) 장군이 덴마크인들을 유틀란트(Jütland; Jylland) 남부 지방에서 축출했다.

그러나 프리드리히 빌헬름 4세는 자신의 성급한 개입에 대해 후회하기 시작했는데 그것은 오스트리아를 비롯한 대다수의 영방국가들이 슐레스비히와 홀슈타인에서 프로이센을 지원하지 않았기 때문이었다. 아울러 덴마크인들이 북독일 해안을 봉쇄함으로써 프로이센의 상업 활동

반까지 이어졌다.

33 프리드리히 빌헬름 4세는 아우구스텐베르크공에게 외세 침입으로부터 양 공국을 방어하겠다는 약속을 한 상태였다.

은 큰 타격을 입었다. 나아가 유럽의 강대국들인 러시아, 영국, 프랑스역시 프로이센 정책에 대해 강한 불만을 표시했다. 이에 따라 브랑겔은국왕의 지시에 따라 5월 말 남부 유틀란트에서 프로이센군을 철수시켰고 그것은 프랑크푸르트 국민의회의 강력한 반발을 야기시키는 계기도되었다. 그러나 프로이센은 프랑크푸르트의 이러한 반응에 관심을 보이지 않았을 뿐만 아니라 브랑겔로 하여금 덴마크와 휴전협상을 체결할 것도 명령했다. 결국 8월 26일 스웨덴의 말뫼(Malmö)에서 휴전협정이 조인되었으며, 이것에 따라 프로이센군은 양 공국에서 철수했다. 국민의회는 프로이센의 이러한 행보에 동의하지 않았지만 프로이센과의충돌 가능성과 급진주의자들의 득세 때문에 이 조약을 9월 18일에 추후 비준할 수밖에 없었다.[34] 이로써 두 공국의 독일계 주민은 국민의회로부터 배반을 당한 상황에 놓이게 되었고 대다수 독일인 역시 국민의회의 결정에 불만을 표출했다.[35]

---

34 추후 비준 과정에서 221명의 의원들은 비준에 동의하지 않았는데 이들의 대다수는 좌파 성향의 정치가들이었다. 9월 16일 비준에 반대했던 의원들이 덴마크와의 전쟁을 속개해야 한다는 안건을 상정했지만 237명만이 찬성표를 던져부결되었다.

35 1848년 9월 17일 프랑크푸르트에서는 '국민의회의 반역자들'을 성토하는 시위가 발생했다. 프랑크푸르트 정부의 수상으로 임명된 슈메를링(A. v. Schmerling)은 마인츠(Mainz)에 주둔하던 오스트리아와 프로이센군 투입을 요청했다. 이후 프랑크푸르트의 여러 곳에 바리케이드가 설치되었고 시위 군중의 일부는국민의회가 열리던 성 바울 교회 안으로 진입했고 거기서 2명의 친프로이센 의원, 즉 아우어스발트(H. v. Auerswald) 장군과 리흐노프스키(F.M. Lichnowsky)후작을 살해했다. 그리고 이어 펼쳐진 시가전에서 80여 명의 시위 군중이 희생되었다. 거의 같은 시기 바덴에서도 소요가 발생했지만 곧 진압되었다.

슐레스비히-홀슈타인 문제로 위상이 격하된 국민의회는 헌법의 기본 구조 심의에 들어갔다. 아울러 향후 법치국가 운영에 필요한 국민 기본권 제정에도 착수했다. 그런데 국민 기본권은 이미 이전부터 각 영방 헌법에서 보장된 시민적 제 권리를 집약하고 봉건적 제 구속을 폐기한 토대에서 비롯되었다. 여기서는 개인의 자유, 법적 평등, 영업·경제 활동의 자유, 이동의 자유, 영주의 자의적 체포나 권력 남용에 대한 권리 보장, 출판·신앙·사상의 자유, 집회·결사의 권리 등이 망라되었다. 그리고 이러한 것들은 바이마르(Weimar) 공화국 헌법과 독일연방공화국 기본법에 의해 계승되었다.

6. 소독일주의와 대독일주의

슐레스비히-홀슈타인 문제를 통해 독일인들은 열강의 동의 없이는 통합 역시 불가능하다는 사실을 확실히 깨닫게 되었다. 이후의 역사에서 확인되듯이 독일 통일은 유럽 열강 간의 힘의 공백기에서나 가능했다. 국제적 상황과는 관계없이 국민의회는 독일 국가의 기본 체제를 심의하기 시작했다. 그러나 통합 방안에 대한 논의 과정에서 의견을 달리하는 파벌이 형성되었는데 소독일주의파(Kleindeutsch)와 대독일주의파(Grossdeutsch)가 바로 그것이었다.[36]

---

36 통합 논의 과정에서 대독일주의가 소독일주의보다 먼저 거론되었다. 그런데 이렇게 시기적으로 먼저 제시된 대독일주의는 3월혁명 이전부터 통합 방안으로 거론되었다. 그런데 대독일주의는 중부 유럽 제 민족이 지향한 통합 방안과

비교할 때 비교적 유리한 조건을 갖추고 있었다. 왜냐하면 기존의 연방체제를 연방국가로 변형시킬 경우 그것은 당시 국제법에서 허용되던 테두리 내에서도 가능했기 때문이다. 따라서 독일연방에 속했던 오스트리아 제국의 보헤미아, 모라비아(Mähren), 아우슈비츠(Auschwitz), 자토르(Zator) 그리고 슐레지엔(Schlesien) 지방을 대독일주의 원칙에 따라 신독일에 편입시키는 것은 당시 강조되던 '정통성의 원칙'에도 크게 위배되지 않기 때문에 그것에 대한 외부로부터의 개입 역시 없으리라는 것이 독일권에 널리 펴져 있던 일반적 견해였다. 이러한 시점에서 대독일주의를 선도했던 프라일리그라트(F. Freiligrath)와 그의 추종자들은 오스트리아, 프로이센 그리고 대표적 중소국가들의 위정자들이 독일 통합에 적극적으로 나서야 한다는 견해를 밝혔다. 이 당시 대독일주의자들은 독일 민족, 이탈리아 민족, 폴란드 민족, 그리고 헝가리 민족만이 민족국가를 형성할 수 있다는 주장을 펼쳤다. 이론적 단계에서 살펴볼 때 이러한 구상은 당시 널리 확산되었던 민족주의 개념에 근거했다는 것과 한 영토의 소유는 그곳에 살고 있는 민족에게 있다는 원칙론에서 출발되었음을 확인할 수 있다. 따라서 대독일주의자들은 독일연방 내의 슬라브 민족에게 민족적인 충성을 요구했는데 그것은 이들이 독일 민족과 체코 민족, 슬로베니아 민족 그리고 우크라이나 민족과의 관계를 프랑스 민족과 프랑스에 살던 브르타뉴인, 프로방스(Provence)인, 그리고 알자스(Alsace)인들과의 관계와 동일시한 데서 비롯된 것 같다. 아울러 이들은 체코 민족, 슬로베니아 민족, 그리고 우크라이나 민족을 하나의 민족 단위체로 인정하지 않고 혈연적 집단으로 간주했는데 그것은 이들 민족들이 독일 민족이나 폴란드 민족의 지배하에서도 자신들의 혈연적 · 언어적 특성을 충분히 보존시킬 수 있다는 판단에서 비롯된 것 같다. 아울러 대독일주의자들은 독일 통합의 장애요소로서 간주되었던 오스트리아 제국 및 그 통치체제에서 비롯되는 문제점들을 부각시켰는데 그것은 아마도 이들이 오스트리아 제국 내에서, 특히 보헤미아 지방에서 자신들의 동조 세력을 확보하려는 저의에서 비롯된 것 같다. 지금까지 거론된 대독일주의적 주장들을 종합 · 분석할 때 이 주의를 추종했던 인물들은 그들 주장에 따른 통합 과정에서 야기될 수 있는 민족 문제에 전혀 관심을 가지지 않았다는 것과 거기서 발생될 수 있는 문제의 심각성에 대해서도 고려하지 않았음을 확인할 수 있다.

소독일주의파는 프로이센 주도로 독일을 통합해야 한다는 견해를 제시했다. 여기서 이들은 오스트리아 제국의 역할을 인정하지 않으려고 했을 뿐만 아니라 독일권에서 이 제국을 축출하려고도 했다.[37] 이에 반해 대독일주의파는 독일연방에 소속된 오스트리아 제국의 영역을 신독일에 포함시켜야 한다는 주장을 펼쳤다. 물론 오스트리아가 독일권에서 행사했던 기득권 역시 보장되어야 한다는 것이 대독일주의파의 입장이었다.

시간이 지남에 따라 대독일주의를 지지하던 오스트리아 출신 의원들은 점차적으로 대독일주의에 대해 부정적인 시각을 가지게 되었는데 그것은 그들이 지속적으로 주장한 오스트리아 제국의 전 영역이 신독일에 편입되어야 한다는 견해가 수용되지 않았기 때문이다.[38]

---

37 이 당시 소독일주의를 지향한 프랑크푸르트 국민의회 의원인 짐손(E. Simson)과 빈케(G. Vincke)는 1848년 11월 24일 베를린에서 프리드리히 빌헬름 4세를 알현하려고 했다. 알현 후 이들은 프로이센 국왕이 프랑크푸르트 국민의회와의 긴밀한 협력 관계 구축에 큰 관심이 없다는 것과 이 의회로부터의 황제 즉위 요청도 수락하지 않을 것이라는 사실을 인지했다. 그러나 가게른은 독일 제후들이 헌법 수용을 받아들일 경우 프리드리히 빌헬름 4세 역시 자신에게 요청된 황제직을 수용하리라는 판단을 했는데 그것은 이 군주가 종종 상황에 따라 자신의 입장을 변경한 데서 비롯된 것 같다.

38 이 당시 오스트리아 출신 의원들은 대독일주의의 변형 모델이라 할 수 있는 오스트리아적 대독일주의를 지향했다. 여기서 이들은 대독일주의 원칙에 따라 통합 독일이 탄생될 경우 오스트리아 제국의 해체가 필연적이라는 것을 잘 알고 있었다.

7. 반혁명세력의 득세

1848년 9월에 접어들면서 빈 정부의 암묵적 지지를 받던 비헝가리 계통의 민족, 즉 세르비아인들과 크로아티아인들은 그들의 민족적·영토적 자치권을 요구하면서 헝가리 남부 지역에서 헝가리인들과 무력 충돌을 벌이고 있었다.[39] 이에 따라 빈 정부는 람베르크(Feldmarschall

---

39 1848년 3월에 발생한 혁명이 성공적이었다는 소식에 헝가리 내 제 민족은 크게 기뻐했다. 그러나 얼마 안 되어 비헝가리 민족들은 모든 면에서 헝가리 민족과 동등한 권리 부여를 요구하고 나섰다. 이 당시 헝가리 정부는 민족의 평등권 요구를 거절하고 문화적—종교적 측면에서 자치권을 인정하려는 태도를 보였고 그것에 대해 헝가리 내 소수민족 지도자들은 동의하지 않았다. 특히 헝가리 민족의 세력 신장과 헝가리 왕국의 독립성 및 자주성 유지에 강한 거부감을 가졌던 빈 황실은 분할 통치의 원칙을 가지고 헝가리 왕국 내 소수민족 지도자들을 고무시킴으로써, 그들의 요구 사항은 점점 더 확대되어 각 민족의 영토적 자치권마저 요구하게 되었다. 나아가 비헝가리 민족의 지도자들은 농민층의 모든 요구를 완전히 수용하겠다는 입장을 밝혔고 그것은 각 민족의 절대다수를 차지하던 농민 계층의 절대적인 지지도 확보하게 했다. 특히 크로아티아, 세르비아, 그리고 루마니아 농민들과 농노 계층들은 농노 해방을 통해서도 삶의 질이 실질적으로 향상될 수 없는 열악한 상황에 놓여 있었기 때문에 민족 지도자들의 이러한 약속에 쉽게 빠져들게 되었다. 이로써 헝가리 왕국 내 소수민족의 농민 및 농노 계층은 시민혁명과 사회개혁을 위한 구호보다 지금까지 소수민족의 지도자나 정치인들이 행했던 민족적인 구호에 동조하게 되었고 그것은 헝가리 혁명에 반대해 무장반란을 일으키게 했다. 1848년 6월에는 세르비아인들이, 가을에는 크로아티아인들, 슬로바키아인들, 그리고 루마니아인들이 무기를 들고 반혁명세력으로 등장하게 되었다. 헝가리 정부는 왕국 내 제 민족의 반혁명적 움직임에 자극받아 혁명적 과업을 수호하기 위해 약 20만 명에 달하는 헝가리 민족의 독립적 군대(Honvéd)를 본격적으로 조직했다.

F. v. Lamberg) 백작을 헝가리 총괄위원(Kommissar)으로 임명하여 헝가리군과 옐라치치(J. Jellačić)군 사이의 충돌을 중단시키는 방안을 강구하게끔 했다. 그러나 이 당시 헝가리 민족주의자들은 빈 정부의 이러한 조처가 그들의 자치권을 위배하는 것으로 간주했다. 따라서 이들은 빈 정부의 정책을 수용할 수 없다는 입장을 밝혔을 뿐만 아니라 부다(Buda) 정권을 강제적으로 인수하는 등의 행동도 취했다. 헝가리 민족주의자들의 이러한 반발 및 대응에도 불구하고 람베르크는 예정대로 9월 28일 부다에 부임했지만 같은 날 그는 흥분한 군중들에 의해 살해되었다. 상황이 이렇게 악화됨에 따라 페르디난트 1세는 10월 3일 헝가리 의회를 해산시킨다는 칙령을 발표했을 뿐만 아니라 옐라치치를 자신의 헝가리 전권 위임자로 임명하는 강경책도 펼쳤다.[40] 나아가 그는 10월 6일 전쟁장관 라투르(T.F.B. v. Latour)에게 빈 수비대를 헝가리 소요 진압에 즉시 투입할 것도 지시했다. 이에 따라 라투르는 같은 날 빈 수비대를 헝가리로 보내기 위한 수송 작전을 펼쳤다. 그러나 이 과정에서 혁명이 발생했고 거의 같은 시간 슈테판스돔(Stephansdom) 주변에서도 황제 추종세력과 반정부 세력 간의 시가전이 벌어졌다. 이러한 시가전에서 우위권을 장악한 반정부 세력은 68세의 라투르를 처형했고 그의 시신을 가로등에 거는 무자비한 행동도 자행했다. 나아가 이들은 빈의 무기고(Zeughaus)를 습격하여 그들이 필요로 하는 무기들도 대량 확보했다.

이 혁명으로 인해 빈 정부의 주요 관료들은 빈을 떠났고 페르디난트

---

40 동시에 빈 정부는 헝가리에도 비상계엄령을 선포했다.

1세 역시 10월 7일 다시 제국의 수도를 떠나 모라비아의 올뮈츠로 가야만 했다. 그리고 적지 않은 제국의회 의원들, 특히 우파 및 중도파 의원들도 황제를 따라 제국 수도를 떠났지만 좌파 의원들의 대다수는 빈에 머물렀다. 이 당시 제국의회의 좌파 의원들은 자신들이 제국의회에서 주도적인 역할을 담당해야 한다는 입장을 표명했다. 이에 따라 이들은 의회 내에 '공공질서유지위원회'를 결성한 후 반동 및 무질서에 적극적으로 대응하려고 했다.

이와는 달리 빈 시의회는 이중적인 태도를 보였다. 이 당시 시의회는 시 방어에 필요한 제 조치를 강구했는데 이것은 시민들을 안정시키려는 목적에서 비롯되었다. 동시에 시의회는 군사권을 국민군 총사령관에게 위임했는데 국민군은 주로 시민 계층으로 구성되었다. 또한 시의회는 자체적으로 동원군도 모집했는데 이것은 빈을 방어하려는 것보다는 노동자들을 규제하려는 의도에서 나온 것 같다. 그러나 시의회의 의도와는 달리 동원군은 잘 조직된 노동자 계층의 군대로 바뀌었고 이들은 대학생군 및 자유군과 협력하여 수주일 동안 정부군의 반동을 억제하는 데 크게 기여했다.

10월 12일 메센하우저(W. Messenhauser)가 국민군 총사령관 및 빈 총사령관으로 선출되었다. 이 인물은 이전에 장교로 활동했으나 군에 제대로 적응하지 못했고 철저한 혁명주의자도 아니었다. 오히려 10월 14일 작전참모로 임명된 폴란드 장군 벰(J. Bem)이 지휘관으로서의 역할을 충실히 수행했다. 그런데 이 인물은 이미 1830년 폴란드에서 발생한 혁명에서 자신의 탁월한 군사적 역량을 입증한 바 있었다. 벰은 4개 부대로 세분화된 동원군에서 핵심적 역할을 담당했고 이 인물 덕분으로 빈은 오랫동안 정부군의 압박에 효율적으로 대응할 수 있었다. 그런데 빈의 운명은 혁명운동과 군사적 조직이 어떻게 단합하느냐에 달려 있었다. 동시에 헝가리군이 빈의 혁명세력과 어떻게 협력해야 하는지도 중요한 관건으로 부상되었다. 그러나 소시민적 민주파가 장악한 지도부, 학생위원회, 민주동맹중앙위원회는 스스로의 혁명 조직을 구성하여 혁명을 관철시키려는 시도를 펼치지 못했다. 다만 이들은 제국의회와 시의회에 의존하면서 이들의 지시만을 따랐을 뿐이다. 그리고 안전위원회와 시의회를 혁명적 동반자로 유도하려던 혁명적 민주파의 시도 역시 실패로 끝나게 되었다. 또한 반동세력과 타협하기 위한 공적 기구의 설립도 무산되었다. 이에 반해 반동세력은 단호했고 무력으로 빈을 회복할 수 있다는 확신도 가지고 있었다. 따라서 이들은 혁명적 빈을 정복할 계획을 차분히 준비해갔고 거기서 빈디슈그레츠가 주도적인 역할을 담당했다.

그런데 이 인물은 이미 6월에 프라하에서 발생한 오순절 소요(Pfing-staufstand)를 진압한 바 있으며 빈을 무자비하게 정복하려는 강경파 인물이었다.[41] 페르디난트 1세는 10월 17일 그를 이탈리아 외곽에 주둔

---

41 프랑크푸르트 국민의회가 개원함에 따라 오스트리아 제국 내 슬라브 정치가들 역시 그들 민족의 위상과 장래 구도를 논의해야 한다는 주장을 제기했다. 그리고 이를 가시화시키기 위해 1848년 6월 2일 프라하에서 제1차 슬라브 민족회의를 개최했다. 이후부터 슬라브 민족회의는 현안 문제들을 구체적으로 논의하는 등 활발하게 활동했지만 프라하에서 발생한 돌발변수로 활동 중단 사태에 놓이게 되었다. 이렇게 발생한 돌발변수는 기존 질서체제로의 회귀 정책에 대한 반발에서 비롯된 오순절 소요였다. 6월 11일 프라하 대학생 슬라드코프스키(K. Sladkovský)의 주도로 시작된 이 소요에는 대학생들과 노동자 계층, 특히 제빵공들과 인쇄공들이 적극적으로 참여했다. 소요 기간 중 슬라드코프스키와 그의 추종자들은 빈 정부의 복고주의적 정책을 신랄히 비판했다. 아울러

하던 오스트리아 총사령관으로 임명했다. 그리고 이 당시 슈바르첸베르크((Felix Fürst zu Schwarzenberg)가 빈디슈그레츠의 정치고문으로 활동했는데 양인은 인척관계였다. 그런데 빈이 함락되기도 전에 슈바르첸베르크는 빈 정부 수상으로 행세했는데 이것은 황제와 더불어 올뮈츠로 이동한 수상 베센베르크의 위상이 크게 실추되었기 때문이다. 10월 10일 옐라치치가 군대를 이끌고 빈으로 진격했지만 오스트리아의 국경선을 넘지는 않았다. 이와는 달리 빈디슈그레츠군은 신속하게 빈으로 진격했고 10월 20일 빈에 계엄령도 선포했다. 이러한 상황 변화에도 불구하고 제국의회, 시의회 그리고 국민군 지휘부는 계속하여 스스로의 합법성을 주장하는 실수를 저질렀다. 제국의회와 시의회는 끝까지 혁명세력과 반동세력 간의 중재를 담당하려고 했다. 반동세력의 공격과 혁명세력의 압박으로 제국의회는 결국 모든 혁명운동의 지

이들은 슬라브 민족회의에서 지향한 친오스트리아슬라브주의를 강력히 비판했을 뿐만 아니라 오스트리아 제국을 해체시켜 독자적인 슬라브 제국을 구축해야 한다는 주장도 펼쳤다. 프라하에서 전개된 상황에 우려를 표명한 빈 정부는 가능한 한 빨리 오순절 소요를 종식시켜야 한다는 판단을 하게 되었고 거기서 무력적인 개입도 밝혔다. 이에 따라 빈 정부는 빈디슈그레츠 장군에게 소요 진압권을 부여했다. 프라하에 도착한 빈디슈그레츠와 그의 진압군은 폭동 참여자들에게 강력히 대응했다. 진압 선발군은 소요의 핵심 역할을 담당하던 학생들을 체포하기 위해 프라하대학을 포위한 후 바로 학내로 진입했다. 이 과정에서 30명의 학생들이 목숨을 잃었고 50여 명의 학생들은 부상을 당했다. 모두 1,000여 명의 희생을 요구한 오순절 소요가 진압된 이후 빈 정부는 프라하 및 그 주변 지역에 계엄령을 선포했고 그것에 따라 빈디슈그레츠군은 계엄군의 신분으로 프라하에 주둔하게 되었다. 동시에 빈디슈그레츠는 슬라브 민족회의에 참석한 외부 인사들의 조속한 귀환을 촉구했고 그것에 따라 슬라브 민족회의는 강제로 폐회되었다.

휘를 담당하게 되었으나 그것은 원래 이들이 원했던 것도 아니었고 이들의 능력에도 부합되지 않았다. 결국 제국의회와 시의회의 역할은 혁명운동의 진행을 저해하는 요인으로 작용하게 되었다.

이 당시 프랑크푸르트 국민의회는 빈의 혁명을 강 건너 불 보듯이 했다. 제국 정부는 자유파 의원인 벨커(K.T. Welker)와 모슬레(L. Mosle)를 조사위원으로 파견했다.[42] 혁명세력과 반동세력을 화해시킬 임무를 부여받은 이들은 빈으로 가지 않고 올뮈츠로 갔다. 여기서 이들은 황실로부터 불신만을 받았을 뿐이다. 이에 따라 프랑크푸르트 국민의회의 좌파 세력은 10월 13일 네 명의 의원, 즉 프뢰벨(J. Fröbel), 하르트만(M. Hartmann), 트람푸슈(A. Trampusch), 그리고 블룸을 빈으로 급파했다.[43] 이들 중 블룸은 온건좌파였으며 프랑크푸르트 9월 봉기 중에 타협정책을 시도한 바 있었다. 그러나 이 인물은 빈에서 민중의 혁명적 열기에 압도되어 스스로의 우유부단함을 극복하고 민주파로 활

---

42 빈의 혁명적 소요는 10월 12일 프랑크푸르트에 알려졌다.

42 빈의 혁명적 소요는 10월 12일 프랑크푸르트에 알려졌다.

43 프뢰벨과 블룸은 이미 8월 말부터 빈에서의 상황이 독일 및 유럽에서 진행되던 혁명의 성공 여부를 좌우할 것이라는 예견도 했다. 특히 블룸은 그의 부인에게 보낸 서신에서 빈에서의 소요가 지니는 의미를 나름대로 분석하기도 했다. 그에 따를 경우 빈에서 혁명세력이 승리를 거둘 경우 혁명은 새로운 전환기를 맞이하게 될 것이라는 것이다. 그러나 혁명세력이 패할 경우 독일은 오랫동안 '공동묘지적 적막감(Friedhofsruf)'에서 벗어나지 못할 것이라는 것이 그의 분석이었다. 아울러 독일권에서 좌파 정치가로 간주되었던 프라일리그라트(F. Freiligrath) 역시 빈의 상황에 대해 깊은 관심을 표방했는데 그것은 그의 언급에서 확인할 수 있다. 프라일리그라트에 따를 경우 혁명세력이 무릎을 꿇을 기회를 제공받는다면 즉시 이를 이행해야 하고 혁명세력이 기도할 수 있다면 이들은 빈을 위해 기도해야 한다는 것이었다.

동하기 시작했다.

블룸은 10월 25일에 결성된 엘리트 부대(Corps 'Elite)에 들어갔는데 이 부대는 대학 구성원, 노동연맹 회원, 국민군 과격파 등으로 구성되었다. 이 당시 빈의 혁명 지휘부는 헝가리의 지원을 기대했으나 가시적인 상황은 발생하지 않았다. 이전에 빈의 시민 계층은 헝가리를 위해 일어선 적이 있었

블룸

다. 헝가리군이 빈에 접근해 있으므로 당연히 이 군대가 신속하게 빈의 혁명을 지원해야 한다는 것이 혁명 지휘부의 판단이었다. 그러나 헝가리 군대는 오스트리아 국경 근처에서 지체했고 그사이에 오스트리아군은 빈과 이 군대 사이를 차단했다. 헝가리군 진영에서는 오스트리아 영역을 침범해서는 안 된다는 의견이 지배적이었다. 그리고 많은 장교들역시 아직까지 헝가리 국왕을 겸하고 있던 오스트리아 황제에 대항하여 싸운다는 자체를 인정하지 않으려고 했다. 이에 코슈트와 그의 지지자들은 헝가리군의 신속한 개입을 촉구했다. 결국 헝가리 의회는 10월 10일 국경선을 넘으라는 명령을 군대에 내렸지만 빈 혁명세력으로부터의 공식적 요청이 선행되어야 한다는 조건도 제시했다. 이에 따라 빈의 민주동맹 의장인 타우제나우는 시의회에서 헝가리에 군대를 파견하자고 호소했고 학생위원회도 비슷한 요구를 했다. 그러나 시의회는 시민적 합법성을 내세워 그러한 요구 수용을 거절했다. 국민군 총사령관도 의회와 같은 생각이었다. 10월 24일 코슈트가 헝가리군 수뇌부와의 협상에서 빈으로의 진격을 관철했으나 이미 때는 늦었다. 그리고 헝가

리군은 슈베하트(Schwechat) 전투에서 패한 후 헝가리로 철수했다.

10월 23일 이미 정부군은 빈에 대한 포위를 끝냈다. 방위군은 곳곳에서 이러한 포위망을 뚫으려 했고 벰 장군 역시 방위선 돌파 계획을 구체적으로 세웠다. 그러나 시의회와 제국의회는 국민군 지휘부에 행동 금지령을 내렸다. 다음 날 정부군은 포위망을 좁혀갔고 도시 북쪽의 일부를 점령했다. 10월 26일 레오폴트슈타트(Leopoldstadt)에서 치열한 전투가 벌어졌다. 학생들, 노동자들, 그리고 국민군은 바리케이드를 설치했다. 벰이 이끄는 부대는 정부군을 수차례 격퇴시켰지만 결국 13시간 만에 무릎을 꿇었다. 10월 28일 오전부터 시가를 향한 총공세가 시작되었다. 방어군의 희생적인 저항 때문에 정부군은 예상보다 서서히 진격해나갔다. 블룸은 누스도르프(Nussdoorf)의 지휘를 맡으면서 아주 냉정해졌다. 혁명 참여자들은 시가와 가옥을 방어했지만 정부군은 저녁에 시 중심지에 보루를 설치했다. 이에 따라 메센하우저는 시의회에서 항복을 종용했다. 10월 29일 국민군 및 시의회 대표자들이 빈디슈그레츠 병영에서 항복 조건을 협상했고 여기서 빈디슈그레츠는 무조건적인 항복을 요구했다. 노동자들이 주도하던 과격파들은 끝까지 싸울 것을 주장했으나 메센하우저는 항복을 설득하고 나섰다. 슈베하트 전투에서 헝가리군이 패배했다는 소식에도 불구하고 10월 30일 오후 노동자들, 학생들, 그리고 과격파 국민군은 다시 전투를 감행했다. 그러나 다음 날 시 중심은 정부군의 수중에 놓이게 되었다. 최후의 방어자가 무기를 던지기도 전에 살육이 자행되었다.[44]

---

44 빈의 10월혁명으로 2,000여 명이 희생되었다. 이 중에는 프랑크푸르트 국민의회의 의원이었던 블룸도 포함되었다. 블룸은 11월 22일에 체포된 후 약식재판

슈바르첸베르크

이렇게 10월 혁명이 진압된 후 반혁명세력은 오스트리아 제국 내에서 주도권을 되찾았고 그것에 따라 빈에서 개원 중이었던 제국의회 역시 슈바르첸베르크[45]에 의해 11월 22일 모라비아의 소도시인 크렘지어(Kremsier; Kroměříž)로 강제로 옮겨졌다.[46]

이렇게 의회의 기능과 효용성을 부정했던 슈바르첸베르크는 당시 자유주의의 상징으로 간주되던 제국의회를 가능한 한 빨리 해산시키려고 했다. 그리고 그는 자신의 이러한 입장을 제국의회의 재개원 석상에서 명백히 밝혔다. 이 당시 슈바르첸베르크는 오스트리아 제국이 독일권에서 주도권을 다시 장악해야 하고 그러한 것 역시 가능하다는 확신도 가지고 있었다. 따라서 그는 오스트리아 제국의 입지를 약화시킬 수 있는 대독일주의나 소독일주의의 원칙에 따른 독일 통합과 슬라브 정치가들의 요구였던 연방체제의 도입에 대해 부정적 반응을 보였던 것이다. 1848년 12월 1일 페르디난트 1세를 대신하여 그의 조카였던 프란츠 요제프 1세(Franz Josef I, 1848~1916)가 18세의 나이로 오스트리아 황제로 등극했다. 1849년 3월 4일, 프란츠 요

을 거쳐 11월 9일 총살형을 당했다.

45 이 인물은 1848년 11월 21일 빈 정부의 수상으로 임명되었다.

46 오늘날 크로메리츠로 지칭되고 있는 크렘지어는 올뮈츠 근처의 소도시였다.

메테르니히 체제 붕괴와 통합 방안

제프 1세는 크렘지어 제국의회를 강제로 해산시킨 후 제국 전체를 빈의 엄격한 통제하에 두는 신헌법을 공포했다. 이로써 오스트리아 제국이 독일권과 통합되리라는 희망은 완전히 사라졌다. 3월 9일 슈바르첸베르크는 총인구 3,800만 명의 합스부르크 제국과 3,200만 명의 독일연방이 결합하여 7,000만 명의 대제국을 수립하자는 극적인 제안을 했다. 제안에서는 38명의 오스트리아인과 32명의 독일인으로 구성된 의회의 도움을 받는 7인 집정관이 이 제국을 통치하며, 그 대표는 오스트리아와 프로이센이 번갈아 맡는다는 것도 거론되었다.

빈의 10월혁명이 실패로 끝나게 됨에 따라 독일권에서 반혁명세력의 우위는 가시화되었고 이것은 베를린 정부에게도 결단을 강요하게 했다. 실제로 빈의 반혁명세력이 승리한 이후 프로이센의 반동세력은 그동안 준비한 반격을 이행하려고 했다. 아우어스발트(H.A.E. v.Auerswald)-한제만 내각이 붕괴된 후 프리드리히 빌헬름 4세는 1848년 9월 22일 푸엘(E. v. Pfuel) 장군을 수상 겸 국방장관으로 임명했다.[47]

이 당시 국왕은 푸엘 장군이 구질서체제의 입장에서 반동정책을 추진하리라는 기대를 했지만 예상과는 달리 이 인물은 입헌정치를 지지했다. 여기서 공식적으로 반동내각을 등장시키거나 또는 군사행동을 통해 민중운동을 억압하는 방법이 있었지만 국왕은 그러한 것들을 실제적으로 감행하지는 않았다. 포츠담에서 푸엘이 작성한 정부 계획은

---

47 아우어스발트는 1848년 6월 14일 베를린에서 발생한 소요로 캄프하우젠의 후임으로 임명되었다. 그러나 정부에서의 실제적 권한은 한제만이 장악했다.

제헌의회를 다른 도시로 옮긴 후 해산시킨다는 것이었다.[48] 푸엘은 물론 취임 연설에서 입헌주의를 계승하고 신민의 제 자유를 보장하며 반동적 시도도 거부한다는 입장을 밝혔다. 그러나 정부는 프로이센이 무정부 상태에 놓이게 되는 것을 용납하지 않겠다는 선언과 더불어 과격화되고 있는 민중운동에 대한 경고도 했다. 그리고 제헌의회를 안심시키기 위해 푸엘은 의회 요청을 수락하는 태도를 보였고 그 과정에서 정부가 이전에 거부한 명령을 정부군에 하달하기도 했다. 즉 그는 9월 23일 군 지휘관들에게 반동적 움직임을 용인하지 말라는 회람을 돌렸던 것이다. 좌파들을 포함한 의원들은 이러한 공허한 말에 모두 만족했다. 그러나 군부가 어떤 입장을 취했는가는 곧 드러났다. 9월 15일 국왕은 브랑겔 장군을 지역 총사령관으로 임명했는데 이 자리는 혁명적 베를린을 견제하기 위해 만들어진 것이다. 곧 8만여 명의 병력과 수많은 대포를 소유한 이 야전부대는 반동세력의 보루였던 베를린을 포위하기 시작했다. 9월 17일 브랑겔은 휘하 부대에 명령을 하달했는데 거기서는 선량한 힘이 모자라 베를린의 질서 및 안녕 유지가 어려울 때 군이 즉각적으로 개입한다는 것이 명시되었다. 9월 21일 브랑겔은 3월혁명 이후 최초로 베를린에서 군사작전을 펼쳤으며 연설을 통해 언제라도 군의 투입이 가능하다는 것도 공언했다.

푸엘이 재임하는 동안 프로이센의 제헌의회는 좌경화되었고 그 세

---

48 프로이센의 제헌의회는 프랑크푸르트 국민의회와는 달리 구성되었다. 402명으로 구성된 이 제헌의회는 귀족과 관리 출신이 다수를 차지했지만 농민 및 수공업자 출신도 적지 않았는데 이것은 양 계층 출신의 의원들이 모두 98명이었다는 데서 확인할 수 있다.

력 역시 절정을 맞이했다. 실제로 제헌의회의 의원들은 여러 좌파 세력에 의해 움직여졌다. 그럼에도 불구하고 제헌의회는 혁명 활동을 주도하지는 못했다. 몇몇의 극좌파 의원을 제외한 대다수의 의원들은 국왕이나 귀족들과의 타협을 원했다.

9월 위기 중 좌파 및 중도파 연합이 정부 구성의 가능성도 보였다. 그것은 물론 시민 계층의 내각이었지만 중산 시민 계층을 대표하는 것이었다. 제헌의회가 국왕이 임명한 푸엘 대신 그들의 인물을 내각 수상으로 임명했다면 혁명의 지속적인 전개는 가능했을 것이다. 실제적으로 3월혁명과 같은 상황이 일어났겠지만 제헌 의회는 그것을 관철하지 못했다. 단지 스스로의 세력을 위해 왕권과 끊임없이 투쟁했을 뿐이다. 이러한 투쟁은 10월에 시작된 헌법 문제에서 두드러졌다. 지난 6월 제헌 의회는 정부의 헌법 초안을 거부하고 독자적으로 헌법초안제정위원회를 구성했다. 얼마 안 되어 자유주의적 관점이 명시된 초안이 작성되었지만 몇 개 조항에 관한 심의 과정에서 제헌의회와 정부를 중심하는 한 왕권 사이의 견해 차이가 심화되었다.

일반적으로 헌법은 새로운 시민사회의 법질서를 확립하는 기능을 가졌기 때문에 매우 중요했다. 반동적인 제한에도 불구하고 이 헌법은 시민 계층의 근본 요구들을 수렴하고 동시에 신민과 왕권 간의 타협도 모색하려 했다. 10월 12일 제헌의회는 장래 국왕이 '신의 은총에 의해서'라는 문구를 삭제하도록 요구함으로써 왕권에 대한 도전을 표면화했다. 이것은 신성불가침한 왕권을 인정하지 않겠다는 것이었다. 이에 프리드리히 빌헬름 4세는 인격적으로 심한 모독을 받았다고 생각했다. 따라서 그는 의회에 불만을 품고 다시 귀족들을 복귀시키겠다고 위협했다. 10월 31일 제헌의회는 200대 153표로 귀족제도의 폐지도 결정했다. 이러한 결정과 더불어 의회는 귀족 칭호, 귀족 특권, 융커[49]의 특권을 폐지하고 시민적 평등을 달성하려고 했다. 또한 수렵법을 제정하여 대지주들이 농민들의 경작지에서 사냥하는 것을 금지시켰다. 국왕이 오랜 고심 끝에 이 법을 인정함에 따라 융커들은 크게 반발했다. 의회는 헌법 초안과 더불어 봉건의무제 폐지 법안과 농촌안정법에 대해서도 심의했다. 여기서 자유주의자들은 타협에 의한 해결 방식을 원했지만 좌파주의자들은 모든 봉건적 잔재를 철폐해야 한다는 입장을 밝혔다. 이제 융커들은 그들의 특권이 소멸되어가는 것에 불안을 느꼈다.

그런데 국왕 측근들은 혁명 초부터 구질서체제를 회복시키려 했기 때문에 푸엘의 기용이 잘못된 판단에서 비롯된 것이라고 했다. 이 당시 푸엘은 국왕과 제헌의회를 동시에 만족시키려고 했다. 그러나 푸엘이 시민 계층에게 너무 많은 양보를 했다는 지적이 제기됨에 따라 국왕의 측근들은 새로운 수상 후보를 물색했다. 여기서 이들은 프리드리히 빌헬름 2세(Friedrich Wilhelm II)의 사생아인 브란덴부르크(F. W. v. Brandenburg) 백작이 적임자라는 것을 인지했다. 쿠데타 음모가 포츠담에서 무르익었으나 아직 실행에 옮겨지지는 않았다.

기존 질서체제가 혁명세력 분쇄를 준비하는 동안 시민 계층은 노동 계층에 대한 경제적, 정치적 탄압을 강화하는 데 주력했다. 이에 따라 10월 13일 제헌의회는 좌파의 항의에도 불구하고 시민군법을 통과시켰다. 그런데 이 법은 시민군을 정부군의 예하부대로 편입시키면서 소유 계층의 특권을 인정하려고 했다. 그리고 노동자 및 무산자 계층을

---

49 융커는 원래 기사 칭호가 없던 귀족 자제였다. 그러다가 프로이센의 귀족과 대지주를 지칭하는 단어로 변형되었다.

시민군에서 배제시켜 민중군의 이념과도 대치시켰다. 군대로 둘러싸인 베를린에서 쿠데타의 징후가 강하게 부각되었음에도 불구하고 일부 시민들은 노동자들과 유혈 충돌을 일으켰다. 10월 16일 시민군의 일부가 시위하는 광부들을 공격했다. 분노한 노동자들이 시가지에 바리케이드를 설치했고 시민군은 그것을 공격하여 10명의 노동자가 사망하고 13명이 부상당하는 비극적 상황이 초래되었다.

10월 31일 빈의 혁명을 지지하며 독일민주동맹 총회 주도로 전개된 시위에 베를린의 시민들도 대거 참여했다. 그리고 프로이센 정부와 독일의 소국가 정부들이 빈을 구출해야 한다는 주장이 강력히 제기된 루게의 호소문은 아무런 성과도 없었다.

빈의 혁명이 실패로 끝나게 됨에 따라 포츠담의 반동세력도 쿠데타를 감행했다. 10월 31일 제헌의회 건물 앞에 운집한 시위대가 쿠데타의 구실이 되었다. 11월 2일 아침 제헌의회는 푸엘의 서한을 통해 그가 건강상 이유로 사퇴하고 브란덴부르크가 왕명으로 수상에 임명되었다는 사실을 통고받았다. 동시에 신내각이 구성될 때까지 의회가 정회된다는 것도 알려졌다. 이것은 공공연한 반동적 선언으로서 민주파뿐만 아니라 시민 계층에 대한 일종의 도전이었다.

11월 9일 브란덴부르크와 내무장관 만토이펠(O.T. v. Manteuffel)이 제헌의회에 나타났다. 여기서 브란덴부르크는 무정부 상태가 해소되지 않는 한 베를린에서의 의회 활동 역시 불가하다는 왕명을 전달했다. 이에 따라 의회는 회의 장소를 하벨(Havel)로 옮긴 후 11월 27일 자진 해산의 길을 걸어야 했다. 그러나 대부분의 의원들은 이러한 결정이 불법이라고 선언한 후 베를린에서 의회 활동을 속개하기로 결정했지만 무력 투쟁만은 피하려고 했다. 이 당시 시민 계층은 무력 항쟁이 새

19세기 독일 통합과 제국의 탄생

182

로운 민중봉기를 유발시킬 수 있다는 두려움을 가지고 있었다. 극좌파들까지도 무력 투쟁의 전면에 나서지 못했다. 이에 반해 베를린의 노동자 우호회와 29개의 노조는 같은 날 민중의 생존과 권익을 위해 봉기할 준비가 되어 있다고 선언했다. 광부들 역시 같은 입장을 표명했다. 상황이 이렇게 전개됨에 따라 다음 날인 11월 10일 브랑겔이 이끄는 군대가 브란덴부르크 성문을 통과하여 베를린으로 진주했다. 이들은 시의 중심부를 장악하고 제헌의회가 열리고 있던 극장 건물을 포위했다. 브랑겔은 제헌의회가 해산할 때까지 군대를 주둔시키겠다는 선언을 했다. 이에 제헌의회 의원들은 항의하면서 군인들이 점령한 극장을 떠났다. 다음 날 아침 이들이 극장에 도착했을 때 극장문은 굳게 닫혀 있었다. 이에 따라 의원들은 인근 다른 건물에서 회의를 계속했지만 11월 15일 회의 장소가 다시 군대에 의해 접수되었다.[50] 브랑겔의 군대가 베를린에 진주한 직후인 11월 11일 저녁 베를린과 그 주변 지역은 이미 계엄령이 선포된 상태였다. 이후 브랑겔은 제헌의회의 해산과 병행하여 정치집회 금지, 민주신문의 발간 금지, 그리고 시민군의 해산도 이행했다. 여기서 시민군은 커다란 저항 없이 그들의 무기를 버렸다. 이제 프로이센의 시민 계층은 브랑겔의 대검 아래 속절없이 굴복하는 상황에 놓이게 되었다.

프로이센의 반동 쿠데타는 1848년 12월 5일 정부가 제시한 헌법과 더불어 그 절정을 맞이하게 되었다. 그런데 정부가 발표한 헌법은 제헌의회의 폐지 선언과 더불어 그 효력을 발휘하기 시작했다. 12월 헌법

---

50 11월 27일 제헌의회는 브란덴부르크(Branndenburg)에서 다시 활동하기 시작했다.

은 입헌군주적이고 시민자유주의적인 원칙들의 근간을 내포했다. 시민 계층을 무마시키려는 노력으로 자유주의적 제 원칙이 포함되었기 때문에 보수적 성향의 정치가들은 큰 충격을 받았다.[51] 실제로 제헌의회의 초안과 프랑크푸르트 국민의회가 제시한 '독일국민의 기본권'은 12월 헌법의 기초로 작용했다. 이 헌법은 언론 · 집회 및 · 결사의 자유, 인격의 자유, 주거불가침권, 신앙의 자유, 종교적 평등권, 시민적 혼례, 학문의 자유, 특권 폐지, 내각책임제, 관직의 개방, 보통선거권, 토지소유권, 지주의 특권 폐지 등의 내용을 담고 있었다. 이 헌법의 공포와 동시에 다른 법안들, 즉 공개재판법, 면세 특권의 폐지, 수입세 도입 등도 공포되었다.

혁명이 강요한 이러한 양보를 통해 국왕과 정부는 자유주의파를 납득시킬 수 있다고 믿었고 실제로 자유주의자들은 이러한 양보에 대해 만족했다. 그리고 대다수의 시민 계층 역시 자신들의 요구가 관철되었다고 생각했는데 그것은 향후 구성될 양원이 헌법을 수정하고 통과시킬 권리를 갖게 된 데서 비롯된 것 같다. 실제로 자유주의자들은 나름대로 헌법 수정이 가능하다고 생각했으며 보수주의자들도 그 점에 대해 동의했다.

1849년에 접어들면서 프랑크푸르트 국민의회의 소독일주의자들은 의회 내에서 과반수 이상을 차지하게 되었다. 이들은 헌법에 명시된 세습황제권을 프로이센 국왕에게 위임해야 한다는 생각을 가지게 되었고 그것을 국민의회에서 관철시킬 수 있었다. 이에 따라 오스트리아를 제

---

51 보수주의자였던 타덴-트리글라프(A. v. Thadden-Trieglaff)는 12월헌법을 '아주 불필요할 정도의 양보적 통합'이라고 혹평했다.

프랑크푸르트 국민의회 사절단과 프리드리히 빌헬름 4세

외한 모든 영방국가의 대표 33명이 1849년 3월 말 프로이센 왕에게 황
제 대관을 봉정하기 위해 베를린으로 향했다.[52]

　1849년 4월 3일 프로이센 국왕 프리드리히 빌헬름 4세는 가게른이
이끄는 프랑크푸르트 국민의회 사절단과의 대화에서 다시 한 번 독일
모든 제후들의 동의 없는 황제직 수용을 거부했다. 그러나 내적으로는
혁명의 선물을 받아들이는 것이 신의 은총을 받은 군주의 성스러운 권
리 및 명예를 더럽히는 것으로 간주했기 때문에 그것의 수용을 거부했
던 것이다.[53] 아울러 프리드리히 빌헬름 4세는 소독일주의 원칙에 따른
독일권의 통합에 대해서도 부정적인 시각을 가지고 있었다. 이 당시 그

52　1849년 3월 28일에 실시된 투표에서 290명의 의원이 프리드리히 빌헬름 4세
　　를 아직까지 실체도 없던 '소독일 입헌연방국'의 황제로 선출했다.
53　이 당시 프리드리히 빌헬름 4세는 자신의 황제 선출에 반대한 의원이 248명에
　　달한다는 사실에 대해서도 불쾌감을 느끼고 있었다.

메테르니히 체제의 붕괴와 통합 방안

는 '티롤(Tirol), 즉 오스트리아를 제외한 독일은 코 없는 얼굴보다 더욱 흉하다'라는 관점을 가지고 있었다. 실제적으로 생애의 마지막까지 그는 합스부르크가 지배하고, 프로이센의 군주는 단지 군사령관으로서 황제에게 충실히 봉사하는 기독교적-독일제국이어야 한다는 청년 시절의 꿈에서 벗어나지 못했다.

이렇게 프리드리히 빌헬름 4세가 황제직 수용을 거부했음에도 불구하고 프랑크푸르트 국민의회는 동요하지 않고 오히려 신헌법 제정에 박차를 가했을 뿐만 아니라 소독일주의에 대한 자신들의 신념도 재천 명했다. 28개 영방국가의 전권대사들은 신헌법에 대한 지지 의사를 밝혔고, 프로이센 의회 역시 프랑크푸르트 헌법이 프로이센에게도 법률적 구속력을 가진다고 결의했다. 그렇지만 1849년 4월 28일 베를린 정부가 프리드리히 빌헬름 4세의 황제직 수용 거부를 프랑크푸르트 국민의회에 공식적으로 통보함에 따라 프로이센 위정자의 마음이 조만간 바뀌리라 기대했던 소독일주의자들의 희망은 완전히 사라지게 되었고, 이것은 프랑크푸르트 국민의회의 종말을 알리는 계기도 되었다.

이후 오스트리아 제국은 자국의 의원들에게 프랑크푸르트를 떠날 것을 명령했고 작센, 하노버, 바이에른을 포함한 몇몇 국가들도 신헌법을 파기했다. 상황이 이렇게 전개되었음에도 불구하고 프랑크푸르트 국민의회는 차기 제국의회 선거를 위한 세부사항에 대한 논의를 지속했다. 아울러 이 의회는 신제국을 책임질 총독(Statthalter) 임명도 구체화시킨다는 데 동의했다. 그러나 5월 14일 프로이센 정부가 그들의 대표를 프랑크푸르트에서 철수하게 함에 따라 온건주의자들은 프랑크푸르트에 대한 그들의 입장을 정리해야만 했다. 여기서 이들은 정치활동을 중단하기로 결정했고 이것은 급진주의자들만 프랑크푸르트에 잔류

하는 상황을 야기시켰다. 이에 따라 급진주의자들은 헌법을 지지하는 집회의 필요성을 독일인들에게 호소했고 국민의회를 5월 30일 슈투트가르트로 이동하여 5인의 제국섭정단도 구성하기로 했다. 그러나 제국섭정단이 필요한 요원 및 재정을 뷔르템베르크 당국에 요청했을 때 국민의회의 활동 중단 역시 현실화되기 시작했다. 6월 18일 뷔르템베르크 국왕은 군대를 파견하여 잔여 의회가 열리고 있던 시청을 점령한 후 백여 명의 의원들을 강제로 추방했다.

프로이센 국왕의 대관 거부로 프랑크푸르트 국민 의회의 독일 국가 창설 계획은 좌절되었다. 만일 프리드리히 빌헬름 4세가 그러한 제의를 수락했더라도 오스트리아와 이 국가를 지지하던 러시아가 바로 이의를 제기했을 것이다.[54]

8. 프로이센의 유니온 정책과 올뮈츠 굴욕

프리드리히 빌헬름 4세는 프랑크푸르트 국민의회가 자신에게 수여한 독일의 황제관을 거절했지만 그는 여전히 동료 군주들이 동의할 수 있는 독일 통합을 바라고 있었다. 오스트리아 제국이 이탈리아 북부 및 중

---

54 이후 프로이센과 오스트리아는 혁명 이전의 정치체제로 회귀했다. 그러나 환원된 정치체제는 이전의 절대왕정 체제와는 달리 실제 정치에 자유주의적인 요소를 적지 않게 반영했다. 따라서 1850년대 말까지 지속된 이 체제는 기존의 절대주의 체제와 구분하기 위해 신절대주의 체제(Neoabsolutismus)라는 명칭을 부여받았다.

부 유럽에서 세력을 확장함에 따라 프로이센이 독일권에서 주도권을 장악할 수도 있다는 견해가 일부 정치가들로부터 제기되기 시작했다.[55] 그리고 이러한 관점을 주도한 핵심적 인물은 라도비츠(J. v. Radowitz)였는데 이 인물은 헝가리계의 가톨릭 귀족으로서, 프리드리히 빌헬름 4세가 왕세자였던 시절의 가까운 친구로서 유능하고 정력적인 인물이었다.[56]

국왕의 요청에 따라 베를린에 온 라도비츠는 평소 신념에 따라 오스트리아 제국을 독일 통합 과정에서 배제시킨 가게른의 소독일주의적 연방국가안을 부활시키는 데 주력했다.[57] 그러나 그는 가게른안이 공통의 외교·통상 정책에 기초를 둔 다소 느슨한 연합체라는 평가를 했기 때문에 보완책 마련에도 신경을 썼다. 이 당시 라도비츠는 프로이센이 보수적 오스트리아와 협력 관계를 구축할 경우 적지 않은 이익도 챙길 수 있다는 확신을 가지고 있었지만 이것은 그가 빈 정부의 정책을 너무 안이하게 평가한 데서 비롯된 것 같다. 프로이센의 외교정책을 실제적으로 총괄했던 라도비츠는 1849년 5월, 오스트리아가 가게른의 계획을 수용할 경우 헝가리 폭동 진압에 프로이센도 동참해야 한다는 것을 프리드리히 빌헬름 4세에게 진언했다. 아울러 그는 프로이센이 요한

---

55 실제로 빈 정부는 7,000만 명의 인구를 가진 제국(Siebzigmilionenreich) 건설에 관심을 표명했다.

56 이 인물은 프랑크푸르트 국민의회에서 활동했을 뿐만 아니라 프랑크푸르트에서 프로이센 군사전권위임자(Militärbevollmächtigter)로서의 역할도 수행했다.

57 가게른은 프랑크푸르트 국민의회에서 2중동맹안(Vorschlag zum Zweibund)을 제시했다. 거기서는 프로이센 주도로 제후들과 의회 합의를 통해 소독일주의적 연방을 창출한다는 것이 언급되었다. 그리고 이 연방은 오스트리아와 동맹 체제를 구축하고 교역, 관세, 그리고 외교정책을 공동으로 추진한다는 것이다.

대공으로부터 제국섭정의 직책도 잠정적으로 인수해야 한다는 견해도 제시했다. 그러나 이 당시 빈 정부의 실세였던 슈바르첸베르크는 베를린 정부의 지원과 그것에 따른 요구 조건을 단호히 거부했다. 왜냐하면 그는 헝가리 반란을 진압하는 과정에서 러시아의 지원이 있을 경우, 프로이센의 압력에 굴복할 필요도 없다는 생각을 했던 것이다.

라도비츠

오스트리아 제국의 거부에도 불구하고 라도비츠는 소독일주의 원칙에 따른 독일 통합을 위해 1849년 5월 26일 작센, 하노버와 더불어 3왕동맹체제(Dreikönigsbündnis)를 결성했다.[58] 여기서는 특히 프로이센 주도로 독일권을 연방국가로 변형시킨다는 것이 강조되었다. 그러나 이 동맹체제는 실질적으로 아무런 힘도 발휘하지 못했는데 그것은 우선 작센이 바이에른 가입을 전제로 동맹에 참여했기 때문이고, 하노버 역시 오스트리아 제국을 연방국가에 포함시킨다는 약속 이행을 믿고 동맹체제의 일원이 되었기 때문이다. 그러나 라도비츠는 작센과 하노버의 요구 조건을 수용할 생각이 없었기 때문에 동맹국 사이의 의견적 조율은 거의 불가능했다.

그럼에도 불구하고 이 동맹체제에 17개의 국가가 자발적으로 참여

---

58 1849년 5월 17일 라도비치는 하노버, 뷔르템베르크, 바이에른, 작센 왕국의 대표를 베를린으로 초청하여 자신의 구상을 설명했다. 그러나 바이에른과 뷔르템베르크의 대표는 그러한 구상에 대해 동의하지 않았다.

했는데, 그것은 오스트리아 제국이 배제된 상황에서 프로이센의 영향력이 독일권에서 상대적으로 확대되었기 때문이다.[59] 실제로 1849년 여름 프로이센군은 몇몇 영방국가에서 일어난 소요를 진압하는 데 결정적인 역할을 했다. 같은 해 6월 26일 프랑크푸르트 국민의회 내에서 우파 및 중도파로 간주되었던 150여 명의 의원이 독일권에서 프로이센의 주도권을 논의하기 위해 고타(Gotha)에 모였다.[60] 이 중 130명은 프랑크푸르트 국민의회에서 제정된 헌법을 더 이상 시행할 수 없기 때문에 모든 영방국가는 동맹이 후원하는 헌법, 즉 에르푸르트 제국헌법(Erfurter Reichsverfassung)을 채택해야 한다는 문서에도 서명했다. 새로이 제정된 헌법에서는 프로이센과 밀접한 관련을 갖게 될 제국집행부(Reichsvorstand)와, 절대적 거부권을 보유하고 양원제 의회와 입법권을 나누어 가지게 될 제후의회 등을 설치하도록 규정했는데 이것들이 유니온 정책의 핵심적 내용이라 하겠다. 특히 하원의 권한은 크게 제한되었고, 의원 선출은 보통선거가 아닌 재산 유무에 따른 삼계급 선거제에 따르도록 했다. 이에 따라 하원 의석의 1/3은 세금을 가장 많이 내는 4.7퍼센트의 주민들에게 배당되었고, 1/3은 그다음으로 세금을 많이 내는 12.6퍼센트의 주민들에게 부여되었고, 나머지 1/3은 82.7퍼센트의 주민들에게 할당되었다.[61]

---

59 에르푸르트 동맹 체제에 가입한 국가는 모두 28개국이었다.

60 6월 27일까지 계속된 이 회의에는 바서만(E. Bassermann), 달만, 가게른 형제, 하임(F. Heim) 등이 참석했다.

61 1918년까지 지속된 이러한 비민주주의적인 선거제도는 보수적 기득권 계층의 세력 기반을 유지하기 위한 것이었다.

1849년 8월 헝가리 문제가 해결됨에 따라 빈 정부는 그들의 관심을 독일권으로 다시 돌렸다. 이 당시 슈바르첸베르크의 최우선 목표는 프로이센이 구상한 계획을 즉각적으로 폐기시키는 것이었다. 그러나 같은 해 9월 슈바르첸베르크는 오스트리아와 프로이센 사이의 분쟁을 평화적으로 해결하려던 오스트리아의 황제 및 러시아의 차르의 의견에 따라 프로이센과 잠정적으로 협정을 체결했다. 이른바 가협정에서 오스트리아와 프로이센은 독일을 1850년 5월까지 공동으로 통제하기로 했다. 그러나 슈바르첸베르크는 가협정을 단순한 지연 전술로 간주했는데 그것은 그가 강력한 노선을 취하는 데 필요한 제반 여건을 조성한 후 가협정을 즉시 파기시킨다는 언급에서 확인할 수 있다. 이에 반해 라도비치는 가협정 조인으로 프로이센의 지위가 독일권에서 크게 약화된다는 사실을 파악하지 못한 채 오스트리아 제국의 성실한 협력만을 기대했다.

　　오스트리아 제국이 독일권에 대해 다시 관심을 보이게 됨에 따라 바이에른과 뷔르템베르크는 에르푸르트 연합에서 탈퇴하기로 결정했다. 1850년 2월 21일에는 하노버와 작센 역시 탈퇴를 감행했는데 그것은 양국이 연합으로부터 혹은 자신들의 주권을 위협하는 일체의 독일 문제 해결책으로부터 오스트리아가 그들을 적극적으로 지원해줄 것이라는 확신에서 비롯된 것 같다. 2월 27일 하노버와 작센은 바이에른과 뷔르템베르크와 더불어 4국동맹체제(Vierkönigsbündnis)를 결성하면서 독일 통합은 이전의 독일연방 체제하에서 이루어져야 한다는 입장을 밝혔다. 이러한 사태는 오스트리아 제국 및 러시아와의 우호 관계가 사회 질서체제 유지에 반드시 필요하다고 생각하던 프로이센의 보수주의자들로 하여금 라도비츠를 공격하게 했다. 이러한 보수주의자들의 관점 표명으로 프리드리히 빌헬름 4세 역시 동요하기 시작했다. 그리고 베를린에서의 이러한 분위기 역전은 고타파[62]마저 기운을 잃게 했다.

1850년 3월 20일부터 4월 29일까지 작센의 프로이센령에 위치한 에르푸르트에서 연맹의회(Unionsparlament)가 개최되었다.[63] 특히 하원은 열렬한 고타파들이 다수를 차지하는 등의 개혁적 성향을 부각시켰다. 그러나 이들은 점차 연맹헌법을 더욱 제약하고, 헌법 준수에 관한 서약을 기피하려던 프로이센 국왕에 대해 환멸을 느끼게 되었다.

1850년 5월에 가협정 시효가 끝나게 됨에 따라 슈바르첸베르크는 오스트리아 주도로 옛 연방의회를 부활시키는 한편 옛 연방의 개편과 독일 중앙정부의 설립 등을 구체적으로 논의하기 위해 영방제국에 대표들을 프랑크푸르트로 파견할 것을 요청했다. 9월 1일부터 활동한 옛 연방의회에 10개국이 참여했으나 프로이센을 비롯한 에르푸르트 연맹의회에 참여한 국가들은 불참했다. 그리고 타협을 위한 일체의 시도 역시 실패로 끝나게 되었다. 이렇게 프로이센이 에르푸르트 연맹에 집착함에 따라 프로이센과 오스트리아 제국과의 전쟁 가능성도 표출되기 시작했다.

그런데 슐레스비히-홀슈타인 문제는 팽배하던 긴장을 한층 더 고조시키는 계기가 되었다. 1849년 4월 3일 홀슈타인 문제로 덴마크와 프로이센 간의 전쟁이 재차 발발했다. 이에 영국과 러시아가 이 문제에

---

62 프랑크푸르트 국민의회 내에서 우파 및 중도파 의원들로 간주되었던 150여 명의 의원이 고타에 모였는데 이들을 지칭하여 고타파라 한다.

63 1850년 1월 31일에 실시된 연맹의회 선거에서 130명에 달하는 보수 정치가들이 당선되었다. 그러나 민주주의자들은 이 선거에 참여하지 않았다.

개입하게 되었다. 영국의 중재와 러시아의 강한 압박으로 프로이센은 1849년 7월 10일 덴마크와 휴전협정을 체결하게 되었다. 여기서 프로이센은 슐레스비히와 홀슈타인 지방의 단일화를 포기해야만 했다. 이제 슐레스비히는 프로이센-덴마크 통합 지방정부의 통치를 받게 되었고, 홀슈타인은 연방의회에서 파견된 독일 총독이 다스리게 되었다. 1850년 7월 2일 프로이센과 덴마크 사이에 평화조약이 체결되었다. 그 조약에 따를 경우 우선 프로이센 장교들이 슐레스비히-홀슈타인 조직에서 제외된다는 것이 거론되었다. 이어 덴마크 국왕이 독일인 반란 세력의 도피처였던 홀슈타인의 질서 회복을 위해, 연방에 지원도 요청할 수 있는 권한을 가진다는 것이 명시되었다. 그리고 바로 이것이 프로이센의 치명적 약점이라는 것을 간파한 슈바르첸베르크는 덴마크 국왕에게, 새로이 활동을 재개한 연방의회의 소위원회에 그가 연방집행(Bundesexekution)을 요구할 경우 그를 지지하겠다는 약속도 했다. 이로써 전쟁의 위험성은 더욱 증대되었다. 왜냐하면 프로이센이 결정적 이해관계를 갖는 지역에서 오스트리아군의 주도로 연방집행이 이루어진다면, 교전은 더 이상 피할 수 없었기 때문이다. 여기서 헤센 문제가 그 최종적인 위기를 조장했다. 이 당시 헤센 선제후 프리드리히 빌헬름(Friedrich Wilhelm)은 자신의 신민들과의 관계 개선을 제대로 하지 못한 상태였다. 그러나 그는 1850년 2월 자유주의적 성향의 장관들을 해임하고 극단적 성향의 보수주의자였던 하센플루그(L. Hassenpflug)를 수상으로 임명했다. 상황이 이렇게 전개됨에 따라 프리드리히 빌헬름의 반동정책에 대한 신민들의 반발 강도 역시 이전보다 심화되었다. 이에 따라 1850년 9월에 계엄령이 선포되었고 의회 역시 강제로 해산되었다. 이후 관리들은 세금 징수를 거부하고 대부분의 장교들도 신민들에 대한 무력 사용을 거부했다. 이렇게 상황이 악화됨에 따라 에르푸르트 연합에 참여했던 선제후는 프랑크푸르트로 피신하여 의회의 도움을 요청했다. 이에 슈바르첸베르크는 헤센에 대해 연방집행을 행할 수 있게끔 의회를 설득했다. 곧 오스트리아·바이에른·뷔르템베르크 사이에 군사동맹 체제가 결성되었고, 바이에른과 뷔르템베르크의 병력지원을 받은 오스트리아군이 북으로 진격했다. 이것은 프로이센에 대한 직접적인 도발이었다. 왜냐하면 라인란트와 브란덴부르크를 연결하는 전략적으로 중요한 도로가, 이 조그만 선제후의 영토를 지나고 있었기 때문에, 프로이센은 결코 오스트리아군의 헤센 점령을 허용할 수 없었다. 바로 이러한 중대한 시기에 프로이센의 정책이 다시금 동요되었다. 1850년 9월 26일부터 외무장관으로 활동하던 라도비츠는 각료회의에서 군대 동원을 요구했지만 실패했다. 이 당시 각료의 대다수는 오스트리아 제국과의 전쟁을 반대했는데 그 이유는 이들이 러시아의 영향력을 감지했기 때문이다. 1850년 10월 25일 러시아의 니콜라스 1세는 프로이센이 헤센에서 연방집행을 반대할 경우 오스트리아 제국에 대해 도덕적 지원을 하겠다는 약속을 했다. 동시에 그는 홀슈타인에서 연방집행이 방해를 받을 경우, 러시아는 그것을 개전의 사유로 삼을 것이라는 것을 프로이센에게 통보했다.

그러나 마지막 순간 프리드리히 빌헬름 4세는 도전적 태도가 신민이 바라는 것이라 생각했고 그것에 따라 1850년 11월 5일 군사 동원을 명했다.[64] 연합군의 선발대가 11월 8일 헤센의 전략로를 방어하던 프로

---

64 라도비치는 1850년 11월 2일 외무장관직을 사임했다.

이센군과 충돌하면서 풀다-브론젤(Fulda-Bronzell)에서 약간의 전투가 벌어졌다. 여기에서 수 명의 오스트리아군과 한 필의 프로이센 군마가 부상당했다. 그러나 프리드리히 빌헬름 4세는 그 순간 후퇴를 명했는데 그것은 그가 에르푸르트 연합 때문에 오스트리아 제국과 전쟁을 해야 한다는 것을 결코 생각하지 않았기 때문이다. 결국 프로이센의 국왕은 연합군에 의한 헤센의 점령을 48시간 이내에 승인하라는 오스트리아의 최후통첩에 굴복하고 말았던 것이다.

프로이센의 신임 외무장관인 만토이펠은 11월 29일 모라비아의 올뮈츠(Olmütz)에서 슈바르첸베르크와 협정을 체결했다. 소위 올뮈츠 협정에서 프로이센은 에르푸르트 연합을 포기하고, 연방 부활에도 동의했다. 또한 양국은 프로이센이 먼저 그리고 전적으로, 오스트리아가 후에 그리고 부분적으로 동원을 해제하기로 약정했다. 그리고 헤센-카셀 및 홀슈타인 문제의 최종적인 해결은 연방에 위임시켰는데, 사실상 그것은 프로이센이 양 지역에서의 연방집행을 인정한 것이었다.

프로이센의 입장에서 '올뮈츠의 굴욕(Schmach von Olmütz)'이라 표현되는 협정에서 오스트리아 제국 역시 얻은 것이 별로 없었다. 이 사건으로 독일권의 주도권 문제는 여전히 해결되지 않았고 오스트리아 제국은 프로이센을 굴복시킬 수 있는 절호의 기회를 놓쳐버렸다.[65]

---

65 1850년 독일연방의 대표들이 연방 개혁 문제를 심의하기 위해 드레스덴에 모였고, 다음해 5월에는 프랑크푸르트에서 회의를 속개했다. 여기서 프로이센은 오스트리아에게 의장국 교환이라는 제의를 했지만 오스트리아는 그것에 대해 동의하지 않았다. 이 당시 슈바르첸베르크는 프로이센이 자신의 야심찬 계획을 방해하는 경쟁자라는 인식을 했다. 따라서 그는 필요할 경우 무력으로 프로이센을 제압해야 한다는 생각도 가지게 되었다.

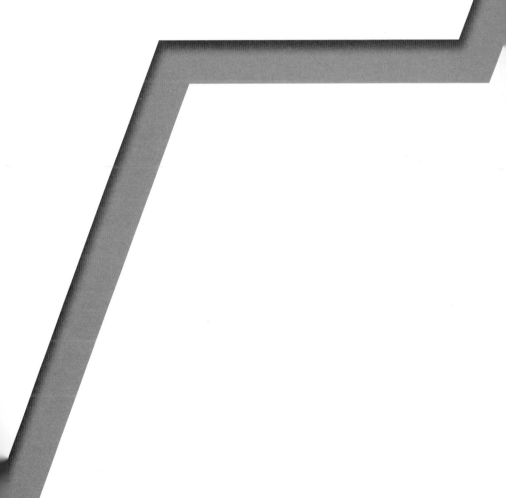

제4장

비스마르크의 통합정책

비스마르크의 통합정책

1. 빌헬름 1세의 군제 개혁

1859년 호엔촐레른가의 새로운 지배자로 등장한 빌헬름 1세(Wil-helm I, 1861~1888)는, 섭정 지위에 있을 때 전쟁장관(Kriegminister)과 육군참모총장으로 임명한 론(A.T.E. v. Roon)[1]과 몰트케(H.K.B. v. Moltke)에게 프로이센군을 증강시킬 수 있는 방안 강구를 지시했다.[2] 그런데 빌헬름 1세의 이러한 지시는 주변 국가들의 병력이 대폭 증대된 데 따른 우려의 표시라 할 수 있다. 실제로 프로이센의 병력은 1813년 이후 14만 명을 유지한 반면 인접 국가들, 특히 프랑스의 병력은 17만 명에서 40만 명으로 대폭 증강되었고 오스트리아 역시 프로이센의

---

1 론은 포메른 지방 출신이었다. 그리고 그의 조카는 비스마르크의 학창 시절 친구였던 브랑켄부르크(M. v. Brankenburg)였다.

2 빌헬름 1세는 평상시의 군대 규모를 14만 명에서 19만 명으로 증강시키려고 했다.

군사력을 훨씬 능가하는 31만 명의 병력을 보유하고 있었다. 빌헬름 1세의 명령을 받은 론은 군사력 증강 계획과 그것에 따른 예산 확보 방안을 1860년 2월 10일 하원에 제출했다. 그 내용은 1817년 이후 매년 4만 명으로 고정된 신규 징병 규모를 6만 5,000명으로 늘리고 일반 병사들을 일선 부대에서 3년간 복무시킨 후 예비군에서 4년간, 그리고 지방군에서 7년간 복무하게끔 제도를 고친다는 것이었다. 그리고 이렇게 규모가 확대된 군대를 재정적으로 뒷받침하기 위해 매년 추가 국방비 명목으로 950만 탈러(taler)를 지원한다는 것이었다.[3] 론은 자신이 제시한 개혁안의 근거로 프로이센 인구가 그동안 1,000만 명에서 1,800만 명으로 늘어난 것을 제시했다.

이러한 병력 증강안에 대해 자유주의자들은 원칙적으로 동의했다. 그러나 이들은 예비역 및 후비역 감축이 해방전쟁의 전통을 계승하고 군제 개혁가 등의 이상이었던 '무장화된 시민', 즉 시민과 군대가 결속된 전통에 위배된다는 사실을 파악했다. 자유주의자들의 이러한 우려에 대해 빌헬름 1세는 엄격한 군인정신으로 무장한 군대만이 대내외 문제에 대처할 강력한 수단이 될 수 있다는 반론을 제기했다. 이제 군제 개혁은 단순한 군사적·기술적 범위를 넘어 '시민의 군대인가, 국왕의 군대인가'라는 제도 이념적인 갈등과 대립을 함축하게 되었다. 하원은 국왕과의 충돌을 피하기 위해 군비 증강을 위한 잠정 예산 승인을 가지고 빌헬름 1세와 타협하고자 했다. 그러나 빌헬름 1세는 의회의 동

---

3 이 당시 프로이센은 일반징집제도(Allgemeine Wehrpflicht)를 도입했지만 고정된 신규 징병 규모 때문에 매년 병역 의무자들의 25퍼센트 정도만이 병역 의무를 수행했다.

의 없이도 군제 개혁을 할 수 있다는 확신을 가지고 있었는데 그것은 그가 군제 개혁 자체를 국왕의 통수권으로 간주했기 때문이다.

의회 내에서 타협을 거부한 자유주의 좌파는 독자적으로 1861년 6월 6일 독일진보당(Deutsche Fortschrittspartei)을 결성했는데 이 당은 프로이센 주도로 독일을 통합해야 한다는 것을 당의 기본 강령으로 제시하여 독일 통합에 대해 깊은 관심을 보였다. 아울러 이 정당은 헌법 제정의 중요성도 강조했다.

같은 해 12월 5일과 6일에 걸쳐 실시된 하원 선거에서 109석의 의석을 차지한 독일진보당은 제1당으로 부상했지만, 14석의 의석을 획득한 보수파는 정당으로서의 의미마저 상실하게 되었다.[4] 이 당시 독일진보당은 의회 내 각파의 지지를 얻어 정부의 군제 개편을 원천적으로 봉쇄하고자 했다. 91명의 구자유주의적(Altliberalen) 의원들과 50명의 중도좌파(Linkenzentrum) 의원들도 독일진보당의 이러한 입장을 지지했다. 상황이 이렇게 전개됨에 따라 국왕은 의회를 해산시키는 강경책을 펼쳤다. 이렇게 의회가 해산됨에 따라 새로운 내각이 구성되었는데 거기에는 이전과는 달리 보수적 성향의 인물들이 대거 참여했다.

2. 비스마르크의 등장

독일진보당과 자유주의 좌파는 1862년 5월 6일 실시된 선거에서도 압도적 승리를 거두었고 그해 9월 하원은 예산안 자체의 상정마저 거

---

4   선거 이전에 보수 세력이 차지한 의석 수는 224석이었다.

비스마르크

부했다.[5] 이에 따라 빌헬름 1세는 자신의 아들에게 왕권을 양위(Abdankung)하려는 생각을 하게 되었고 그것에 필요한 수순을 비밀리에 밟기 시작했다. 우선 그는 자신의 서명과 날짜만이 빠진 양위 문서(Abdankungsurkunde)를 작성했고 그것을 측근 인사들에게 제시했다. 빌헬름 1세의 이러한 시도에 대해 우려를 표명한 론은 비스마르크만이 이러한 상황을 극복할 수 있을 거라고 판단했다. 따라서 그는 9월 18일 프랑스에 있던 비스마르크에게 "지체하면 위험하다(periculum in mora)."라는 내용의 전보를 보내 조속히 귀국할 것을 종용했다. 아울러 그는 빌헬름 1세에게 비스마르크가 당시 제기된 문제를 해결할 수 있는 최적의 인물이라는 것도 주지시켰다. 그러나 빌헬름 1세는 비스마르크의 수상 임명에 대해 회의적인 태도를 보였다. 비스마르크 역시 빌헬름 1세가 자신에 대해 부정적 시각을 가졌다는 것을 알고 있었지만 론으로부터 전보를 받은 즉시 베를린으로 출발했다. 베를린에 도착한 비스마르크는 9월 20일부터 베를린 근처의 바벨스베르크(Babelsberg)성에 머무르면서 당시 국왕과 의회 사이의 대립을 좀 더 구체적으로 파악하고자 했다. 아울러 그는 자신을 위험에 놓인 주군, 브란덴부르크(Brandenburg) 선제후(Kürfurst)의 봉

5   이 선거에서 보수당의 의석은 더욱 줄어들었다.

신에 비유함으로써 자신의 의무가 무엇인지를 우회적으로 밝혔다. 9월 22일 빌헬름 1세는 자신의 계획인 왕권 양위를 실행하기에 앞서 비스마르크와 서너 시간에 걸친 독대를 했다. 여기서 빌헬름 1세는 비스마르크에게 군제 개혁을 완수할 장관으로 취임할 수 있는가를 물었다. 또한 그는 비스마르크가 의회 다수 세력에 의해 관철된 사안을 번복시킬 수 있는지도 확인하고자 했다. 빌헬름 1세의 이러한 질문들에 대해 비스마르크는 의회와의 대립 과정에서 군주를 위험에 놓이게 하느니 차라리 그와 더불어 행동하겠다는 입장을 밝혔다. 아울러 그는 빌헬름 1세에게 의회 기능을 무시한 독재체제를 한시적으로 도입해야 한다는 것도 강조했다. 비스마르크의 이러한 확고한 자세는 빌헬름 1세의 긍정적 반응을 이끌어 냄과 동시에 그의 퇴위도 철회하게 하는 요인으로 작용했다.[6]

국왕과 의회의 날카로운 대립이 지속되었던 1862년 9월 비스마르크는 임시수상(Interimistische Ernennung zum Preussischen Minister-präsidenten)으로 임명되었다.[7] 임시수상으로 임명된 지 얼마 안 된 9월 24일 그는 예산위원회에서 국가 예산 중 군사비 항목이 삭감된 것에 대한 자신의 입장을 명백히 밝혔다. 즉, 1862년 9월 30일 의회에서 "독일권이 주목하는 것은 프로이센의 자유주의가 아니라 그 권력이다. (…) 오늘의 문제는 언론이나 다수결 — 이것이 1848년과 1849년의 잘

---

6   이 당시 빌헬름 1세의 부인 아우구스타는 자신의 정적이었던 비스마르크의 등용을 반대했는데 그것은 그녀가 아직까지 3월혁명 기간 중 비스마르크가 시도한 모반적 행위를 용서하지 않았기 때문이다.

7   비스마르크는 1862년 10월 8일 수상 겸 외무장관에 임명되었다.

못이다 ─ 에 의해서가 아니라 피와 철(Blut und Eisen)에 의해서만 결정된다.”라는 것을 언급했던 것이다. 하원의 반대로 차기 연도 예산이 확정되지 못한 상황에서 비스마르크는 상하 양원의 불일치로 예산이 통과되지 못할 경우를 대비한 헌법 규정이 없음을 파악했다. 따라서 그는 하루라도 국가 통치가 중단되어서는 안 된다는 결점이론(Lückentheorie)을 부각시켰던 것이다. 여기서 그는 프로이센이 영국이 아니기 때문에 베를린 정부는 런던 정부처럼 의회에 대해 책임을 지지 않아도 되며 헌법적인 교착 상태가 초래될 경우 오직 국왕만이 그것에 대한 해결권을 가진다는 입장도 밝혔다. 이후 그는 긴급권을 발동하여 예산 승인 없이 국가를 운영하기 시작했다. 이로써 의회의 예산권은 무력화되었고 군제 개혁을 둘러싼 분쟁은 헌법 투쟁(Verfassungskonflikt)으로 비화되었다. 비스마르크는 관료와 군대를 장악하고 예산 불승인에도 불구하고 조세 징수를 감행했다. 이에 독일진보당은 납세 거부를 국민들에게 호소했지만 그러한 시도를 한 자유주의자들에 대한 비스마르크의 탄압 역시 더욱 강화되었다. 비스마르크의 이러한 탄압은 메테르니히의 주도로 시행된 카를스바트 결의보다 강도가 심했음에도 불구하고 사실상 그것에 저항할 사회 세력은 제대로 형성되지 못한 상황이었다.

1863년 8월 18일 오스트리아 황제 프란츠 요제프 1세는 독일연방 개혁을 논의하기 위해 전체독일군주회의(Fürstenkongreß)를 프랑크푸르트에서 개최했다.[8] 회의의 주요 의제로는 첫째 정례적인 제후의회

---

8   1862년 초 남부 독일의 적지 않은 국가들에서 프로이센이 지향하던 소독일주의적 통합 구상에 반대하는 협회들이 결성되고 같은 해 10월에는 이러한 협회들을 주관하는 독일개혁연합(Deutscher Reformverein)도 구성되었다. 비스마

(Fürstentag)의 소집, 둘째 집행권을 보유한 '5인 집정부'의 설치, 셋째 민족주의적 감정을 완화시키기 위해 각국 의회에서 선출된 300명의 의원으로 자문회의를 구성한다 등이 선정되었다. 프란츠 요제프 1세의 이러한 제의에 대해 대다수 국가들은 긍정적인 반응을 보였다. 이 당시 많은 국가들의 군주들이 제후의회에 참석했지만 프로이센의 빌헬름 1세는 비스마르크의 조언에 따라 회의 참석을 거부했다.[9] 그러나 회의에 참석한 군주, 특히 메클렌부르크-슈베린 공작의 제안에 따라 다시 초청장이 오게 됨에 따라 그의 결심은 흔들리기 시작했다. 이에 비스마르크는, 프로이센 국왕이 회의에 참석할 경우 그것은 단지 독일권에서 오스트리아의 위상을 확인시켜주는 것에 불과하다는 견해를 피력했다. 당시 비스마르크는 빌헬름 1세가 자신의 주장에 동의하지 않을 경우 사임하겠다는 의사를 밝혔고 그것은 빌헬름 1세에게 커다란 압박감을 가져다주었다. 왜냐하면 그는 비스마르크가 없는 상황에서 비타협적인 의회와 다시 대립해야 했기 때문이다. 장시간 지속된 독대의 결과, 비스마르크는 좌절하는 군주를 남겨놓은 채 의기양양 독대 장소를 떠날 수 있었다. 따라서 제후의회는 프로이센 국왕의 참여 없이 활동하기 시작했고 빈 정부가 제출한 의안 역시 통과되었다. 그러나 오스트리아의 승리는 프로이센의 참여 없이는 아무것도 성사될 수 없다는 현실적 상황 때문에 아무런 의미를 가지지 못했다.

르크는 자신의 통합 구상에 반대하는 독일개혁연합에 강한 불만을 제기했다.

9 이 당시 오스트리아와 프로이센 사이의 긴밀한 상호 협조는 불가능했다. 왜냐하면 오스트리아는 프로이센에게 책략 쓰기를 주저하지 않았을 뿐만 아니라 가능하면 독일권에서 고립시키려고도 했기 때문이다.

3. 형제전쟁

비스마르크는 1864년 2월 16일부터 오스트리아와 더불어 덴마크와 전쟁을 벌였는데 그 이유는 덴마크의 크리스티안 9세(Christian IX, 1863~1906)가 1863년 11월 16일 슐레스비히 공국을 덴마크에 편입시키려 했기 때문이다. 아울러 그는 슐레스비히-홀슈타인 문제를 당시 제기되고 있던 독일 통합과 연계시키려는 의도도 가지고 있었다. 그런데 이 전쟁은 같은 해 8월 1일 종료되었고 덴마크의 소유령이면서 독일 연방의 일원이었던 슐레스비히는 프로이센의 신탁통치하에 놓이게 했다.[10] 오스트리아 역시 승리 대가로 홀슈타인에 대한 신탁통치권을 확보했는데 그것은 향후 프로이센과의 대립을 유발시키는 요인으로 작용되었다.[11] 이 당시 비스마르크는 독일권에서 오스트리아가 지향하는 의도를 명확히 파악하고 있었기 때문에 소독일주의 원칙에 따른 독일권의 통합을 지향했다. 따라서 그는 자신의 관점을 실현시키기 위해서는 오스트리아와의 전쟁도 불가피하다는 판단을 했는데 그것은 빈 정부가 소독일주의 원칙에 따른 독일 통합을 불허했기 때문이다. 그리고 빈 정부가 독일 통합을 진정으로 원하지 않는다는 확신을 가진 비스마

---

10 덴마크와의 전쟁에서 핵심적 역할을 담당했던 비스마르크는 빌헬름 1세로부터 백작(Graf) 작위를 받았다.

11 1865년 8월 14일에 체결된 가슈타인(Gastein) 협정에 따라 오스트리아는 홀슈타인, 프로이센은 슐레스비히 지방을 차지했다. 그리고 홀슈타인 남부의 라우엔부르크(Laurnburg) 공국은 프로이센이 오스트리아에게 250만 탈러를 지불한 후 차지하게 되었다. 또한 프로이센은 홀슈타인에 육군 및 해군 기지도 보유하게 되었다.

르크는 군사력 증강 정책을 펼치기 시작했다. 아울러 그는 외교적인 공작도 게을리하지 않았다. 따라서 그는 1865년 10월 비아리츠(Biarritz)에서 나폴레옹 3세(Napoleon III, 1852~1870)를 비밀리 만나 형제전쟁이 발발할 경우 프랑스의 중립을 약속받았고, 1866년 4월 8일에는 이탈리아 왕국과 3개월간의 한시적 군사동맹 체제를 체결하여 오스트리아가 패배할 경우 이탈리아의 베네치아(Venezia) 합병도 인정한다는 약속을 했다.[12] 물론 러시아와의 친선 관계는 그가 1859년부터 약 3년간 페테르부르크에서 대사로 근무할 때 이미 구축된 상태였다.

1866년 6월 21일 비스마르크는 의회의 맹렬한 반대에도 불구하고 프로이센군을 홀슈타인으로 출격시켜 형제전쟁을 일으켰다. 전쟁이 발발함에 따라 빈 정부는 즉시 독일연방의회를 개최하여 프로이센의 침략 행위를 규탄했고 참여한 국가들의 대다수를 자국측에 가담시켰다. 그러나 오스트리아는 프로이센군의 신속한 작전으로 3주 만에 홀슈타인령을 상실했다. 1866년 7월 3일 쾨니히그레츠(Königgrätz, 오늘날의 흐라데츠크랄로베[Hradec Krárové]) 전투에서 오스트리아의 주력군은 프로이센의 후장총과 몰트케가 이용한 철도라는 획기적 이동 수단 때문에 패배했다.[13]

---

12 이 당시 나폴레옹 3세는 형제전쟁이 발생할 경우 이 전쟁이 장기간 지속되리라는 예견도 했다. 또한 그는 프로이센이 독일권에서 세력을 확대시킬 경우 프랑스에 대한 반대급부가 반드시 있으리라는 판단도 했다.

13 이 당시 프로이센군은 빠르게 탄약을 장전할 수 있는 후장총을 가진 반면, 오스트리아군은 위험한 자세에서 총구를 통해 탄약을 장전하는 전장총을 사용하고 있었다. 따라서 이 전투에서 44,000명에 달하는 오스트리아군이 전사하거나 부상을 당했지만 프로이센군의 인명 피해는 상대적으로 경미했다.

이 전투가 끝난 후 비스마르크는 나폴레옹 3세의 개입을 차단하기 위해 1866년 8월 23일 오스트리아와 프라하(Praha) 조약을 체결했다.[14] 그것에 따라 독일연방은 해체되었을 뿐만 아니라 오스트리아 역시 독일 통합 문제에서 배제되었다.[15]

---

14 실제로 나폴레옹 3세는 쾨니히그레츠 전투에서 프로이센이 승리한 것에 대해 크게 경악했다. 그리고 그는 오스트리아의 요청에 따라 7월 5일 중재자 역할을 담당하겠다는 입장을 밝혔다. 여기서 비스마르크는 자신이 나폴레옹 3세의 역할을 부정한다면 프랑스의 군사적 개입이 있으리라는 판단을 했다. 이에 따라 비스마르크는 가능한 한 빨리 빈 정부를 휴전협상에 참여시키기 위한 방법을 모색하게 되었고 거기서 빈 정부의 민족 정책에 대해 강한 불만을 가졌던 제국 내 슬라브 민족들을 이용하려고 했다. 따라서 그는 7월 11일 슬라브 정치가들, 특히 체코 정치가들을 겨냥하여 다음의 제안을 했다 : 만일 체코 민족이 오스트리아 제국에 대해 반기를 든다면 베를린 정부는 이 민족이 자치권을 획득할 수 있게끔 협조와 지지를 아끼지 않을 것이다. 그리고 프로이센은 오래 전부터 체코 민족의 역사적 제 권리를 인정하고 있기 때문에 그러한 정책을 펼치는 데 아무런 문제도 제기되지 않을 것이다. 이 당시 팔라츠키와 리게르(F. Rieger)를 비롯한 체코 정치가들의 대다수는 프로이센이 전쟁 목표로 제시한 '오스트리아 제국을 독일권에서 추방시킨다'라는 것에 대해 긍정적인 반응을 보였다. 그러나 이들은 비스마르크의 제안에 대해서는 동의하지 않았는데 그것은 소수민족에 대한 프로이센의 배려 정책이 오스트리아 제국의 그것보다 훨씬 미흡하리라는 판단에서 비롯된 것 같다. 또한 이들은 프로이센의 자본, 지능 그리고 이기심으로 인해 체코 민족이 짧은 기간 내에 해체 또는 말살되리라는 두려움도 가지고 있었다.

15 비스마르크는 오스트리아로부터 영토적 보상을 받지 않았는데 그것은 향후 전개될 프랑스와의 전쟁을 고려했기 때문이다. 이러한 비스마르크의 관점에 대해 빌헬름 1세와 군부의 수뇌부는 동의하지 않았다. 이에 비스마르크는 빌헬름 1세에게 사임 의사를 밝혔고 그것은 그로 하여금 비스마르크의 관점에 동의하게 하는 결정적인 요인이 되었다.

한편, 쾨니히그레츠 전투가 시작되는 날 실시된 하원선거에서 독일 진보당은 참패했고 그 의석수 역시 143석에서 83석으로 줄어들었다. 반면 보수당은 대약진했다. 비스마르크는 이 기회를 활용, 1862년 이후부터 예산 승인 없이 사용한 경비에 대해 사후승인(indemnität)을 받는 안을 1866년 9월 3일 의회에 제출해 다수결의 승인도 받아냈다. 이후 비스마르크는 다시 자유주의자들과 타협했고 그로써 의회는 프로이센 국왕의 대권, 특히 군 통수권을 승인하고 군제 개혁 역시 기정 사실로 인정하게 되었다.

4. 북독일연방의 결성

독일연방이 붕괴된 이후 독일권은 마인(Main)강을 경계로 남북 두 개 블록으로 나뉘었다. 비스마르크는 1866년 10월부터 마인강 이북의 영방들과 조약을 체결하여 연방 조직을 형성했다. 그것에 따라 비스마르크는 프로이센, 작센, 하노버, 쿠어헤센, 그리고 나사우 등을 포함한 총 22개 영방으로 구성된 북독일연방(Norddeutscher Bund)을 발족시켰다. 북독일연방은 단순한 국가연맹이었던 독일연방과는 달리 중앙권력을 갖춘 연방국가의 성격을 가졌다. 연방 의장은 프로이센 국왕이 차지했는데, 그에게는 국제법상 연방을 대표하고 전쟁과 평화를 선포하고 체결할 수 있는 권한 및 연방군에 대한 최고 지휘권, 법률안 선포권, 연방수상 임명권 등 여러 권한이 부여되었다. 연방 각 정부의 대표로 구성된 연방참의원(Bundesrat)과 보통, 평등 선거에 의해 선출된 제국의회(Reichstag)는 입법권을 장악했다. 다수결의 원칙에 따라 연방참

의원에서 안건들이 처리되었지만 총 43표 중 17표를 차지한 프로이센은 거부권도 행사할 수 있었다. 아울러 프로이센은 군소 국가들에 대한 통제력도 가졌기 때문에 의사 진행의 통제권을 어려움 없이 확보했다. 따라서 프로이센은 북독일연방에서 절대적 우위를 차지하게 되었으며 권력 행사도 가능하게 되었다.

그러나 북독일연방 헌법은 국민주권을 토대로 한 자유주의의 제 원칙을 보장하지 않았다. 그리고 연방에 가입한 각 국가들은 기존 헌법을 그대로 유지할 수 있었을 뿐만 아니라 문화적 특수성마저 보장받았다.

마인강 이남 지역에서도 정치적 통합은 실현되지 않았다. 그러나 비스마르크는 남부 독일 국가들, 특히 바이에른, 바덴, 뷔르템베르크, 그리고 헤센-다름슈타트 등과 비밀 공수동맹을 맺고 나폴레옹 3세의 야심에 대비하고자 했다. 아울러 그는 1867년에 개편된 관세동맹을 통해 이들 국가들을 북독일연방에 결속시킬 수 있었다. 이로써 관세 및 통상에 국한된 통합이기는 했지만, 내용적으로는 남부 독일 대표들을 참여시킨 보다 확대된 북독일연방 및 프로이센이 군림하는 전 독일적 연방 국가의 원형이 창출되었다. 더욱이 남부 독일에 대한 비스마르크의 정책은, 성급한 결과보다는 그들의 자존심을 존중하면서 자신의 독일 통합 요구에 순응할 수 있게끔 하는 유연한 것이었는데 그것은 비스마르크가 무력으로 남부 독일을 북독일연방에 편입시킬 수 없다는 사실을 잘 알고 있었기 때문이다.

제5장

오스트리아 자치주의자들의
탈독일화 시도

오스트리아 자치주의자들의 탈독일화 시도

1. 오스트리아 자치주의자들의 활동과 지향 목표

쾨니히그레츠 패전 이후 오스트리아 제국 내 독일인들은 커다란 충격에서 벗어나지 못했다. 실제로 형제전쟁에서 패한 직후 이들은 공황 상태에 사로잡히거나 또는 깊은 절망에 빠지기도 했다. 게다가 제국 내에서 독일인들의 위상 역시 이전보다 크게 격하되었는데 그것은 벨크레디(R. Belcredi)의 빈 정부가 전쟁 이후 제국을 근본적으로 개편하려고 한 데서 비롯된 것 같다.[1] 이 당시 벨크레디는 오스트리아 제국을

---

1 이 당시 슬라브 정치가들, 특히 체코 정치가들로부터 지지를 받던 벨크레디가 슈멜링에 이어 1867년 7월 27일 빈 정부의 수상으로 임명되었다. 취임 즉시 그는 2월헌법의 효력을 정지시켰을 뿐만 아니라 보헤미아 지방에서 체코어와 독일어의 사회적 · 법적 동등화를 실현시키기 위해 1864년 초에 제정된 언어강제법(Sprachenzwangsgesetz)의 시행 역시 필요하다는 관점도 피력했다. 그런데 언어강제법은 고등학교 및 실업학교(Realschule)에 재학 중인 학생들 모두가 자신들이 사용하는 국어뿐만 아니라 당시 통용 중인 다른 국어 역시 반드시 배

민족 단위체 원칙에 따라 ① 독일 알프스 지역 ② 보헤미아-모라비아 지방의 주데텐(Sudeten) 산맥 분지 지역 ③ 헝가리 중부 도나우 지역 ④ 폴란드-루테니아-갈리시아 지역 ⑤ 남슬라브-칼스트 지역으로 분류하고자 했다.[2] 그러나 제국 내 독일인들은 제국의 이러한 분류 과정에서 배제되었을 뿐만 아니라 독일권으로부터의 지원마저 완전히 차단된 상태에 있었다.

이러한 위기적 상황에서 슈타이어마르크(Steiermark)의 독일 자치주의자들은 그들의 정치적 관점을 피력하는 능동성을 발휘하기 시작했다. 이 당시 이들은 패전 이후 그들 민족이 놓이게 될 상황과 거기서 야기될 불합리성을 인지했기 때문에 제국에 대해 무관심을 표명하기보다는 민족적 위상 및 권한 증대를 위한 능동성 발휘에 관심을 보였던 것이다. 여기서 이들은 오스트리아 제국의 초민족주의적 특징을 활용하여 그들 민족의 우위권 견지에 필요한 방안들을 강구했고 거기서 이전의 영역보다 제한되거나 축소된 오스트리아가 그 대안이 될 수 있다는 것도 파악했다. 이러한 관점을 토대로 이들은 제국을 오스트리아와 헝가리의 지배하에 놓이게 할 경우, 즉 제국을 양분화시킬 경우 그것이 바로 독일인들의 위상을 오스트리아 제국에서 보장받는 최상의 방법이라는 것도 인지하게 되었다. 또한 이들은 통합 독일과 우호적 외교정책을 펼치고 내정에서 독일화 정책을 강력히 추진할 경우 이것 역시 독일

워야 한다는 내용을 담고 있었다. 벨크레디가 펼친 일련의 정책은 슬라브 정치가들, 특히 체코 정치가들의 관심과 지지를 얻기에 충분했다.

2 아울러 여기서는 각 지방에 편입되는 소수민족들의 언어적 동등권도 보장한다는 것이 거론되었다.

인들의 위상을 보장받을 수 있는 또 다른 대안이 될 수 있다는 주장도 펼쳤는데 이것은 이들이 소독일주의 원칙에 따른 통합에 동의했기 때문이다. 따라서 이들은 1866년 이후 제국에 등장한 새로운 상황과 빨리 타협할 수 있는 유연성도 갖추게 되었는데 이것은 제국 내 민족적 자유주의자들, 즉 정통 자유주의자들이 제국을 포기한 것과는 달리 새로운 상황하에서 그들의 존재 가능성을 모색하는 과정에서 찾아낸 방안들을 가능한 한 빨리 실천하려고 한 데서 확인할 수 있다.

쾨니히그레츠 패배 이후 오스트리아 제국 내 독일 자치주의자들은 언론을 통해 그들의 정치적 관점을 피력하는 데 주력했다. 전투가 끝난 지 몇 주 안 된, 1866년 8월 초 당시 언론인으로 활동하던 피시호프(A. Fischhof)가 그라츠(Graz)에서 간행되던 『텔레그라프(Telegraf)』에 시론(Meinungsäußerung)을 투고했는데 그 내용으로 인해 이 투고문은 바로 세간의 주목 대상이 되었다. 투고문에서 피시호프는 패전 이후 오스트리아 제국에서 전개되던 상황을 긍정적 측면에서 접근했는데 이것은 당시 슈타이어마르크 지방 내에서 확인되던 특유의 염세주의적 성향과는 대치된다고 하겠다.[3] 피시호프는 얼마 안 되어 시론의 후속 글을 『오스트리아 상황에 대한 조망(Ein Blick auf Österreichs Lage)』이라는 소책자에 게재했다. 이 책자에서 피시호프는 형제전쟁의 후유증이 심각하지만 오스트리아인들은 당시 상황을 올바르게 직시해야 한다는 것을 강조했다. 그는 패전으로 오스트리아 제국이 이탈리아 북부 지역을 상실했지만 이 지방은 현실적으로 도나우 제국에 완전히 동화될 수 없

---

3 이 지방의 독일인들은 그들이 어떠한 상황에 직면할 경우 항상 최악의 경우만을 생각하기 때문에 그들의 목표를 쉽게 포기하곤 했다.

피시호프

는 지방이라는 것이다. 따라서 이러한 영토적 상실에서 비롯되는 후유증은 의외로 쉽게 극복할 수 있다는 것이 그의 주장이었다.[4] 피시호프는 독일과 관련된 상황에 대해서도 입장을 밝혔다. 그에 따를 경우 오스트리아 제국 내 독일인들은 지난 10년간 그들 제국 존속을 위해 혼신의 노력을 기울였다는 것이다. 그러나 그는 민족의 평화로운 공존이 원래의 독일권, 즉 독일연방 체제하에서 정착될 수 없다는 것을 지적했다. 그리고 제국 내에서 수적 우위를 점유하는 슬라브 민족들의 위상 또는 영향력을 보다 증대시키기 위한 제 방안이 구체적으로 강구되면서 제국 내 독일인들은 더 이상 그들의 지위를 보장받을 수 없게 되었다는 것이 피시호프의 분석이었다. 그리고 이러한 분석은 제국 내 민족들이 그들의 민족적 권한 증대에도 불구하고 공동 제국에 대한 그들의 의무 이행에는 등한시하고 있다는 불만에서 비롯된 것 같다.

여기서 피시호프는 오스트리아-헝가리와의 타협 실현에 필요한 실용적 제안을 했고 그 과정에서 그는 제국 내 독일 자치론자들의 주도권에 대해 배려하는 섬세성도 보였다. 피시호프는 자신의 구상을 구체화하기 위해 당시 같은 관점을 가졌던 카르네리(B. Carneri)와도 협상을 모색했다. 이를 위해 그는 카르네리에게 서신을 보냈는데 거기서 그

---

4   피시호프가 지적한 이탈리아 북부 지역은 베네치아(Venezia)를 지칭한다.

는 오스트리아 제국의 현재적 상황을 직시하고 아직까지 구할 수 있는 것들이 있다면 그것들을 반드시 구해야 한다는 것을 강조했다. 또한 서신에서는 오스트리아 제국이 이원체제로 변형되어야 한다는 것도 강조되었다. 그리고 피시호프는 오스트리아 제국이 세계에서 가장 자유로운 국가가 된다면 언젠가는 다시 독일제국이 오스트리아 제국에 편입될 것이라고 언급했지만 당시 지식인들은 그러한 것이 현실적으로 불가능하다는 것을 잘 알고 있었다. 텔레그라프에서 거론된 피시호프의 이중체제를 가지고 제국 내 대표적 자치주의자였던 레흐바우어(A. Rechbauer)는 1866년 11월 3일 카르네리와 대화를 했다.

1866년 가을 그라츠 일간지『텔레그라프』는 1862년「오스트리아 제국의 통합(Zur Einigung Österreichs)」이라는 제목으로 공개된 프리드만(D. Friedmann)의 논문에 관심을 표명하면서 그 내용 분석도 시도했다. 논문에서 프리드만은 1861년에 출간한 자신의 소책자에서 강조한 권리상실론을 다시금 부각시켰는데 그에 따를 경우 이 이론은 오래된 역사적 제 권한에 집착하던 헝가리 정치가들로부터 제기되었다는 것이다. 신문에 따를 경우 프리드만은 이미 1860년대 초반부터 온건적 이중체제의 도입을 언급했고 이것은 1865년부터 제기되던 독일자치론자들의 기본적인 입장과도 일치한다는 것이었다. 이 당시 언론을 통해 자신의 관점을 피력했던 프리드만은 이중체제뿐만 아니라 다음의 것들에 대해서도 구체적으로 언급했다. 그에 따를 경우 이제 합스부르크 왕조는 독자적으로 헝가리, 폴란드, 독일, 그리고 남슬라브와 관련된 문제들을 해결할 수 없게 되었는데 그것은 이러한 문제점들이 제국 내에서 제기되던 문제들과 연계될 뿐만 아니라 오스트리아 제국의 외교정책과도 직접적으로 관련되기 때문이라는 것이다. 그리고 프리드만은 독일

연방헌법을 근본적으로 개혁해야 할 상황이 도래했음을 지적했다. 만일 이러한 개혁이 시행될 경우 오스트리아 제국은 더 이상 독일연방의 일원이 될 수 없기 때문에 국제법상 통합 독일과 동맹체제를 구축해야 한다는 것이다. 이렇게 될 경우 오스트리아 제국은 근본적 개혁을 시행하여 제국 내 제 민족에게 어느 정도의 문화적 또는 행정적 자치권을 부여해야 하는데 이 과정에서 제국을 이원체제로 재구성해야 한다는 것이 프리드만의 구상이었다.

그런데 왜『텔레그라프』의 편집진이 1866년 가을 프리드만에게 쾨니히그레츠 패전 이후의 왕조적 상황에 대해 언급하게 했을까라는 의문이 제시되는데 그에 대한 구체적 해답은 아직까지 확인되지 않고 있다. 프리드만은 1866년 11월 말부터 12월 초까지『텔레그라프』에 게재한「우리는 현재 어디에 있는가(Wo stehen wir heute)」에서 자신이 1862년부터 온건적 이중체제를 지향했음을 다시금 밝혔다. 프리드만은 이중체제 또는 독일-슬라브 세습 영역과 헝가리 영역 간의 정치적 동맹만이 계몽주의적 절대왕정 체제에서 입헌군주정 체제로 이행되는 과도기적 상황에서 활용할 수 있는 유일한 국가연합 체제라고 했다. 이 과정에서 헝가리의 역사적 제 권리를 인정하고 헝가리가 독자적으로 발전할 수 있게끔 제도적 장치를 마련해야 한다는 것이 그의 견해였다. 그리고 프리드만은 공동 관심사에서 비롯된 일련의 제 요구를 실현시키기 위해 이중체제를 정합국(Realunion)의 형태로 변형시켜야 하고 거기서 공동의 제국의회 구성과 단일 헌법을 제정해야 한다는 입장도 밝혔다.[5] 또한 프

---

5 1865년 6월 당시 체코의 정치세계를 주도하던 프란티세크 팔라츠키가『오스트리아 제국의 국가이상(Idea státu Rakouského)』이라는 저서를 출간했다. 그런데

리드만은 이러한 질서체제하에서 오스트리아 제국 내 독일인들이 제국 내에서 그들 민족의 민족적 발전을 보장받고 행정 분야 및 경제생활에 서 그들의 관심사를 증대시킬 경우 제국 내에서 이들은 그들의 버팀목

이 저서는 당시 체코 정치가들의 정치적 관점을 총체적으로 파악할 수 있는 출 판물로 간주되었다. 팔라츠키는 그의 저서에서 1850년대 말부터 공공연히 제 국 내에서 거론되던 '이중체제'의 모순성을 자세히 언급했을 뿐만 아니라 그것 의 시행 과정에서 야기될 위험성에 대해서도 구체적으로 나열했다. 그에 따르 면 이중체제는 독일 민족과 헝가리 민족을 제국의 지배 민족으로 승격시킬 것 이고 이들 민족에 대한 슬라브 민족의 법적·사회적 지위가 상대적으로 격하 될 수 있는 문제점을 가진다는 것이다. 이어 팔라츠키는 향후 도입될 이중체 제의 유형에 대해 언급했는데 거기서는 프리드만이 언급한 정합국도 거론되 었다. 팔라츠키가 언급한 이중체제의 유형은 다음과 같다. ① 빈과 부다를 오 스트리아와 헝가리의 수도로 정하고 제국을 완전히 이분화시킨다. 이에 따라 오스트리아와 헝가리는 상호 간섭 없이 독자적으로 그들 국가를 운영할 수 있 다. 그리고 프란츠 요제프 1세는 양국 공동 황제로서의 지위를 상실하지 않는 다[군합국(Reine Pesonalunion)]. ② 오스트리아와 헝가리는 특별한 상황에 능 동적으로 대처할 수 있게끔 공동 헌법을 마련한다. 그러나 이러한 조치는 양국 이 독립국가로서 활동하는 데 전혀 영향을 주지 않을 것이다. 여기서도 프란츠 요제프 1세는 양국 공동 황제로서의 직무를 수행한다[부분적 정합국(Teilweise Realunion)]. ③제국의 공통 사안이라 할 수 있는 국방, 외교, 재정 문제를 논 의하기 위해 양국 의회의 의원으로 구성된 제국의회를 적어도 1년에 한 번씩 빈과 부다를 번갈아가며 개원한다. 그 이외의 국정 사안들은 양국 의회와 정부 가 독자적으로 입안하고, 시행한다. 그리고 프란츠 요제프 1세는 대외적으로 양국을 대표하는 역할을 수행한다[정합국(Volle Realunion)]. 『오스트리아 제국 의 국가이상』은 모두 8편의 논문과 부록으로 구성되었는데 그것들은 이미 친 팔라츠키 성향의 『Narod(민족)』[1865.4.9, 4.12, 4.16, 4.20, 4.26, 5.3, 5.10, 5.16]라는 일간지에 게재되어 구독자들의 지대한 관심을 유발시킨 바 있었다. 그리고 이 책은 1866년 독일어로 번역·출간되었다.

을 자연스럽게 확보하게 되리라는 분석도 했다. 즉 독일인들은 오스트리아 제국에서 그들 존재를 법적으로 보장받을 경우 이들 역시 기꺼이 합스부르크 왕조를 위해 희생할 준비를 갖추게 될 것이라는 것이다. 또한 프리드만은 오스트리아 제국 내 독일인들의 지위가 통합 독일과의 관계 여하에 따라 향상될 수 있음을 언급했는데 그것을 위해 빈 정부가 프로이센과 건설적 우호 관계를 수립하고 프라하 평화조약에 따른 독일 통합 지원도 이행해야 한다는 것이다. 그리고 빈 정부가 통합 독일과 정신적, 민족적 연계를 계속 유지해야 한다는 것이 프리드만의 주장이었다.

이렇게 프리드만의 이론이 구체적으로 언급된 것은 그가 속한 정당, 독일자치당의 기본적 노선이 그대로 그의 이론에서 표출되었기 때문이다. 이 당시 제국 내 자치주의자들은 자유주의적 제 권리 증대를 통해 외부 세력으로부터 도나우 제국을 보호하고 동시에 제국 내에서 독일인들의 위상 역시 보장받을 수 있다는 확신을 가지고 있었다. 이것은 이들이 이중체제와 더불어 프라하 평화조약의 중요성을 간파했기 때문이다. 그러나 독일 자치주의자들은 아직까지 이원체제가 정립되지 않은 사실을 간과하지 않았다. 따라서 자치주의적 정당들은 벨크레디의 연방주의적 실험에 대한 지원을 거부하면서 동시에 정통적 중앙주의적 자유주의 진영과도 타협해야 하는 이중적 과제를 부여받았다고 할 수 있다. 그리고 신생 통합 독일과 우호적 관계를 유지해야 한다는 자치주의자들의 관점은 누가 이 집단을 주도하든간에 변할 수 없는 사안으로 간주되기 시작했다.

이 당시 또 다른 대표적 독일 자치주의자였던 카이저펠트(M. Kaiserfeld)도 1866년 7월 5일 프리드만과 유사한 관점을 피력했는데 그것은 그가 통합 독일과의 관계 지속을 통해 오스트리아 제국이 현재적 지위를 보장받을 수 있다고 언급한 데서 확인할 수 있다. 따라서 그는 오스트리아 제국이 통합 독일과 미래지향적이고 건설적 관계를 정립해야 한다고 했다. 카이저펠트는 오스트리아 제국이 통합 독일과 우호 정책을 펼칠 경우 이 제국은 향후 보다 건실하게 되리라는 예견을 하면서 프로이센에 대한 보복전쟁은 더 이상 고려 대상이 될 수 없다는 현실론적인 입장도 부각시켰다. 1866년 10월 3일 그는 『텔레그라프』에 다시 기고했는데 거기서 그는 오스트리아 제국 내 독일인들이 대독일 민족의 일원이라는 것과 수백 년에 걸쳐 독일과 연계되었던 사실을 망각해서는 안 된다는 언급을 했다. 아울러 그는 앞으로도 그러한 구도가 유지될 수 있게끔 제국 내 독일인들이 혼신의 노력을 기울여야 한다는 주장을 펼치면서 자신을 비롯한 자치주의자들이 그러한 것 실현에 필요한 행동에 나서야 한다는 견해를 제시하기도 했다. 실제로 쾨니히그레츠 패배로 중앙주의적 이념을 대신하여 자치론자들이 제시한 이중체제가 제국 내 800만 독일인들을 결속시킬 유일한 대안으로 부각되고 있었다.

2. 이중체제의 도입

이중체제가 오스트리아 제국내 민족 간의 불평등을 더욱 심화시킨다는 슬라브 정치가들의 표방에도 불구하고 프란츠 요제프 1세를 중심으로 한 빈 정부의 핵심인물들은 형제전쟁에서 패한 후 이중체제의 도입을 가능한 한 빨리 성사시켜야 한다는 생각을 가지게 되었는데 그것

프란츠 요제프 1세

은 독일인들이 제국 내에서 차지하는 비율이 단지 21%에 불과하다는 현실적 상황에서 비롯된 것 같다. 따라서 이들은 체코 정치가들을 비롯한 슬라브 정치가들의 강한 반발에도 불구하고 이중체제의 도입을 기정 사실화시켰고 그것에 필요한 절차를 밟기 시작했다.

마침내 1867년 3월 15일 프란츠 요제프 1세는 오스트리아 제국의 이원화를 공식적으로 선포했고 그것에 따른 효력발휘는 1867년 6월 12일부터 시작되었다. 이에 따라 독일 민족과 헝가리 민족은 제국 내에서 지배민족으로 등장하게 되었고 이들 민족은 자신들에게 할당된 영역을 아무런 제한 없이 통치하게 되었다. 이제 오스트리아-헝가리 제국은 독자적 주권을 보유한 2개의 개별 왕국이 1명의 군주를 정점으로 한 국가 형태를 갖추게 되었다. 외교, 국방, 그리고 재정 부분은 양국의 공동 사안으로 간주되어 개별 국가 내에 별도의 부처가 설치되지는 않았지만 기타 업무는 각각의 정부가 독자적 부처를 설치하여 해결하도록 했다. 즉 한 국가에 2개의 중심체(2개의 정부, 2개의 의회)가 존재하는 이중왕국으로 변형된 것이다. 양국 간의 공동업무 사항으로 간주된 분야는 양국 정부와 의회 대표들에 의해 통제되게끔 규정되었다. 관세와 무역에 관한 규정, 그리고 발권은행으로서의 중앙은행 설치와 운영 문제 등을 비롯한 경제적 업무 사안들은 10년마다 양국이 새로이 타협하여 협정을 맺기로 했다. 1867년 6월의 타협으로 합스부르크의 황제는 군주로서의 절대적 지위를 보장받음으로써 양국 간의 이해가 상충할 때

19세기 독일 통합과 제국의 탄생

그것을 최종적으로 결정할 수 있는 권한도 확보하게 되었다. 그런데 이렇게 오스트리아 제국에 도입된 이중체제를 '군합국가'로 보는 관점도 적지 않지만 양국 정부의 의회가 제국의 공동사안인 국방, 외교, 그리고 재정 문제를 제외한 여타의 국정 사안들을 독단적으로 입안 · 처리할 수 있었다는 것을 고려한다면 군합국가보다는 정합국가(Volle Real-union)로 보는 것이 오히려 타당할 것이다.[6]

보헤미아 의회의 권한 역시 확대시켜준다는 것이었다. 또한 보헤미아 지방 내의 체코인들과 독일인들 간의 문제는 기존의 지역 행정구역을 거주지에 따라 새롭게 획정하여 해결한다는 것도 약속했다. 이 당시 프란츠 요제프 1세 역시 선언서 발표로 체코 문제가 해결(české vyrovnání)될 수 있다는 확신을 가졌는데 그것은 도나우 제국이 오스트리아-헝가리 이중체제에서 오스트리아-헝가리-체코의 삼중체제로 변형될 수 있다는 자신의 판단에서 비롯된 것 같다. 그러나 이 선언서는 제국 내 독일 정치가들과 헝가리 정치가들의 반발로 실현되지 못했다. 이에 따라 프란츠 요제프 1세는 1871년 10월 24일 보헤미아 지방의회에서 황제 선언서를 공포하려는 공식적 일정을 취소했을 뿐만 아니라 같은 해 10월 21일에는 체코 민족의 대표들과 재협상하겠다는 입장도 밝혔다. 프란츠 요제프 1세의 이러한 행동에 대해 리게르를 비롯한 체코 정치가들은 분노를 표시했고 그것은 이들로 하여금 빈 정부와의 어떠한 타협도 포기하게 했다. 상황이 이렇게 전개됨에 따라 빈 정부 역시 강경책으로 문제를 해결하려고 했다. 이후부터 체코 정치가들은 정치적 은둔생활 내지는 소극정치(pasivní politika)를 본격적으로 펼치기 시작했다.

제6장

독일제국의 탄생

독일제국의 탄생

1. 프랑스와의 전쟁

이 당시 독일권의 상황 변화에 대해 프랑스는 깊은 관심을 보였다. 사실, 프랑스는 자국과 인접한 독일권에서 강력한 통합국가가 등장하는 것을 바라지 않았다. 따라서 프랑스는 프로이센과 오스트리아 간의 전쟁의 휴전을 주선하면서 그것의 반대급부로 라인강 좌안 지역을 강력히 요구했다. 아울러 파리 정부는 프로이센의 강국화를 막기 위해 라인강을 경계로 한 독일 문제 처리에 개입하기도 했다. 그러나 비스마르크는 프라하 평화조약을 체결할 당시 나폴레옹 3세가 요구한 라인강 좌안 지대의 할양을 거절했다. 대신 그는 구독일연방과 관세동맹의 가입국으로서 네덜란드 지배하에 있던 룩셈부르크(Luxemburg)에 대한 프랑스의 야망을 묵인했다. 이에 따라 나폴레옹 3세는 프랑스 동북방의 경계를 변경시키기 위해 1867년 9월 네덜란드로부터 룩셈부르크를 매입하려고 했다. 비스마르크는 그러한 매입을 용인하려고 했으나 북독일연방은 동의하지 않았다. 국제 여론 역시 나폴레옹 3세에게 불리하게 작용했다. 이후 영국의 중재로 중립국이 된 룩셈부르크는 독립을 유지할 수 있었다.

비스마르크에 대한 기대가 무너짐에 따라 프랑스와 프로이센 간의 관계가 악화되기 시작했다. 이 당시 비스마르크는 프랑스가 독일 통합에 대해 부정적이었을 뿐만 아니라 그것의 실현을 저지하려는 의도도 가지고 있다는 사실을 알고 있었다. 이러한 상황에서 1868년 9월 17일 마드리드(Madrid)에서 소요가 발생해 부르봉(Bourbon) 왕조의 이사벨 2세(Isabella II, 1833~1868)가 추방되었다. 이후 마드리드의 실세로 등장한 프림(J. Prim)은 빌헬름 1세의 친척이었던 레오폴드(Leopold) 공작을 에스파냐 왕으로 옹립하려고 했다. 포르투갈의 공주와 결혼한 레오폴드는 호엔촐레른-지그마링겐(Hohenzollern-Sigmaringen) 가문의 수장이었던 안톤(K. Anton)의 아들이었다. 그런데 레오폴드는 에스파냐 왕위 계승에 매우 소극적이었다. 이러한 소식을 접한 비스마르크는 레오폴드에게 왕위 계승을 수락해야 한다는 압박을 가하기 시작했다.

그렇다면 비스마르크는 왜 이 문제에 대해 적극성을 보였을까? 이전과 마찬가지로 그의 의도에는 여러 가지 요인이 얽혀 있었다. 형제전쟁이 끝난 직후부터 1870년 초까지 비스마르크는 통일을 구현시키기 위한 노력을 계속적으로 기울였지만 그는 의외의 돌발 악재에 직면하게 되었다. 우선 1869년 11월 바이에른에서 실시된 지방선거에서 분리주의파가 강세를 보였고 친프로이센 내각은 상대적으로 크게 약화된 것을 들 수 있다. 그리고 1870년 2월 비스마르크는 바덴과의 즉각적 통합을 요구하는 제국의회의 제안을 시기가 부적절하다는 이유로 거부했음에도 불구하고 국민자유당은 그가 민족적 대의에 대해 무관심하다는 비난을 했는데 이것 역시 비스마르크의 통합 행보에 장해 요인으로 작용했다. 또한 1870년에는 제국의회 선거가 예정되어 있었는데, 이 새로 구성되는 의회는 강제 예산을 재검토할 수 있는 권한을 가지게 됨에 따라 정부는 이 제국의회를 통제해야 하는 과제도 부여받았다. 그럼에도 불구하고 비스마르크는 호엔촐레른 가문의 위신을 증대시킬 수 있는 승리가 자유주의자들에게 깊은 인상을 부여하고 그 자신에 대한 신뢰도 역시 회복시켜 줄 수 있다는 기대를 품고서, 빌헬름을 연방의 황제—혹은 아마도 독일 황제—로 만들기 위한 계획을 추진했다. 그러나 비스마르크의 이러한 계획은 별 진전을 보이지 못했다. 이러한 위기적 상황하에서 지그마링겐가에 대한 왕위 제안이 있었던 것이다. 의심할 여지 없이 비스마르크는 지그마링겐 가문이 왕위 계승을 거부할 경우 바이에른이나 바덴의 가문에서 후보자를 내세우게 되리라는 것을 잘 알고 있었다. 그리고 비스마르크는 이러한 바람직하지 못한 사태 발전이 분리주의를 더욱 강화시킬 것이라는 판단도 했다.

게다가 그는 프랑스의 움직임을 저지하고자 했는데, 그것은 프랑스가 아직도 오스트리아와의 동맹을 희망했으며, 또 1870년 봄에는 실제로 알브레히트(Albrecht) 대공이 프랑스와의 상호 군사협력을 논의하기 위해 파리를 방문하고 있었던 것이다. 프림의 계획이 밝혀짐에 따라 파리 정부는 강력한 이의를 제기했다. 프랑스가 이렇게 반발함에 따라 레오폴드는 비스마르크의 의도와는 달리 1870년 7월 12일 에스파냐 왕위 계승을 포기했다. 이에 고무된 파리 정부는 그러한 일이 다시 발생되지 않게끔 문서적 보장을 받아내려고 했다. 이에 따라 프랑스 대사 베네데티(V. Benedetti)는 같은 날 빌헬름 1세가 머무르고 있던 엠스(Ems) 온천에 가서 호엔촐레른 가문이 향후 에스파냐 왕위 계승에 관여하지 않겠다는 보증을 받아내려고 했다. 빌헬름 1세는 프랑스 대사의 무례한 행동을 비스마르크에게 알렸고 비스마르크는 그것을 왜곡시켜 발표했다. 즉, 프랑스 대사가 빌헬름 1세를 모욕했기 때문에 빌헬름 1세 역시 그것에 걸맞게 대응했다는 내용으로 발표했던 것이다.

이후 양국 사이의 대립은 첨예화되었고 그것은 결국 전쟁으로 이어졌다. 일찍부터 개전을 예견한 비스마르크는 남부 독일 국가들과 비밀리에 체결한 공수동맹(Schutz-und Trutzbündnis)에 따라 이들 국가들로부터 군사적인 지원을 받았다. 아울러 그는 러시아를 비롯한 유럽 국가들로부터의 중립도 약속받았다. 또한 그는 몰트케 장군에게 전쟁 준비를 철저히 할 것을 명령했고 그 결과 독일 연합군은 병력, 장비, 훈련 등에서 프랑스군을 압도했다. 그러나 전쟁이 시작되었을 때, 나폴레옹 3세는 승리를 확신하며 자신의 40만 대군을 프로이센과 프랑스 국경으로 이동시켜 선제공격을 통해 기선 제압에 나섰다. 그런데 선전포고를 한 지 보름이 지나도록 집결한 프랑스군은 20만 명도 되지 못했다. 게다가 중형 대포의 탄환마저 부족해서 병사 여러 명이 소총 하나를 공동으로 사용해야 했다.

8월 2일이 되어서야 프랑스군은 프로이센 국경 지대를 향해 공격을 개시했다. 그러나 이때 프로이센군은 발달된 철도망으로 군대를 신속하게 이동시켜 일찌감치 전열을 갖추고 프랑스군의 공격을 기다리고 있었다. 몰트케 장군이 이끄는 40만 프로이센 대군은 자국 국경 지대에서 프랑스군을 격파하고, 승세를 이어서 프랑스 로렌 지방을 공격했다. 8월 6일, 양측은 메스(Metz) 서쪽의 마르라투르(Mars La Tour)에서 전투를 벌였고 프랑스군은 다시금 패배했다. 그리고 프랑스 동북부의 작은 마을 스당(Seden)에서 나폴레옹 3세와 마크마옹(M.E.P.M. de MacMahon) 장군이 지휘하는 12만 명의 프랑스군은 프로이센군에 포위되는 상황에 놓이게 되었다. 9월 1일, 20만의 프로이센군이 공격을 개시했다. 이때 나폴레옹 3세는 곧 시작될 전투가 승리로 빛났던 예나 전투가 아닌 처절하게 패했던 워털루 전투가 되리라는 것을 알고 프로이센에 항복했다. 그러나 프랑스에 대해 철저한 타격을 가하고자 했던 비스마르크는 강화제의를 거부하고 1871년 1월 29일 파리를 함락시켰다. 하지만 유럽 국가들이 중립을 포기할 수도 있다는 판단 하에 비스마르크는 가능한 한 빨리 전쟁을 종결시켜야 한다는 생각도 했다. 따라서 그는 같은 해 5월 10일 프랑크푸르트에서 프랑스와 엘자스-로트링겐(Elsaß-Lothringen)의 할양 및 50억 프랑의 배상금 지불을 내용으로 하는 조약을 체결하고 전쟁을 종결시켰다.

2. 독일제국의 탄생

프랑스를 제압하고 독일 통일이 현실화됨에 따라 비스마르크는 독일 군주들의 자발적 동의를 얻어 빌헬름 1세를 황제로 등극시키려고 했다. 따라서 그는 바이에른 국왕 루트비히 2세(Ludwig II)와 비밀리에 접촉했고 거기서 그로 하여금 황제 추대장-비스마르크가 직접 작성한-을 빌헬름 2세에게 전달하게끔 연출했다. 이러한 역할을 수행한 대가로 루트비히 2세는 500만 탈러에 달하는 수고비를 받았다. 1870년 12월 18일 제국의회의 대표단도 빌헬름 1세에게 황제 즉위를 제안했다. 공교롭게도 대표단을 이끈 인물은 1849년 프랑크푸르트 국민의회대표단에 참여한 짐손(E. v. Simson)이었다. 1871년 1월 18일 베르사유(Versailles) 궁전의 거울 방에서 탄생한 독일제국은 4왕국, 18공국, 3자유시 등 25개의 국가와 2제국령(엘자스-로트링겐)으로 구성된 연방국가였다. 그러나 이러한 연방 체제는 이전의 독일연방처럼 여러 대소국가의 집합체도 아니면서 완전한 중앙집권 국가라고도 볼 수 없는 모호한 정치체제였다. 왜냐하면 바이에른, 작센, 뷔르템베르크, 바덴 등이 이전의 칭호 및 지위를 유지하면서 상원에 해당되는 연방의회(Bundesrat)에서도 압도적 의석을 보장받았기 때문이다. 더욱이 새로 제정된 제국헌법은 외형상 입헌정치의 형태를 취하고 있었으나 내용적으로는 자유주의의 기본 원칙과 위배되는 경우가 많았다. 제국헌법에 따를 경우, 각국의 대표 및 황제가 지명하는 60명의 의원들로 구성된 연방의회는 법권과 군사 및 외교상의 대권 등을 가져 그 권한이 막강했다. 그러나 의원들 중 17명은 황제가 직접 임명했기 때문에 연방의회의 권한은 실질적으로 황제권에 예속되었다. 또한 하원에 해당하는 제국의회는 보통선거(25세 이상의 성인 남자들이 투표권을 부여받았다)로 선출된 의원들로 구성되었지만 실질적인 권한은 없었고 수상의 자문 기관에 불과했다. 따라서 제국의회의 의원들은 정부 정책에 대한 자신들의 불만을 표출하는 것으로 만족해야만 했다. 이 당시 독일제국의 재상은 프로이센 수상도 겸임했다. 또한 그는 의회가 아닌 황제에게만 행정적 책임을 졌기 때문에 황제와 더불어 국정을 실질적으로 운영해 나갈 수 있었다.

독일 통합의 의의와 문제점

민족주의의 영향을 받기 시작한 독일의 지식인들은 빈 회의 이후 메테르니히 주도로 결성된 독일연방이 안고 있던 제 문제점을 직시했을 뿐만 아니라 메테르니히 체제를 붕괴시켜야만 독일권의 통합 역시 가능하다는 판단을 하게 되었다. 점차적으로 이들은 그들이 메테르니히 체제 타파에 일조해야 한다는 인식을 가지게 되었다. 그리고 이들은 독일 통합을 실현하기 위해서는 그들 세력을 보다 체계적으로 규합해야 한다는 데도 의견적 일치를 보게 되었다. 이러한 분위기에서 스스로를 지식인 계층으로 간주하던 대학생들이 실제적 행동에 나서게 되었고 거기서 부르셴샤프트가 결성되었다.

1815년 6월 12일 예나대학에서 최초로 부르셴샤프트가 결성되었고 이어 발표된 강령에서는 부르셴샤프트가 향후 나아갈 방향이 구체적으로 제시되었다. 이후 독일권의 여러 대학에서 부르셴샤프트가 결성되었는데 그 지향 목표는 예나대학의 강령과 거의 유사했다.

예나대학에서 부르셴샤프트가 결성된 지 2년 후인 1817년 10월 18일 부르셴샤프트 총회가 작센–바이마르–아이젠나흐 공국의 바르트부르크에서 개최되었다. 그런데 그 외형적 목적은 루터의 종교개혁 300 주년과 라이프치히 전승 4주년을 기념하기 위한 것이었다. 그러나 실제 목적은 부르셴샤프트 간의 단결과 현재의 독일적 상황에 그들이 어떻게 대처해야 할 것인가를 정리하자는 데 있었다. 비록 여기에 참석한 인물들의 대다수가 정치적 안목을 가지지 못했지만, 이 축제에서는 부르셴샤프트 간의 단결 및 실천 과제 그리고 독일에서의 정치적 개혁들이 토론되는 등의 적지 않은 성과도 거두었다. 아울러 여기서는 기존의 질서체제, 즉 절대왕정 체제를 인정하지 않겠다는 과격한 입장도 등장했다.

얼마 후 정치적 목표를 달리하는 2개의 집단이 부르셴샤프트 내에서 형성되었다. 즉 기존의 질서체제를 인정하면서 정치적 발전과 통일을 지향했던 집단이 그 하나라면, 기존의 질서체제를 대신하여 공화정 체제를 도입해야 한다는 집단이 또 다른 하나였다. 특히 수적으로 열세했던 후자 집단은 기센과 예나 대학을 중심으로 활동했는데 부르셴샤프트에 대한 그들의 영향은 시간이 지날수록 증대되었다. 그리고 이러한 변화는 기존 질서체제가 부르셴샤프트를 부정적으로 간주하는 계기가 되었을 뿐만 아니라 그들의 활동을 억제시켜야 한다는 인식도 가지게 했다. 이러한 상황에서 잔트와 뢰닝의 정치적 암살이 발생했고 그것은 메테르니히와 그를 추종하던 계층에게 부르셴샤프트의 활동을 중단시킬 수 있는 좋은 기회를 제공했다.

메테르니히의 신속한 조치로 1819년 8월 6일 카를스바트 회의가 개최되었고 거기서는 메테르니히 체제를 위협하는 요소들을 제거하는 데 필요한 방안들이 논의되었다. 과격적 성향의 부르셴샤프트 회원들이 자행한 정치적 암살은 결과적으로 대다수 부르셴샤프트 회원들의 정치적 활동을 중단하게 했다. 그러나 이들은 자신들의 정치적 목적마저 포기하지는 않았는데 그러한 것은 1820년대 말에 재결성된 부르셴샤프트의 활동에서 확인할 수 있다. 아울러 카를스바트 협약은 독일권에서 지식인 계층의 강한 반발을 유발시켰을 뿐만 아니라 그들 간의 단결을 가져다주는 계기도 되었다.

샤를 10세의 반동적 정책으로 발생한 7월혁명(1830)은 벨기에 및 폴란드에서 독립운동을 유발시키는 요인으로 작용했다. 특히 폴란드인들의 독립운동은 독일인들에게 적지 않은 자극을 가져다주었다. 즉 이들은 민족 통합의 필요성을 인식하게 되었고 그것을 위해 그들이 무엇을 해야 하는가도 인지했던 것이다. 이에 따라 이들은 기존 질서체제의 문제점들을 지적하면서 그것을 대체할 새로운 정치체제의 도입도 모색했다. 여기서 이들은 신문이란 매개체를 활용했는데 독일 전 지역에서 이러한 시도가 펼쳐지지는 않았다. 그럼에도 불구하고 국지적 성격의 이러한 시도는 점차 독일 전역에 지대한 영향을 가져다주었는데 그 일례는 '독일 언론과 조국 연맹'이라는 단체의 활동에서 확인할 수 있다. 독일의 상황을 일반 대중에게 전달하여 독일에 대한 그들의 관심을 증대시키겠다는 취지하에 결성된 이 단체는 전국적 조직망을 갖추게 되었고 그것은 메테르니히를 비롯한 당시 독일 위정자들이 두려움을 가지게 하는 요인으로 작용했다. 그런데 '독일 언론과 조국 연맹'은 당시 반메테르니히주의자로 간주되던 비르트와 지벤파이퍼에 의해 운영되었다.

지벤파이퍼는 1832년 4월 함바흐 축제 개최를 제안했다. 지벤파이퍼의 이러한 제의에 대해 지식인 계층 역시 동의했다. 아울러 이들은 축제가 원만히 개최될 수 있게끔 협조하기도 했다. 메테르니히를 비롯한 독일의 위정자들은 지식인 계층의 이러한 움직임에 대해 우려를 표

명했다. 특히 라인 지방의 책임자였던 안드리안-베어붕은 뮌헨 정부의
조치에 따라 함바흐 축제의 개최를 저지하려고 했지만 그것은 오히려
이 지역 지식인들의 반발만 유발시켰다. 이에 안드리안-베어붕은 자신
이 취했던 조치들을 철회하고 함바흐 축제의 개최를 승인했다.

함바흐 축제에는 약 2만 명에 달하는 사람들이 참여했고 거기서는
독일의 개혁과 통합, 폴란드의 독립 문제 등이 중요한 안건들로 부상되
었다. 함바흐 축제 개최에 주도적 역할을 담당했던 지벤파이퍼와 비르
트는 메테르니히 체제의 문제점을 다시금 지적했을 뿐만 아니라 통합
독일의 선결 과제에 대해서도 구체적으로 언급했다.

물론 이들 양 정치가들의 의견이 완전히 일치되지는 않았는데 그것
은 독일과 프랑스와의 관계, 특히 독일 통합에 대한 프랑스의 지원 문
제에서 의견을 달리한 것에서 찾아볼 수 있다.

함바흐 축제에 참여한 인사들의 대부분이 메테르니히 체제 붕괴를
독일 통합의 선행 조건으로 제시함에 따라 연방의회는 새로운 반동정치
를 펼쳤는데 이것은 바르트부르크 축제 이후 펼쳐진 상황과 유사했다.
즉 연방의회는 각국 의회의 정치적 권한의 일부를 유보시켰을 뿐만 아
니라 정치단체의 결성과 민중집회의 개최를 정부의 승인 사안으로 채택
하기도 했다. 아울러 연방의회는 독일 내에서 제기되던 혁명적 움직임
을 감시하는 체제도 더욱 강화시켰다. 그러나 연방의회의 이러한 조치
에도 불구하고 독일을 통합시켜야 된다는 견해는 저변으로 확산되었다.

1848년 2월 프랑스에서 전개된 혁명적 상황은 1830년 7월과 마찬
가지로 라인강을 건너 독일로 전파되었다. 이에 따라 독일 전역에서는
정치적·사회적·경제적 요구들이 제기되었고 그러한 것들을 실현시
키기 위한 시위도 여러 곳에서 전개되었다. 특히 1848년 2월 27일 바

덴의 만하임에서 개최된 대규모 집회에서 참여자들은 출판 및 결사의 자유, 배심원 재판제도, 그리고 전독일의회의 소집 등을 요구했다. 그리고 이러한 요구들은 향후 3월혁명의 주요 목표로 설정되기도 했다. 도시에서와 마찬가지로 농촌에서도 소요가 있었다. 여기서 농민들은 봉건적 공납 및 의무의 무상 철폐를 요구했다. 이러한 소요가 지속됨에 따라 각국의 군주들은 수십 년간 거부했던 제 개혁 및 헌법을 승인할 수밖에 없었고 구질서체제의 보루였던 오스트리아와 프로이센 역시 이러한 정치적 격랑에서 예외는 아니었다. 1848년 5월 18일 프랑크푸르트의 성 파울 교회에서 국민의회가 활동을 시작했는데 여기서의 주된 과제는 독일연방을 하나의 통합국가로 변형시키는 것이었다. 그러나 역사적으로 형성된 개별 영방국가들을 그대로 둔 채 강력한 중앙권력을 창출한다는 것은 쉬운 일이 아니었고 통합 방안에 대한 의원들의 의견 역시 일치되지 않았다. 그럼에도 불구하고 국민의회에서 제시된 통합 방안들, 특히 오스트리아 제국을 배제하고 프로이센 주도로 독일권을 통합시켜야 한다는 소독일주의가 향후 독일 통합의 모델이 되었다는 점은 역사적 과업으로 인정해야 할 것이다.

소독일주의 원칙에 따른 독일 통합은 비스마르크가 1862년 프로이센 정부의 실세로 등장하면서부터 가시화되었다. 이 당시 비스마르크는 '철혈정책'을 통해 소독일주의적 독일 통합을 모색했고 거기서 저해 요소로 간주된 오스트리아를 독일연방에서 축출해야 한다는 입장도 밝혔다. 이에 따라 1866년 7월 3일 오스트리아와의 형제 전쟁이 발생했고 거기서 오스트리아가 패배하게 되었다. 이후부터 비스마르크는 통합 독일에서 오스트리아를 배제시키는 정책을 본격적으로 펼치기 시작했다. 이에 따라 오스트리아 제국은 독일권의 통합에서 배제되었고 그것은 오스트리아 제국 내 독일 정치가들의 정치적 행보에도 커다란 영향을 주었다. 특히 독일 자치주의자들은 소수민족으로 전락된 독일 민족의 위상 견지에 필요한 방안을 강구했고 거기서 실현 가능한 방안도 제시했다. 이들의 관점에 따를 경우 이전의 영역보다 제한되거나 축소된 오스트리아에서 독일 민족의 우위권을 주장하는 것이었다. 이를 토대로 이들은 점차적으로 제국을 오스트리아와 헝가리의 이중적 지배하에 놓이게 해야 한다는 견해를 제시했고 바로 이것만이 오스트리아 제국에서 독일 민족의 위상을 보장받을 수 있는 최상의 방법이라는 것도 인지했다. 또한 이들은 통합 독일과 우호 관계를 수립하고 내정에서 강력한 독일 정책을 추진할 경우 이것 역시 독일인들의 위상을 보장받을 수 있는 또 다른 대안이 될 수 있다는 주장을 펼쳤는데 이것은 이들이 소독일주의 원칙에 따른 통합을 기정 사실로 간주했기 때문이다. 따라서 이들은 1866년 이후 등장한 새로운 상황과 빨리 타협할 수 있었던 것이다. 이것은 자치주의자들이 제국 내 정통 자유주의자들이 제국을 포기한 것과는 달리 새로운 상황하에서 그들의 존재 가능성을 모색한 후 그것을 실현시키는 방법을 찾으려 한 데서 확인할 수 있다.

메테르니히 체제가 정립된 1815년부터 독일 통합이 실현된 1871년까지 독일인들 역시 혁명과 그것의 영향을 직·간접적으로 체험했다. 우선 이들은 1830년 프랑스에서 발생한 7월혁명과 그것의 영향 내지는 후유증을 실제로 확인했다. 여기서 독일인들은 혁명이 필연적이거나, 합법적이지 않다는 것도 인지했다. 또한 이들은 혁명 기간 중 비기득권 계층, 특히 하층민을 두려운 자연의 힘으로 간주해야 한다는 것과 자연의 힘과 마찬가지로 하층민이 종국적으로 지향하는 것 역시 예측할 수 없다는 것을 알게 되었다. 그럼에도 불구하고 독일인들은 혁명을 효율적으로 활용할 경우 자신들이 지향하는 목표 달성에 도움이 된다는 사실도 인지했다. 동시에 이들은 혁명이 성공을 거두기 위해서는 확고한 사회적 지지 기반이 필요한데 독일의 상황은 그렇지 못하다는 것도 파악했다. 그러다가 이들은 프랑스 2월혁명(1848) 이후 독일권에서 발생한 3월혁명에 직접적으로 참여하여 혁명의 실체와 그것이 함유한 문제점들을 보다 구체적으로 확인하게 되었다. 여기서 이들은 혁명이 목적 달성을 위한 효율적인 방안이 될 수 있지만 경우에 따라서는 많은 사람들의 희생도 요구한다는 사실을 알게 되었다. 아울러 이들은 실제 상황을 고려하지 않고 혁명적 제 요구만을 고집할 경우 기존 질서체제의 반발이 가중된다는 사실 역시 파악했다. 실제로 사람들은 독일권에서 3월혁명이 발생한 이후 수많은 사람들이 희생된 것에 대해 크게 경악했고 혁명 초기에 제시된 제 요구가 단순 구호로 끝나게 된 것에 대해서도 좌절했다. 여기서 이들은 한 번의 혁명만으로 모든 것을 바꿀 수 없다는 것을 인지했지만 혁명을 통해 기존 질서체제의 입장 변화가 가시화될 수 있다는 희망적인 메시지도 간과하지 않았다. 또한 이들은 혁명 이후 프랑스인들과는 달리 또 하나의 해결 과제가 있음을 인지했는데 그것은 독일권이 통합해야 한다는 것이다. 따라서 이들은 혁명 이후 동시에 부과된 이중적 과제를 해결해야 한다는 사실에 직면하게 되었다.

■□■ 참고문헌

H. Asmus, Der Hambacher Fest-Höhepunkt der antifeudalen Oppositionsbewegung von 1832, in: *Wissenschaftliche Zeitschrift der Pädagogischen Hochschule Magdeburg*, Jg.20(1983)

P. Arens, *Die Deutschland Saga*(München, 2014)

M. Bellerstedt, "Vom Bamberger zum Frankfurter Burschentag- politische Aktivierung und Differenzierung der Burschenschaften zwischen 1826/27 und 1831", in: H.Asmus ed., *Studentische Burschenschaften und bürgerliche Umwälzung*(Berlin, 1992)

H. Bock, "Bürgerlicher Liberalismus und revolutionäre Demokratie. zur Dialektik der sozialen und nationalen Frage in den deutschen Klassenkämpfen von 1831-1834", in: *Jahrbuch für Geschichte* Bd., 13(1975)

M. Botzenhart, *Reform, Restauration, Krise Deuschland 1789-1847*(Franfurt, 1985)

E.D. Brose, *The Politics of Technological Change in Prussia. Out of Shadow of Antiquity*(Princeton, 1993)

P. Burg, *Der Wiener Kongreß*(München, 1984)

T. Chorherr, *Eine Kurze Geschichte Österreichs*(Wien, 2013)

C. Clark, *Preußen: Aufstieg und Niedergang 1600-1947*(München, 2008)

C. Dipper, "Nationalstaat und Klassengesellschaft(19. Jahrhundert)", in: G.Niemetz ed., *Epochen der modernen Geschichte* (Würzburg, 1988)

-E.T. v. Falkenstein, Eugenie Trützschler von, *Der Kampf der Tschechen um die historischen Rechte der böhmischen Krone im Spiegel der Presse 1861-1879*(Wiesbaden,1982)

-A. Fischhof, *Ein Blick auf Österreichs Lage*(Wien, 1866)

C. Foerster, *Der Press-u. Vaterlandsverein von 1832/1833*(Trier, 1982)

————, *Europa zwischen Restauration und Revolution 1815-1848*(München, 1985)

————, *Das Hambacher Fest*(Speyer, 1981)

H. Freilinger, Die vorletzte Weisheit des Volkes, die politische Aktionismus der Hambacher Bewegung und seine Grenzen(Neustadt, 1977)

O.B. Friedmann, *Zur Einigung Österreichs. Ein Denkschrift* (Stuttgart, 1862)

A. Gerlich(Ed.), *Hambacher 1832. Anstösse und Folgen*(Wiesbaden, 1984)

M. Görtemaker, *Deutschland im 19. Jahrhundert*(Opladen, 1988)

H. Haupt, *Die alte Würzburger Burschenschaft 1817-1833. ein Beitrag zur Universitätsgeschichte der Reaktionszeit*(Würzburg, 1898)

G. Heer, *Geschichte der Deutschen Burschenschaft, Bd., 2: die Demagogenzeit. von den Karlsbader Beschlüssen bis zum Frankfurter Wachensturm(1820-1833)* (Heidelberg, 1965)

————, "Die ältesten Urkunden zur Geschichte der allgemeinen deutschen Burschenschaft", in: H.Haupt ed., *Quellen und Dar-stellungen zur Geschichte der Burschenschaft bzw. und der deutschen Einheitsbewegung*(Heidelberg, 1910 ff.)

W. Herzberg, *Das Hambacher Fest-Geschichte der revolutionären Bestrebungen in Rheinbayern vom das Jahr 1832*(Reprint, Köln, 1982)

H. Holborn, *Deutsche Geschichte in der Neuzeit* Bd., II.(Frankfurt, 1981)

E. Huber, *Deutsche Verfassungsgeschichte seit* 1789., Bd., I.(Stuttgart, 1986)

H. Hubner, "Arnold Ruge-Jünglingsbund, Jugendhegelianismus, 48er Demokratie", H.Asmus ed., *Studentische Buschenschaften und bürgerliche Umwälzung: Zum 175. Jahrestag des Warburgfestes*(Berlin, 1992)

L. Fr. Ilse, *Geschichte der politischen Untersuchungen, welche durch die neben der Bundesversammlung errichteten Commissionen, der Centraluntersuchungs-Commission zu Mainz und der Bundes-Central-Behörde zu Frankfurt in den Jahren 1819 bis 1827 und 1833 bis 1842 geführt sind*(Frankfurt/Main, 1860)

J. Kermann, *Hambacher Fest 1832*(Mainz, 1990)

S. Kopf, "Studenten im deutschen Press-und Vaterlandsverein- zum Verhältnis von Burschenschaften und nichtstudentischer bürgerlicher Opposition 1832/33", in: H.Asmus ed., *Studentische Burschenschaften und bürgerliche Umwälzung*(Berlin, 1992)

D. Langewiesche, *Liberalismus in Deutschland*(Frankfurt, 1988)

L. Lambrecht, *Arnold Ruge*(1802-1880). *Beiträge zum 200. Geburtstag*(Frankfurt am Main, 2002)

H. Meyer, *Geschichte der Universität Freiburg in Baden in der ersten Hälfte der XXIX. Jahrhunderts* 2. Teil; 1818-1830(Bonn, 1893)

F. Möller, *Heinrich von Gagern.Eine Biographie*(Jena, 2004)

T. Nipperdey, *Deutsche Geschichte 1800-1866*(München, 1982)

K. Obermann, *Einheit und Freiheit. Die deutsche Geschichte von 1815 bis 1849 in zeitgenössischen Dokumenten*(Berlin, 1950)

G. Frhr. v. Pöllnitz, *Die deutsche Einheits- und Freiheitsbewegung in der Münchener Studentenschaft*(1826-1830) (München, 1930)

H. Reinalter, *Die Junghegelianer. Aufkäarung, Literatur, Religionskritik und politisches Denken*(Frankfurt am Main, 2010)

A. Ruge, *Aus früherer Zeit*(Berlin, 1862)

M. Salewski, *Deutschlad: eine politische Geschichte*, Bd, 2(München, 1993.)

T. Schieder, *Vom Deutschen Bund zum Deutschen Reich 1815-1871*(München, 1981)

W. Schineller, *Die Regierungspräsidenten der Pfalz*(Speyer, 1980)

H. Schulze, *Der Weg zum Nationalstaat*(München, 1985)

G. Steiger, *Aufbruch. Urburschenschaft und Wartburgfest*(Leipzig-Berlin-Jena, 1967)

A.J.P. Taylor, *The course of German History*(London, 1978)

H. v. Treitschke, *Deutsche Geschichte im 19. Jahrhundert* Bd. IV.(Leipzig, 1927)

E. Weis, *Der Durchbruch des Bürgertums 1776-1847*(Frankfurt a/M-Berlin-Wien, 1982).

J.G.A. Wirth, *Das Nationalfest der Deutschen zu Hambach*(Neustadt, 1832)

E. Zechlin, *Die deutsche Einheitsbewegung*(Frankfurt-Berlin-Wien, 1979)

ㄱ

가게른(H. v. Gagern) 36, 53, 161,
168, 185, 188
게오르그 4세(Georg IV) 100
겐츠(F. v. Gentz) 71
『공산당 선언(Kommunistisches Mani-
fest)』 129
관세동맹 76, 131, 149, 210, 227
괴팅겐 7인 교수(Die GÖttinger Sieben)
사건 131
『국가론(Les six livres de la République)』
28
군합국가 223
긴밀한 조합(Engerer Verein) 78, 82

ㄴ

나폴레옹 3세 207, 208, 210, 227,
230, 231
나폴레옹(Napoleon) 19, 21, 22, 24,
25

ㄷ

대독일주의 143, 166, 167, 168, 177
대륙 봉쇄령 22
「독일 국민에게 고함(Reden an die
Deutsche Nation)」 33
『독일 민족성(Deutsches Volkstum)』 33
독일 언론과 조국 연맹(Deutscher
Preß-und Vaterlandsverein) 108,
109, 110, 111, 112
『독일연단(Deutsche Tribüne)』 93,
103, 106
독일연방(Der Deutsche Bund) 27, 30,
204, 208
「독일의 제 의무(Deutschlands Pflich-
ten)」 110, 112
독일협회(Deutsche Gesellschaft) 114

ㄹ

라도비츠(J. v. Radowitz) 188, 189
라마르틴(A. de Lamartine) 135
라이프치히(Leipzig) 전투 24
라인 동맹(Rheinbund) 20
레흐바우어(A. Rechbauer) 217

론(A.T.E. v. Roon) 199
뢰닝(A. Loening) 67
루게(A. Ruge) 77, 78, 79, 82, 85, 159
루덴(H. Luden) 32, 40, 41
루이 18세(Louis XVIII) 25
루이 블랑(L. Blanc) 135
루이 필리프(Louis-Philippe) 91, 135
루트비히 1세(Ludwig I) 101
뤼트초프(A. v. Lützow) 32
뤼트초프 의용군단 32, 35, 37, 38, 54
리만(H. Riemann) 32, 43, 48

ㅁ

마르크스(K. Marx) 129
마크마옹(M.E.P.M. de MacMahon)
  230
메테르니히(Metternich) 24, 29, 52,
  68, 70, 71, 115, 142, 148
메테르니히 체제 35, 43, 83, 91, 93,
  95
모츠(F.C. v. Motz) 76, 131
몰트케(H.K.B. v. Moltke) 199
묄렌도르프(J.K.W.D. v. Möllendorff)
  155, 156
『문학 주보(Literarisches Wochenblatt)』
  65
민족주의 25

ㅂ

바르트부르크 축제 44, 45, 46

바젤(Basel) 조약 20
베를린 혁명 144
벨크레디(R. Belcredi) 213
보댕(J. Bodin) 28
보쉬에(J. Bossuet) 28
부르셴샤프트 32, 34, 35, 43, 54, 96
북독일연방 209
브랑겔(A. Wrangel) 164, 179, 183
브뤼게만(K.H. Brüggemann) 97
블룸(R. Blum) 159, 160, 174, 175
비르트(J.G.A. Wirth) 93, 103, 106,
  111, 112, 124
비스마르크(O. v. Bismarck) 155, 156,
  202, 205, 206, 228
빅토리아(Victoria) 130
빈디슈그레츠(A. zu Windischgrätz)
  142, 176
빈 혁명 138
빈 회의 27, 28
빌헬름 1세(Wilhelm I) 199, 205

ㅅ

3월혁명(Märzrevolution) 138
샤를 10세(Charles X) 89
『서부사자(Westbote)』 103, 107
『성서에 근거한 정치』 28
센크(E. v. Schenk) 101, 102
소독일주의 166, 177, 206, 215, 237,
  238
슈바르첸베르크((Felix Fürst zu Schwar-
  zenberg) 173, 177, 189, 191, 192

『슈테른(Stern)』 63
슐러(F. Schüler) 104, 109, 110

ㅇ

아른트(E.M. Arndt) 31, 35, 40, 41
아우구스투스(E. Augustus) 130
안드리안-베어붕(F. v. Andrian-Wer-
　bung) 117
알렉산데르 1세(Alexander I) 22
〈애국 노래(patriotisches Lied)〉 35
얀(F.L. Jahn) 32, 33, 40, 41, 159
영광의 3일(Trois glorieuses) 91
예나대학 35, 43, 44
오순절 소요(Pfingstaufstand) 172
『오스트리아 상황에 대한 조망(Ein Blick
　auf Österreichs Lage)』 215
『오스트리아 제국의 국가이상(Idea státu
　Rakouského)』 219
「오스트리아 제국의 통합(Zur Einigung
　Österreichs)」 217
오켄(L. Oken) 40, 41, 46, 47
올뮈츠의 굴욕(Schmach von Olmütz)
　195
워털루(Waterloo) 전투 61
웰링턴(A.W. Wellington) 21
『율리우스와 에바고라스(Julius und Eva-
　goras)』 46
이벨(K. v. Ibell) 67
2월혁명 135, 137
이중체제 217, 221, 223
『일반신문(Allgemeine Zeitung)』 65

ㅈ

자유군단(Freikorp) 36
잔트(L.K. Sand) 60, 61, 62, 63, 64
절대왕정 27
정합국(Realunion) 218
정합국가(Volle Realunion) 223
조제프 보나파르트(Joseph Bonaparte)
　21
〈좋은 시간을 준비하기 위해 우리는
　뭉쳤다(Sind wir vereint zur guten
　Stunde)〉 31
『지방학생단체와 부르셴샤프트(Lands-
　mannschaften und Burschenschaft)』
　57
지벤파이퍼(P.J. Siebenpfeiffer) 103,
　104, 107, 119, 123
직시(C.K. Zichy) 52

ㅊ

청년동맹(Jünglingsbund) 80, 81
7월혁명 91, 92, 96, 135

ㅋ

카르네리(B. Carneri) 216
카를 2세(Karl II) 100
카를로스 4세(Carlos IV) 21
카를스바트 협약 68, 73, 74, 92
카를 아우구스트(K. August) 대공 43,
　44, 52

카이저펠트(M. Kaiserfeld) 220
카펜베르거(Kaffenberger) 32, 34
캄포 포르미오(Campo Formio) 조약
　19
캐슬레이(R.C. Castlereagh) 27, 29
코슈트(L. Kossuth) 138
코체부(August v. Kotzebue) 51, 60, 65
쿠투조프(M.I. Kutuzov) 22

ㅌ

탈레랑(C.M. de Talleyrand-Perigord)
　25, 27
『텔레그라프(Telegraf)』 215, 217, 218,
　221
틸지트(Tilsit) 조약 20, 23

ㅍ

팔라츠키, 프란티셰크 219
페르디난트 2세(Ferdinand II) 143
폴란드 연맹(Polenverein) 95
폴렌, 카를(K. Follen) 81, 84
폴렌 형제(K. Follen, A. Follen, P. Follen) 57
푸엘(E. v. Pfuel) 178
프라일리그라트(F. Freiligrath) 167
프라하(Praha) 조약 208, 227
프란츠 1세(Franz I) 30
프란츠 2세(Franz II) 20
프란츠 요제프 1세(Franz Josef I) 177,
　204, 222

프랑스 대혁명 26, 89
프랑크푸르트 국민의회 158, 159, 184
프레스부르크(Pressburg) 조약 19
프리드리히 빌헬름 3세(Friedrich Wilhelm III) 23
프리드리히 빌헬름 4세(Friedrich Wilhelm IV) 147, 185
프리드만(D. Friedmann) 217, 218,
　220
프리스(F. Fries) 40, 41, 46, 47
프리젠(K.F. Friesen) 32
피시호프(A. Fischhof) 140, 215, 216
피털루(Peterloo) 학살 60
피히테(J.G. Fichte) 33, 34

ㅎ

하르덴베르크(K.A. v. Hardenberg) 27,
　52, 68, 70
하우프트(J.L. Haupt) 57
하이네(H. Heine) 94, 95
함바흐(Hambach) 축제 45, 119, 127
해방전쟁 23, 27, 28, 32, 35, 36, 39,
　42, 78, 200
헤프(P. Hepp) 121
형제전쟁 206, 207
흑색파(Schwarze) 57

서양근대사총서 *4*

19세기 독일 통합과 제국의 탄생

김장수